《未曾有說因緣經》

白話講解及經法研探

目錄

老前輩吳立民(信如)老師序

《未曾有說因緣經》乃黃勝常居士根據經中佛說經名而稱的正名。為嘉惠後學，弘揚正法，黃先生將全經分成二十品，通過對二十三個故事和一些譬喻所表達的法義，將如來正教與如來方便的修學次第，生動活潑深入淺出地加以闡述。特別是對十善戒法的全部因緣果報，對般若智慧是甘露、良藥、橋樑、大船的四重法義，對"知死有生，作善獲福，為惡受殃，修道得道"這未曾有的因緣果報十六字真言，作了精闢透徹的分析和現前實證的說明，真是法施除闇，明無量燈。

眾生根機有大小利鈍，佛法當機施教便有大小密乘。佛法的根本就是般若與業力。般若為大乘根本要義，業力為小乘根本要義。般若有空不空二義，業力有有非有兩面，般若的空，就是業力的非有；業力的有，就是般若的不空。般若的空，就是業力的有；業力的非有，就是般若的不空。佛法是圓滿具足的，大小乘是圓融和合的，般若與業力也是一體不二的。當代弘法大德大都注重教人講求慧解，而忽視勸人修行福報，致使不善學者空花狂慧，福薄體弱，不得真實受用，不能真得解脫，福報的原理，乃是因果業力的感應，若真相信因果業力，自知罪福果報的緣起，如《未曾有說因緣經》所說，自是福慧雙修，悲智具足。

本經不但教導人們明白十善法戒的因緣果報，勸修福報，修學十善六度，而且教導人們自覺覺他，行菩薩道，勸發菩提心，以十善法戒輾轉教化天下。是則不但實修福報，而且也是實修智慧"安心在般若上而修行十善法戒"。這就是我拜讀黃居士註解本經後的一句總訣，也是我對黃居士註解本經良苦用心弘講正法的隨喜。

這個法句，上半句是心，下半句是色；上半句是智，下半句是境；上半句是立體，下半句是顯用；上半句是安心，下半句是起行；上半句是見道，下半句是修道；上半句是依理，下半句是依事；上半句是空義，下半句是有義；上半句是真諦，下半句是俗諦。這句總訣的法要，就在當中那個"而"字。有那一個"而"字，而後色心一如，理事無礙，空有不二，真俗雙融，才不致落於二邊，也不致分成兩截，若以天台三觀來配，安心於般若就是空觀，修行十善法戒就是假觀，而當中那一個"而"字便是中觀。若以真言三部來配，安心在般若上便是金剛界，修行十善法戒便是胎藏界，而當中那一個"而"字便是蘇悉地。總的來說，上半句便是說般若，下半句便是說業力，而當中那一個"而"字，便是說未曾有的般若與業力，吾以是未曾有讀經因緣迴向黃勝常先生，迴向廣大讀者，迴向十方三世一切法界與有情。

吳信如
2001年新世紀第一春
於京華塔院

序者介紹

　　吳立民上師一九二七年生，二零零九年圓寂。祖籍湖北陽新，號吳明，法號信如。曾任中國佛教文化研究所所長兼研究員，中國宗教學會副會長。

　　吳老是新中國建立後唯一証"大阿闍黎位"的漢人上師，法貫顯、密二宗(包括東密、藏密)，學兼釋儒道三家。

　　自幼從湖南長沙二學園掌法顧淨緣修學，深得乃師心要。平生博覽諸經，尤其精於《大日如來經》《大般若經》《大般涅槃經》《藥師琉璃光七佛本願經》等顯密經典的法要解悟。

　　一九九四年陝西法門寺佛指舍利塔地宮被重新發現，其中重要的"唐密曼陀羅"無人能解，結果還是得請吳老出馬完全破解其中奧秘。接著又為法門寺地宮莊嚴設計，並為法門寺博物館設計了唐密文化陳列館。此前，還曾為北京佛牙舍利塔地宮作了莊嚴設計。

　　吳老曾為中國佛學院教授，帶研究生。多次應邀至法國、日本、新加坡、韓國等地講學。

　　除了忙於弘法講學，吳老也勤於寫作，可謂著作等身。大量的寫作中有：《藏密大圓滿發微》《印度古代學術思想述要》《藥師經法研究》《地藏經法研究》《佛法禪定論》《藏傳密教與人體科學》《佛教與中國文化》《唐密曼荼羅研究》《船山佛道思想研究》《周易象術研究》等。

　　上師畢生忙於講、勤於寫，還大量的編，曾是兩本重要佛學雜誌——《佛教文化》《佛學研究》的主辦與主編。此外，還主持編輯出版大部頭的佛學叢書——《佛藏輯要》和《中國佛教文化叢書》。

上師的學養和證悟，在佛教末法時期的今日，實在極為稀有難得，待人卻又十分慈祥和藹，與後輩論法論學更是謙虛平易。

在上師身體並不很好時，還在百忙之中，為我們東山講堂出的多本書耐心作序。他老的序文，全無應酬文字，而是以法相接應，以道相導引，對後進提攜鼓勵的深心厚意，令人感動。

我們特此為文，紀念上師，向上師表達感激和敬意。

東山講堂編輯部敬識
2019年7月11日

《未曾有說因緣經》導讀代序

1999年年底我第一次學習完《未曾有說因緣經》，受到極大的震撼和感動。

於是，迫不及待地想把這部經介紹給更多人。2000年三月七日講完後，同學們便一起動手開始整理，其間我又講了《地藏本願經》和其它有關持戒、慚愧等法，同學們就同時整理兩部經的講解以及其它法要的內容，整完後，又交給台北工作室的同學去進一步編校。現在終於在一年裡頭把這兩部經解和另外三本書全部整理編校完畢，交付出版。同學們精勤不懈的幹勁兒，真叫人佩服！

以目前的世道人心，大乘經典極為難讀、難解、難信。這不只對一般讀者而言，對新學佛法的人來說，亦復如是。

許多人都認為大乘般若經典的文字、觀念以及表達方式都極端艱澀，有的人（包括高等知識份子）甚至說："連一句也看不懂！"

至於大乘方等經典中常有描述到諸佛菩薩現大神通力的情節，很多人覺得太過違背普通常識，太離譜，因而不信。多數存疑者也感到太難相應。

方等經典常用的因緣譬喻，對多數人而言，都很不容易去"對號入座"，因而也茫然不知所云。

這一切都並不能反證大乘經典的瑕疵，只因我們的心處在這五濁惡世末法時期，不斷追逐物欲的結果，常為時間、空間所逼迫，不能發起正直心、廣大心、深遠心、微妙心、殊勝心來與甚深妙法相應。

　　這部《未曾有說因緣經》是佛陀早期弘法時所開示的，可能因為主要聽眾是波斯匿王、末利夫人和祇陀太子以及佛陀的親眷，這部經的主要內容是通過二十三個“故事”來表述的。

　　這一來，對現代讀者而言，就顯得“生動活潑”了。因此可以一直讀下去，甚至還能趣味盎然地往下讀。而多數大乘經典，如果聚精會神去讀，並企圖理解文義，恐怕不用翻上三、五頁，哪怕只是一兩頁，就會被“心魔”攪得昏昏欲睡。

　　這部經中所用的譬喻，一般說來，也都較容易“對號入座”。

　　因此這部經對我們而言，有特殊的大因緣。

　　這部經約二萬五千字左右，不長也不短，如能一口氣通讀完這一部大乘經典，這個感覺十分好，因為它第一次打破了“我不能讀經”的恐懼和排斥。對以後繼續深入本經，並進一步涉獵其它大乘經典，奠定了初步的信心和意願。這是最好的起步點。

　　佛陀所說經典，有無量珍寶蘊藏其中，而今天多數以漢文的形式保存下來，但因前述的原因，絕大多數的漢文讀者竟無法與這無價寶藏結緣。

　　我見過一些很努力用功的朋友們，咬著牙硬翻大乘經典，一頁一頁翻過去，完全讀不懂的，讓它過去就算了。偶有相應之處，恐怕也只是依照己意去“自由心證”。還有些朋友，為了怕那樣做會謗經、謗法，就搞出一套“空誦但循聲”的辦法去讀經，既不敢、也不願去思維經義。又有一些人把經典供在佛龕上，光沖著它拜，既不翻也不讀，這樣可能"既省事，又安全"。

當然，更多的人是躲得遠遠的，連碰也不碰。這現象真叫人遺憾啊！

因此，我們更覺得有必要向讀者大力推薦這部經。為了更進一步方便讀者和本經結緣，我們做了下面幾步工作：

一，為了方便閱讀本經原文，我們將原文分成二十品，每品都取了品名。其中篇幅較長的第五品，我們又再細分出了九個章節；第八品再細分成五個章節。

二，分品分章以外，還按文氣再分段，並將全部原文加上現代標點符號。

三，分段白話翻譯。這是因為當今大多數的漢文讀者不習慣閱讀文言文。

四，在分段白話翻譯之前將專有名詞及一些佛法概念加以註釋。

五，經法研探：對本經之法要作進一步的介紹、提示和開解。

前面提到這部經"生動活潑"，所以易讀。不只如此，更因為它"生動"、"易讀"，而使讀者易於受到它的感動。

記得1999年十月份我在臺北時，提到這部經中"提違女人"的故事，幾位新學的同學都十分感動，甚至有人感動得聲淚俱下。

不過"生動"、"易讀"、"感人"等特點，並不能表示這一部經的深淺。

就在淺顯易讀的字裡行間，就在生動活潑的情節描述中，處處提示著"如來正教"、"如來方便"以及它們的修學次第；在在強調著"能善分別善與不善法"的重要性，但這最重要的部分卻很容易被忽略過去，乃至於連讀好幾遍，還摸不出一個頭緒來。

所以，要想深探本經法義，就算是對"老修"而言，也是嚴重的挑戰。

針對這一點，我們在白話翻譯和註解之外，又再開出一百條法要探討，希望能為那些想深入本經法義的朋友們提供方便。

建議讀者先將本經原文部份通讀幾遍，然後再往下讀其餘部份。通讀時即使遇到不解處，也請忍住，暫時不要去翻經註。如果做不到，至少也請先通讀一遍，再往下翻閱。

當然，如能先通讀五遍後，恭敬抄錄一遍，並接著再讀五遍，再抄一遍，是最理想的準備工作。

學習每段經文之前，最好能先將要學的那段經文大聲朗誦三遍，然後再去閱讀註解、白話翻譯和經法研探。

如能照著建議去作，應當會累積到深入經藏的好資糧。

下面為本經主要內容，作了十五點提要，希望讀者能在研讀時對照參考，幫助防止於經法有所疏漏。

一，對號入座：如前所述，本經主要是通過二十三個故事和一些譬喻來表達重要的法義。每段故事都有重要的法開示，因此先要把這些故事一個一個找出來，再看看每個故事中所要表達開示的法要。至於譬喻，當然更須要"對號入座"才能正解其義。

下面將二十三個故事的主題，簡列一表，請讀者參考：

《未曾有說因緣經》故事分品對照表

編號	故事名稱	經文品名
1	目連出使事由	目連出使品第一
2	耶輸陀羅抗命	耶輸陀羅抗命品第二
3	羅睺羅出家	羅睺出家品第三 羅睺受教品第四
4	波斯匿王聽法心態的轉變	羅睺受教品第四 三時持戒品第六
5	野干與天帝	野干遇救品第五之一 相期兜率天品第五之八 累世互為善友品第五之九
6	野干出井昇座說法授戒	野干昇座品第五之二 財施法施功德品第五之五 十善法戒品第五之六 菩薩道行品第五之七
7	阿逸多的故事	阿逸多王品第五之三 覆亡下墮品第五之四
8	四石女見佛	石女見佛品第七
9	提違女人燒身	勸教燒身品第八之一
10	提違女人與辯才	辯才開解品第八之二 問除罪法品第八之三
11	提違女人與五比丘	施五比丘品第八之四 重報因緣品第八之五
12	末利夫人與五扇提羅	重報因緣品第八之五 欲救石女品第九
13	五百比丘佛前慚愧懺悔	教救比丘品第十
14	五百粗行比丘請求還俗	教救比丘品第十

15	羅睺羅求退	羅睺求退品第十一
16	祇陀太子飲酒念戒	太子問戒品第十二
17	末利夫人破戒因緣	夫人破戒品第十三
18	波斯匿王因酒止惡	因酒止惡品第十四
19	富樓那的慚愧懺悔	皇后戒德品第十五 多聞修智品第十六
20	祇陀太子修善戒妄	修善戒妄品第十七
21	波斯匿王問供奉外道的功德差別	供奉外道品第十八
22	波斯匿王問苦行樂行的善惡因緣	苦行樂行品第十九
23	波斯匿王問報佛恩	無量燈品第二十

　　二，如來正教與如來方便：本經最重要的是將如來所說法，分別成“如來正教”及“如來方便”兩大類，並明白開示它們的修行次第。

　　佛教進入末法時期以後，近兩千年來不斷陷入宗派、門戶之間的歧見和諍訟，主要原因就是搞不清“如來正教”與“如來方便”之間的關係，自然更沒有認識到修學次第的重要性。

　　本經明白開示：除了“如來正教”和“如來方便”以外，更無正法可言。

　　“如來正教”指的是：（一）四法印；（二）十二因緣法；（三）四聖諦；（四）三十七品。這是三乘共法，應依上述次第修學，不可錯亂遺漏。

　　“如來方便”指的是：十波羅蜜多，或六波羅蜜多再加上四無量心 ——（一）布施波羅蜜多；（二）持戒波羅蜜多；（三）忍辱波羅蜜多；（四）精進波羅蜜多；（五）禪定波羅蜜多；（六）般若波羅蜜多；（七）方便波羅蜜多——慈無量心；（八）願波羅蜜多——悲無量心；（九）力波羅蜜多——喜無量心；（十）淨智波羅蜜多——捨無量心。

這是修行大乘菩薩道與其它二乘的"不共法"，經中強調"如來正教"的一切法義都包括在"如來方便"之中，亦須依上述次第修學，不得錯亂遺漏。

認識了"正教"和"方便"以及其次第，就不會輕易再墮入宗派門戶之見的窠臼中。

三，般若智慧力：本經為學中乘人定下了根本目的；為學聲聞乘人定下了終極目的，也為學大乘人定下了中程目的。

經文中說，般若智慧是"甘露、良藥、橋樑、大船"。是一切修習佛法的人都須積極開啟的力量。經中佛又說："是故我說，般若智慧有四種義，是故當知：求三乘人，當學般若。"

學中乘（緣覺乘）開啟般若智慧力時，就能破無明，成為"辟支佛"(Pratyeka Buddha)，所以說開啟般若智慧力就是學中乘人的根本目的。

學聲聞乘人（小乘）在成就阿羅漢(Arhat)果位後，諸佛菩薩就會要求他再發無上菩提心及大乘願。阿羅漢只要一發心願，便立刻進入六地菩薩位，主修般若波羅蜜多。所以說修學般若是學聲聞乘人過阿羅漢果位後的"終極目的"。

學大乘人最終極的目的是"十地成佛"，故於六地菩薩位上成就般若智慧力，屬於"中程目的"。

四，“明師善導”：經中一再強調明師——善知識的重要性，如不能親近供養明師，則不能從他恭敬學法，則一切福報、功德、智慧、解脫都不能成就。

為要開啟般若智慧力，必須要靠明師善導，為什麼呢？因為明師能導引我們行上“修道得道”的正路。修道之前得先發菩提心和大願；而發菩提心之前得先信受奉持“十善法戒”；持“十善法戒”之前還得先在明師前慚愧懺悔，消除先前罪業障礙，方可授戒。這一切都得在明師善導的護持下方能圓滿成就。

經中佛陀對波斯匿王說：“明師善導是大因緣，不可輕也！大王今者遭賢遇聖，皆由前世因緣果報，聞法信解，復能解人。是故我說：明人難值，如不比有。其所生處，族親蒙慶。”又說：“王今福德，聰朗博義，皆由前世親觀明師，謙苦奉侍習學所致。”

五，十善法戒——這是唯一一條橋樑溝通了世間戒與清淨戒、有漏善與無漏善、世間福報與修道資糧、外道法與佛法、五欲樂與大法苑樂之間不可踰越的鴻溝。

本經特別闡明不持十善法戒的果報是：

（一）難逃三惡道；

（二）難生人天高處，不能受勝妙五欲之樂；

（三）正信之根不立；

（四）惡人樂生怕死，時時為死苦所逼迫，死時極苦；

（五）不能修道。

持十善法戒的果報是：

（一）保證不墮地獄及惡道；

（二）得生人天高處，盡受勝妙五欲之樂；

（三）能深種正信之根；

（四）能“開心分死”，還能修“一心樂死”之道，不再被死苦所逼，死亡時有樂無苦。

（五）能發三乘菩提心，能修三乘道。

經中又特別列明不能持十善法戒的因緣：

（一）人道福薄善淺，苦多樂少，煩惱心重，心道三戒難持；

（二）未逢明師善導，不能正授此戒法；

（三）不能慚愧懺悔，業障深重；

（四）不識方便，不能依次第持戒。

能持十善法戒的因緣是：

（一）得遇明師善導，正授此十善法戒；

（二）在明師善導前慚愧懺悔過去所造惡業，在明師加持下消業除障，盡去舊惡，有了重新開始的起跑點；

（三）先持好五戒，才有資糧持十善法戒；

（四）得明師指授，先方便依次第“三時持戒”，再進一步全天候持戒。

另外，經中說，持好十善法戒的人，如能更以此十善戒法輾轉教化天下，其功德無比之大。這正是在“自覺覺人、自度度他”的菩薩道上邁開了最重要的第一步。

對於“十善戒法”的全部因緣果報，可能沒有任何一部其它的大乘經典說得比本經更詳細透徹了。

六，慚愧懺悔：本經開示：若不能在明師善導的加持下，進行慚愧懺悔，則不只不能受持十善戒法，還會被以往所造惡業的業力所逼迫，在嚴重的罪惡感和委屈感交加之下，會想去死，甚至會像提違女人一樣，要去把自己活活燒死。

經中把業力"相似相續生"的道理，作了一個極善巧的譬喻，在本經第八之三品中，提違女人的明師辯才對她說："譬如車牛，厭患車故，欲使車壞。前車若壞，續得後車，扼其項領，罪未畢故，人亦如是，假令燒壞百千萬身，罪業因緣相續不滅。"

提違女人得遇明師善導辯才，在明師加持下，發露舊惡，慚愧懺悔，得以免罪，當下解脫，正式受持十善法戒。"自爾以來，世世所生，常遭明師，信受教誨，從善入善，從祿入祿，至於今日，食福自然。"終於變成了後來的王后末利夫人。

經中提到野干墮於丘井中，自分必死，因憶及前世所歸依的佛、法、僧三寶，並向三寶慚愧懺悔求救。又大呼："南無力我師！南無我師！南無般若！"因而得救生天。

慚是自心發露；愧是當眾發露，發露揭示的是造業受果的全部因緣果報。懺悔是在發露之後，懺其前愆；悔其後過，也就是痛切訶責，永不再犯。

由於我們目前智慧微淺，尚未開啟"善觀察因果報智"，更甭提"善觀察諸業法受因果報智"，因此還不能正確發露揭示因緣果報，所以一定要明師善導的加持，才能成就慚愧懺悔的功德。

這部經文一再強調：首先要得遇明師善導，這樣才能成就慚愧懺悔，得到正受十善戒法的資糧。然後信受奉持十善法戒，以持戒功德，能免墮惡道而受生人天高處。更重要的是，因持十善法戒，而能取得修道資糧。又因修道故，得開啟般若智慧力，終於獲得能救拔十惡八苦的甘露和良藥，能建造通達安隱彼岸的橋樑和大船。

　　七，財施與法施：本經的另一個重點，就是再開示"財施、法施功德因緣差別之相"。

　　世間人所謂作善事，用的手段多半是花錢修橋補路，或開倉賑糧、救濟貧窮，或以四種物供養出家修行人，這叫"財布施"。

　　還有就是用自己的腦力和體力去勸人救人，或提供服務，這叫"身布施"。

　　如能以所學佛法，包括十善戒法在內，輾轉教化天下，這叫"法布施"。

　　本經中把"身布施"併入"財布施"中。

　　本經"野干遇救品第五之二"中，簡簡單單的一句話，就把財施、法施的功德因緣差別之相，作了最好的總持："布施飲食，濟一日之命；施珍寶物，濟一世之福，增益生死繫縛因緣；說法教化，名為法施，能令眾生出世間道。"

　　又說："其財施者，譬如寸燈明小室中；其法施者，猶若日光照四天下，隨所行處，能除闇冥。所以者何？日性自明，故能照物。和上今者亦復如是。本修習故，智慧明了，復以慧明，除眾生闇。"

　　經中又提醒，修道之人若是搞不清楚這個道理，不只難得法施功德惠利，反而還要造罪遭殃。

　　經中的阿逸多王為了答報師恩，非要堅持財供養不可。他師父明白告訴他不必，並說以所學正法教化天下，就是最好答報師恩的辦法，他偏不信。最後自己墮進五欲之樂和名聞利養的圈套，飽受三惡趣之苦。

提違女人也同樣不聽師父辯才的忠告，堅持以財供養報答師恩，結果為五比丘下地獄，作了助緣。

八，無量燈法：為了開示法施的無量功德惠利，經中又開示法施的法門——"無量燈法"。

佛在本經對波斯匿王說："大王，善男子、善女人，從師聞說諸佛正教，展轉教化，乃至一人令其信解，其所得福，復過於彼，千萬億倍不及其一。何以故？法化之功，應無量故。"

又說："唯有一事，能報佛恩。何謂為一？常以慈心，以其所解一切善法，展轉開化，乃至一人，令其信心成就智慧，展轉教化無有窮盡。譬如一燈燃無量燈。如是行者，乃名為報師徒重恩。"

有關這"無量燈"的法門，在《佛說四十二章經》及《維摩詰所說經》中亦有同樣提法。

九，有漏善與無漏善：本經從第十三品開始一直到結尾，多次提到"有漏善"與"無漏善"。

簡單地界定：凡是以身、命、財——"三不堅法"來惠利眾生的眼、耳、鼻、舌、身、意的善行，叫"有漏善"。以眾生身有"九矛瘡"故，名為有漏善。凡以法身、法財、慧命——"三堅法"來惠利眾生心者，叫"無漏善"。以不著"九矛瘡"故，名為"無漏"。

　　換個角度來看：凡是行善而不引起任何不良副作用的，叫"無漏善"；若行善卻會引發不良副作用的，叫"有漏善"。

　　其實，說得更直接一點：前面提到的財施，即是有漏善；法施即是無漏善。

　　佛陀在本經中，為了提昇我們，在界定了有漏善和無漏善之後，又在第十七品進一步開示，這個界定，只是為了無智慧的"鈍根人"而說的，若是對有智慧的"利根人"，則不分別說二。

　　鈍根人未曾開啟般若智慧力，不能除滅二邊之邊見，難入"不二法門"，故凡事見二，佛為隨順眾生心行，而施教化故，方便說二，才分別開示有漏善與無漏善。

　　利根人因已開啟般若智慧力故，二邊盡除，深入不二法門，了達心物不二，內外一如，生滅本空之理，故佛終不作二說。

　　十，名聞利養之過患：佛陀在本經中把貪圖名聞利養的過患分成二等：

　　第一等是"以邪心受人施"，如"五比丘"及第十品中粗行退道的五百比丘。當時五比丘為名聞利養故，偽稱修行人，又妄言將得阿羅漢果，欺誑眾生。結果得八千億劫地獄重報。那五百比丘若不是最後在佛前誠實發露其入道動機不淨，並發露以邪心留在道場偽裝修道的罪行，其下場跟那五比丘一樣。是故佛說："寧割身肉，以用供口；不以邪心，受人信施也。甚難！甚難！慎之！慎之！"

　　第二等只是貪圖名聞利養，卻無"邪心"，如阿逸多王。但他只是貪圖名聞利養，就已墮陷深坑，令他喪失智慧，折毀善根，耗盡福報，歷經三惡趣之苦。

可見名聞利養之心，是一切修行人的頭號敵人！

十一，苦行與樂行：悉達多太子當年親身示現，於苦行林中六年，一無所得。佛陀一向是反對苦行的，他在本經中特別開示："行苦，苦報；行樂，樂報。"又說："苦惱死者，受苦惱報；歡喜死者，受歡喜報。"又說："歡喜心故，不起煩惱。"

佛陀在本經中，更進一步明白表示，他反對一切投巖赴火，傷身燒身，燃臂燃指，餓身餲身等以苦修行的方法。

十二，惡戒與善戒：由於苦行和樂行，引出本經對惡戒與善戒的開示。

粗略地說，修苦行，得苦果，就是"惡戒"；修樂行，得樂果，就是"善戒"。

但是，波斯匿王對此還是不明白，他問佛陀：像是"日中一食，過午不食"的戒，以及其它佛陀所訂禁制五欲之樂的戒，就不算是"行苦行"嗎？

佛陀針對這些疑惑，作了進一步的開示：他指出，若是行苦行而造苦因，必得苦果，這就是惡戒；若是行樂行卻造苦因，仍得苦果，還是惡戒；若行樂行，造樂因，而得樂果，當然是善戒；若行不樂行，而造樂因，必得樂果，則仍是善戒。

這下子，波斯匿王及全體會眾就全都弄明白了。

關於"五戒"之中的"酒戒"，就是最好的例子：祇陀太子"飲酒作樂"，波斯匿王"飲酒作善"，而且"飲酒念戒，心不放逸"。佛說這是大好事，不只不算犯戒，還有大功德。佛認為這樣做就算是奉持"酒戒"。因為他父子這樣做，正是行樂行，造樂因，得樂果。

但是佛陀對一般人則要求他們不得飲酒。因為一般人借酒發泄，"酒入愁腸愁更愁"，甚至借酒放逸，因酒起惡，這樣正是行樂行，造苦因，得苦果，是故一般人飲酒很難不犯"酒戒"。

十三，"十六字真言"：這部經佛陀親自定名為《未曾有說因緣經》。"未曾有"是空前殊勝的意思，佛在這部經中空前殊勝地開示了因緣果報之法，也就是本經第五之五品中所言："知死有生，作善獲福，為惡受殃，修道得道"這十六字真言。

若不知死有生，不明白死生互為因果的道理，則不能堅信作善獲福，為惡受殃，即不能持十善法戒，亦不得修道資糧，故不能成就究竟離苦得樂之道果。

這裡依明師善導開示"知死有生"是"因"；攀善戒、正道為"緣"；獲離苦得樂之善"果"；復以正法教化天下為"報"；答報佛恩、師恩。

本經還從"知死有生"為因，更進一步來開解因緣果報之法：由於知死有生，乃攀善戒正法為緣，修道得道。修道得道故，開啟般若智慧力……以般若智慧力故，"得識宿命"。得識宿命故，了見去來今三世因緣果報。了見三世因果故，而得大解脫，有如和尚野干。

故知得識宿命大神通，因於修道得道；修道得道，因於能持十善法戒——作善獲福，為惡受殃；能持十善法戒，因於知死有生；知死有生，因於明師善導。這就是本經對因緣果報法空前殊勝的開示。

這"十六字真言"，也為一切眾生初步奠定了"正信之根"，而《華嚴經》上說："信是道元功德母"，是最重要的"因"。一切善根由此而立；一切功德由此而成；一切道行，由此而起。

生死之間的一切因緣果報，也盡入此十六字真言之中。

十四，正確的名稱：本經收在《大正藏》中，被稱為《佛說未曾有因緣經》；收在《房山石經》中稱為：《未曾有因緣經》，這兩個名稱都是不正確的。佛陀在本經結束時，親自替本經定名為《未曾有說因緣經》，今遵佛意正其名。

十五，重讀導讀：建議有心人在學習完原文、註解、白話翻譯及經法研探之後，再重新對照一下導讀，以防止遺漏並加深記憶。

勝常
2001年3月4日識於美國華盛頓州
雲霓山下東山講堂

四弘誓願

眾生無邊誓願度
煩惱無盡誓願斷
法門無量誓願學
佛道無上誓願成

開　經　偈

無上甚深微妙法
百千萬劫難遭遇
我今見聞得受持
願解如來真實義

讀《未曾有說因緣經》前的祈禱文

我今至心憶想遙擬：

惟願我今翻開《未曾有說因緣經》，猶如親身參與當時舍衛國、祇樹給孤獨園法會，親炙本師 釋迦牟尼如來、和尚野干及諸賢聖之教誨。

願地藏菩薩摩訶薩加持我等，學習讀誦此經，猶如佛菩薩、和尚野干，親口為我說法開示。

願我與諸善知識，所開示之法，至心相應：一心相應、勇猛相應、深心相應。

願我恆常讀誦此經，信受奉持，憶念不忘，護令不失，流布將來，廣度有情。

願以讀誦此經功德，迴向我久被覆藏之智慧覺性——迴向阿耨多羅三藐三菩提。

願以讀誦此經功德，迴向十善業道、迴向十六字真言、迴向十波羅蜜多、迴向無量燈法。

願以讀誦此經功德，迴向一切罪苦眾生、一切十方六道眾生。

願以讀誦此經功德，迴向過去無量生死——願我及一切眾生，速得依此經功德，除滅無量劫來，十惡、四重、五逆、顛倒、謗毀三寶、一闡提罪。

願以讀誦此經功德，迴向我及（<u>加人名</u>）及一切眾生——速速出離五惡比丘性、五石女性，出離十惡業道、行上菩薩道，乃至究竟成佛。

南無佛陀！南無地藏菩薩摩訶薩！

南無般若！南無力 我師！

《未曾有說因緣經》

蕭齊沙門釋曇景譯

目連出使品第一

如是我聞：一時，佛在舍衛國祇樹給孤獨園。

爾時，世尊告目犍連：“汝今往彼迦毗羅城，問訊我父閱頭檀王并我姨母波闍波提，及三叔父斛飯王等，還復慰喻羅睺羅母耶輸陀羅，令割恩愛，放羅睺羅，令作沙彌，修習聖道。所以者何？母子恩愛，歡樂須臾，死墮地獄，母之與子，各不相知。窈窈冥冥，永相離別。受苦萬端，後悔無及。羅睺得道，當還度母，永絕生老病死根本，得至涅槃，如我今也。”

目連受命，即入禪定，譬如力士屈伸臂頃，到迦毗羅城淨飯王所，而白王言：“世尊慇懃，致問無量，起居輕利，氣力安不？”及大夫人波闍波提并三叔父斛飯王等，問訊起居，亦復如是。

耶輸陀羅抗命品第二

時，耶輸陀羅聞佛遣使來至王所，未知意趣，即遣青衣，令參消息。青衣還白：“世尊遣使，取羅睺羅，度為沙彌。”耶輸陀羅聞是消息，將羅睺羅登上高樓，約敕監官：關閉門閤，悉令堅牢。

時，大目連既到宮門，不能得入，又無人通，即以神力，飛上高樓，至耶輸陀羅坐前而立。

耶輸陀羅見目連來，憂悲交集，迫不得已，即起恭敬，禮拜問訊："冒涉遠途，得無勞也？"敕為敷座，請目連坐。問目連曰："世尊無恙，教化眾生，不勞神也？遣上人來，欲何所為？"

目連白曰："太子羅睺，年已九歲，應令出家，修學聖道。所以者何？母子恩愛，少時如意，一旦命終，墮三惡道，恩愛離別，窈窈冥冥，母不知子，子不知母。羅睺得道，當還度母，永度生老病死憂患，得至涅槃，如佛今也。"

耶輸陀羅答目連曰："釋迦如來為太子時，娶我為妻。奉事太子，如事天神，曾無一失。共為夫婦，未滿三年，捨五欲樂，騰越宮城，逃至王田。王身往迎，違戾不從，乃遣車匿白馬令還，自要道成，誓願當歸。披鹿皮衣，譬如狂人，隱居山澤，勤苦六年，得佛還國，都不見親。忘忽恩舊，劇於路人。遠離父母，寄居他邦。使我母子，守孤抱窮，無有生賴，唯死是從。人命至重，不能自刑，懷毒抱恨，強存性命。雖居人類，不如畜生，禍中之禍，豈有是哉？今復遣使欲求我子為其眷屬，何酷如之？太子成道，自言慈悲，慈悲之道，應安樂眾生，今反離別人之母子。苦中之甚，莫若恩愛離別之苦。以是推之，何慈之有？"

白目連曰："還向世尊，宣我所陳。"

時，大目連更以方便，種種因緣，隨宜諫喻，反覆再三。耶輸陀羅絕無聽意。辭退還到淨飯王所，具宣上事。

王聞是已，令喚夫人波闍波提。

王告夫人："我子悉達，遣目連來迎取羅雲，欲令入道修學聖法。耶輸陀羅女人愚癡，未解法要，心堅意固，纏著恩愛，情無縱捨。卿可往彼重諫誨之，令其心悟。”

時，大夫人即便將侍從五百青衣，往至耶輸陀羅所住宮中，種種方便，隨宜諫喻，反覆再三。

耶輸陀羅猶故不聽，白夫人曰：“我在家時，八國諸王競來見求，父母不許。所以者何？釋迦太子，才藝過人，是故父母以我配之。太子爾時，知不住世，出家學道，何故慇懃苦求我耶？夫人娶婦，正為恩好，聚集歡樂，萬世相承，子孫相續，紹繼宗嗣，世之正禮。太子既去，復求羅睺，欲令出家，永絕國嗣，有何義哉？”

爾時，皇后聞是語已，默然無言，不知所云。

爾時，世尊即遣化人空中告言：“耶輸陀羅，汝頗憶念往古世時誓願事不？釋迦如來，當爾之時，為菩薩道，以五百銀錢，從汝買得五莖蓮華，上定光佛。時汝求我，世世所生，共為夫妻。我不欲受，即語汝言：‘我為菩薩，累劫行願，一切布施，不逆人意，汝能爾者，聽為我妻。’汝立誓言：‘世世所生，國城妻子及與我身，隨君施與，誓無悔心。’而今何故愛惜羅睺，不令出家學聖道耶？”

耶輸陀羅聞是語已，霍然還識宿業因緣，往事明了如昨所見，愛子之情自然消歇，遣喚目連，懺悔辭謝。捉羅睺手，付囑目連，與子離別，涕淚交流。

羅睺出家品第三

爾時，羅睺見母愁苦，長跪合掌，辭謝母言：“願母莫愁。羅睺今往定省世尊，尋爾當還，與母相見。”

時，淨飯王為欲安慰耶輸陀羅令其喜故，即時召集國中豪族，而告之言：“金輪王子今當往彼舍婆提國，從佛世尊出家學道，煩卿人人各遣一子，隨從我孫。”

咸皆唯然，奉大王命。即時合集，有五十人，隨從羅睺，往到佛所，頭面作禮。

佛使阿難剃羅睺頭及其五十諸公王子，悉令出家。命舍利弗為其和上，大目犍連作阿闍梨，授十戒法，便為沙彌。

羅睺受敕品第四

羅睺幼稚，習樂憍慢，耽著嬉戲，不樂聽法，佛數告敕，恒不從用，非可如何。

爾時，舍衛國波斯匿王，聞佛子羅睺出家為沙彌，與其群臣、夫人、太子、後宮采女、婆羅門、居士，恭敬圍繞，於其晨朝，來詣佛所，禮拜問訊，并看佛子羅睺沙彌，各一面坐，佛為說法。王及群臣憍傲習樂，不堪苦坐，聽佛說法，辭退欲還。

爾時，世尊知王始悟，信根未立，將欲開悟王及群臣，為利益故，告阿難曰：“汝可往召沙彌羅雲及其眷屬，悉皆令集，聽佛說法。”阿難往召，須臾皆集。

佛告王曰：“且待須臾，聽我說法。”

王叉手曰：“今我此身，習樂來久，不堪苦坐，願佛垂恕。”

佛告王曰：“此不為苦。所以者何？前身種福，今為人王，常處深宮，五欲恣意，出入導從，腳不觸地，何名為苦？三界之苦莫若地獄畜生餓鬼諸難等苦，如此諸苦前已曾說。」

佛告羅雲：「佛世難值，法難得聞，人命難保，得道亦難。子今既得人身，值佛在世，何故懈怠，不聽法耶？」

羅雲白佛：「佛法精妙，小兒意粗，安能聽受世尊法也？前已數聞，尋復忘失，徒勞精神，無所一獲。及今少年，且放情肆意，至年大時，自當小差堪任受法。」

佛告羅雲：「萬物無常，身亦難保，汝能保命，至年大不？」

「唯然世尊，羅雲不能。佛豈不能保子命耶？」

佛語羅雲：「我尚不能自保，豈保汝也？」

羅雲白佛：「徒勞聽法，既不得道，聞法之功，何益於人？」

佛告羅雲：「聽法之功，雖於今身不能得道，五道受身，多所利益。如我前說，般若智慧亦名甘露，亦名良藥，亦名橋梁，亦名大船，汝不聞乎？」

羅雲白佛：「唯然世尊。」

時，波斯匿王長跪合掌，白天尊曰：「如佛所說，般若智慧有四種名，其義云何？願佛哀愍，為我說之。」

佛告王言：「欲得聞者，著心諦聽，吾今說之。」

憶念宿世品第五
野干遇救品第五之一

佛言：「憶念過去無數劫時，毘摩大國徒陀山中，有一野干，為師子王追逐欲食。野干惶怖奔走，墮一丘井，不能得出。經於三日，開心分死，而說偈言：

'禍哉今日苦所逼，　　　便當沒命於丘井；
一切萬物皆無常，　　　恨不以身餧師子。
嗚呼奈何罪厄身，　　　貪惜軀命無功死；
無功而死尚可恨，　　　況復臭身污人水。
南無懺悔十方佛，　　　表知我心淨無已；
前世所造三業罪，　　　願於今身償令畢。
眾罪畢了三業淨，　　　其心不動念真實；
從是世世遭明師，　　　如法修行速成佛。'

時天帝釋聞佛名，　　　肅然毛豎念古佛。
自惟孤露無師導，　　　耽著五欲自沈沒；
不能得出恩愛獄，　　　思惟感切目下淚。
即與諸天八萬眾，　　　飛下詣井欲問訊；
乃見野干在井底，　　　兩手攀土不能出。

天帝復自思念言：　　　'聖人應現無方術。
今我雖見野干形，　　　斯必菩薩非凡器；
今當請問除我疑，　　　并令諸天得聞法。'

天帝曰：
'不聞聖教曠大久，　　　常處幽冥無師導；
仁者向說非凡語，　　　願為諸天宣法教。'

於時，野干仰答曰：
'汝為天帝無教訓，　　　不知時宜甚癡傲；
法師在下自處上，　　　都不修敬問法要？

法水清淨能濟人，　　　云何欲得懷貢高？』

天帝聞是大慚愧，　　　給侍諸天愕然笑。
天王降止大無利，　　　而被慚恥甚可悼。
帝釋即時告諸天：　　　『慎莫以此為驚怪。
是我頑弊行不稱，　　　必當因是聞法要。』

即時垂下天寶衣，　　　接取野干出於上。
叉手辭謝說不是，　　　叩頭懺悔願垂亮：
『諸天實爾如尊誨，　　　纏綿五欲致迷荒。
皆由不遇善師導，　　　為說苦樂常無常。』

諸天為設甘露食，　　　野干得食生活望。
非意禍中致斯福，　　　心懷踊躍慶無量。

於時，野干心自念言：『畜生道中，醜弊困厄，無過野干。智慧力故，乃致如是。』

復作是念：『刑殘之命，本非所愛，所以稱慶，大歡喜者，為通化耳。此諸癡天，皆蒙帝釋先有般若一豪之分，共相隨來，皆欲聞法。』而自歎言：『奇哉奇哉，何慰如之，今當通化，成我功德？』

復作是念：『今日之恩，莫不由我先師和上，慈哀教授，智慧方便功德乎？南無力我師，南無我師，南無般若，南無般若。雖復失行，生惡趣中，猶識宿命，知其業緣。般若之力，能感諸天，降神來下，接濟供養，復得通化，展我微心。』

野干昇座品第五之二

時，天帝釋告諸天曰：『如師言者，定欲說法。我等今來，快得善利。今當人人叩頭丹誠，請令說法。』

咸然唯諾，即各修敬，偏袒右肩，圍遶野干，長跪合掌，異口同音，而說頌曰：

'善哉善哉　　和上野干　　唯願說法　　開化天人

天人幽冥　　五欲所纏　　恒恐福盡　　無常所遷

死墮惡道　　求拔良難　　從久遠來　　數萬億年

今始一遇　　良祐福田　　唯垂慈哀　　宣示法言

天人得福　　眾生亦然　　願與和上　　永劫相連

至成佛道　　常作因緣　　明人難值　　故立誓言。'

於時，野干見諸天人，懇懃勸請，樂欲聞法，益加欣踊，告天帝曰：『憶念我昔，曾見世人，欲聞法者，先敷高座，莊嚴清淨，方請法師，登座說法。所以者何？經法貴重，敬之得福，不宜輕心，自虧福也。』

諸天聞已，咸然唯諾，脫天寶衣積為高座，須臾之間，莊嚴校飾，清淨第一。

野干昇座，告天帝曰：『吾今說法，正當為二大因緣故。何等為二？一者說法，開化天人，福無量故。二者為報施食恩故，豈得不說？』

天帝白曰：『免井厄難，得全身命，功德應大，尊者云何說法報恩，不及此耶，所以者何？一切天下，皆樂生求安，無欲死者，以是因緣，全命之功，豈得不大？』

野干答曰：‘死生之宜，各有其人。有人貪生，有人樂死。何人貪生？其人生世，愚癡幽冥，不知死已，後世更生，違佛遠法，不遭明師，殺盜婬欺，唯惡是從。如是之人，貪生畏死。

何人樂死？遭遇明師，奉事三寶，改惡修善，孝養父母，敬事師長，和順妻子，奴婢眷屬，謙敬於人。如斯之人，惡生樂死。

所以者何？善人死者，福應生天，受五欲樂。惡人死者，應入地獄，受無量苦。善人樂死，如囚出獄。惡人畏死，如囚入獄。’

天帝問曰：‘如尊所誨，全其軀命，無功夫者，誠如所言。其餘二功，施食施法，有何功德，唯願說之，開化盲冥。’

野干答曰：‘布施飲食，濟一日之命；施珍寶物，濟一世之福，增益生死，繫縛因緣；說法教化，名為法施，能令眾生出世間道。

出世間道者，凡有三種：一者羅漢，二者辟支佛，三者佛道。此三乘人，皆從聞法，如說修行。

有諸眾生，免三惡道，受人天福樂，皆由聞法。是故佛說，以法布施，功德無量。’

天帝白言：‘師今此身，為是業報應化身乎？’

野干答言：‘是罪業報非應化也。’

天人聞已，肅然驚怖，悲哀傷心，垂淚滿目，更起修敬，白野干曰：‘我意謂是菩薩聖人應現濟物，而今方聞罪業果報，未知其故，惟垂哀愍，說其因緣。’

野干答曰：‘欲聞者善，吾今說之。

阿逸多王品第五之三

憶念故世，生波羅捺波頭摩城，為貧家子，名阿逸多，剎利種姓。幼懷聰朗，好學是欲。至年十二，追隨明師，在於深山，辛苦奉事。研精習學，翹勤不懈，師亦晨夜，切磋教授，不失時節。經五十年，九十六種經書記論，醫方咒術，占相吉凶，災異禍福，靡所不達。高才智德，名聞四遠。

時，阿逸多，伏自惟曰：‘今日之濟莫不由我尊師和上教化之恩，其功難報。家既貧乏，無為供養，唯當賣身以報師恩。’

作是念已，長跪白師：‘弟子今者，欲自賣身，以報師恩。’

其師答曰：‘山居道士，乞食自存，正無所乏，子今何為，毀賣貴身，欲供我也？子今成就智慧辯才，當轉教化天下人民，為法燈明，教化之功，豈不足報我之恩也，幸可不須餘舉動也。’

時，阿逸多，既是智人，不違師教，留住山中，乞食自存。

如是不久，國王崩亡，群臣集議，宣令國界，諸名學士，普召使集，令共講論，誰得勝者，當立為王。

時，阿逸多，應召來集，與諸學士五百餘人，七日之中，共捔試議，無有勝者。群臣歡喜，召婆羅門，拜阿逸多，紹為國王。

時，阿逸多，見是事已，憂喜交集，而作是念：‘若作王者，恐有憍溢，貪求快意，為民致患，死入地獄，受

苦因緣。若不為者，家貧無祿，無以供養報師重恩。'

思計反覆。聽當受之。為報師恩并養父母。思惟是已。寧受王位。

受王位已，即遣忠臣，嚴駕寶車，幢幡曲蓋，香花伎樂，百種飲食，就山迎師，還國供養。別立宮舍，七寶廁填，彫文刻鏤，眾綵雜飾，床臥被褥，飲食醫藥，花果園林，流泉浴池，莊校嚴好，以供養師。

阿逸多王與國臣民、夫人、采女，日日從師，受十善法，經一百年。

覆亡下墮品第五之四

爾時，邊境有二小國，其二小國王共相怨疾，私立兵馬，共相誅伐，經於多年，各不相得。其一國者，名安陀羅，一國名曰摩羅婆耶。

安陀羅王召諸群臣，集共議言：'當作何方令得彼國？'

諸臣答言：'阿逸多王，出生寒賤，雖居王位，寒意猶存。從昔已來，奉持十善，不犯外色。雖有宮女，其年並宿。如臣計者，檢括國中，不問豪賤，選擇名女，足一百人，年少端正，堪適意者，莊嚴香潔，遣忠良者，齎持重寶，并諸采女，往貢獻之。若其納者，當從王請強兵百萬，助往攻之，無往不伏。'

即隨其計，名女寶物，一時悉辦。遣忠良臣，往奉獻之。

阿逸多王得諸美女及珍寶物，甚大歡喜，問使者

言：'彼王奉我，如斯好物，欲望何報？'

使者白王：'摩羅婆國是大王所統，彼王頑嚚，不知化度，婬亂無道，不理國政，民被其毒，視之若怨。特從大王請兵百萬，助往伏之，奉獻之誠，其正在此。'

王曰：'甚善。'

即令揀銳強兵百萬，以送與之。安陀羅王自揀國中，得百萬人，一時相助，鳴鼓往伐。百日之中，鬥戰傷殺，人死過半，方得勝彼。摩羅婆王及其宗族，悉被刑斬。數千萬人，一時傾沒。

阿逸多王既得諸女，意迷情惑，忘失本志，奢婬著樂，不理國政，眾官群僚，相與作亂，良民之子，掠為奴婢，風雨不時，飢餓滿道，異方怨敵，遂來侵掠。阿逸多王從是失國，遂致亡沒。

從是死已，生地獄中，身被楚毒。緣前學問智慧力故，即識宿命，心自悔責，改惡行善。須臾之間，地獄命終，生餓鬼中。

後識宿命，即復悔過，修念十善。須臾之間，餓鬼中死，生畜生中，受野干身。

智慧力故，復識宿命，改往修來，奉持十善，復教餘眾生令行十善。

近逢師子，當時怖懼，墮丘井中，開心分死，冀得生天，離苦受樂。由汝接我，違失本願，方經辛苦，何時當免，是故我說，汝濟我命，無功夫也。'

財施法施功德品第五之五

天帝難曰：‘如尊話者，善人求死，是事不然。何以故？師在井底，若不入衣，則不得出。若不得出，自不得生。今所緣得生，由師入衣。是故當知，非不欲生，云何說言不貪生耶？’

野干答曰：‘吾今所以入衣之意，正為三事，大因緣故。何謂為三？

一者入衣，不違天帝本志願故。夫人違志，不果所願，則致大苦。

施人苦惱，在在所生，所願不果，所求不得，所向不得，自致苦惱。為是等故，非為生也。

二者入衣，見諸天意，欲得聞法，欲為諸天，宣通正法，不吝法故。如當不說則為吝法，吝法之罪，世世所生，聾盲瘖啞，諸根閉塞，生於邊地，癡騃無智。雖生好處，情頑闇鈍，所學不成。學不成故，自致苦惱。為是等故，非為生也。

譬如世人，因其前世布施修善，福德因緣，今生為人，所願從心，富有財物，貧者求乞，慳心吝惜，不肯施與，慳貪果報，生餓鬼中，常患飢渴，裸形無衣。冬時寒凍，身體破裂，暑時大熱，無依蔭處。如是苦惱，數千萬歲，餓鬼罪畢，生畜生中，食草飲水，癡無所知。或食泥土，污露不淨，慳貪罪故，受報如是。吝法之愆，亦如此焉。

三者入衣，正為宣傳通法化耳。利益天人，令開悟故，名為法施，功德無量。為是等故，非求生也。’

天帝問曰：'教化功德，其福云何？唯願說之。'

野干答曰：'宣傳正化，能令眾生知死有生，作善獲福，為惡受殃，修道得道，緣是功德，轉身所生智慧明了，常識宿命。若生天上，為諸天師。若生世間，為金輪王。常以十善，教化天下。若為人王，治以正法，常識宿命。識宿命故，心不放逸。人居尊寵，受五欲樂，多有魔事，來相沮壞。令人意惑，造起惡業。雖復失行，受惡報時，智慧力故，速得免苦，生天福樂，智慧光明，漸漸增長，成菩薩行，至無生忍。是故佛說教化之功，其福無量。'

天帝喜曰：'善哉善哉，誠如尊教，我等諸天，今日始知財施法施功德因緣差別之相。其財施者，譬如寸燈明小室中。其法施者，猶若日光照四天下，隨所行處，能除闇冥。所以者何？日性自明，故能照物。和上今者，亦復如是。本修習故，智慧明了，復以慧明，除眾生闇。'

十善法行品第五之六

於時，天帝說是語已，八萬諸天咸然起立。正服修敬，長跪合掌，白野干曰：'願尊垂愍，授十善法，多所饒益，利安眾生，亦令和上功德轉增。'

答曰：'善哉，宜知是時。'

告天帝曰：'受戒之法，先當懺悔，淨身口意。何謂身業？殺盜邪婬。何謂口業？妄言兩舌惡口綺語。何謂意業？嫉妒瞋恚憍慢邪見，是為十事。禁身口意業，不犯眾惡，名為十善。恣身口意，造眾惡業，名為十惡。一心丹

誠，悔除十惡。十惡滅故，身口意淨。三業淨故，名為十
善。』

天帝問曰：『十善之功，果報云何？』

野干答曰：『曾聞佛說，人行十善，十善果報，生六
欲天，七寶宮殿，五欲自然，百味飲食，壽命無量。父母
妻子，六親眷屬，端正淨潔，歡喜快樂。

假令諸天，持十善者，天上福盡，還生天中，福報
轉勝，不同世人十善報也。所以者何？世人修善，心道三
戒，難可護持。不瞋戒者，先須方便行於慈心，然後能得
成不瞋戒也。世人行慈，難得久停，如刀斫水，隨破隨
合。持不瞋戒，亦復如是。

嫉妒戒者，發有時節。云何時節？見他得利，見他
使樂，見他端正，見他勇健，見他聰明，見他修福，以要
言之，一切勝事，爾時其心方生嫉妒。是故當知，嫉妒之
心，發起有時。

其憍慢心，起亦有時。見愚癡者，心起憍慢，見醜
陋人，見不淨人，見貧窮人，以要言之，聾盲跛瘻，諸根
不具，夷蠻胡虜，憍慢之心，見時方起。是故當知，不憍
慢戒，發起有時。

是故世人，心戒難持。雖復強持，乍得乍忘。是故
世人，十善果報，雖受天福，不如諸天十善功德，光明神
力，食祿相好，巍巍第一。識宿命事，皆亦如是。是故當
知，天人修行十善果報，勝於世人。』

天帝白曰：『如尊所說，人行十善，心道三戒難為護
持，天人亦爾。嫉妒瞋恚，憍慢邪見，如是等心，未曾不
有。云何福報勝世人耶？』

野干答曰：「天人雖有，不同世人。所以者何？天人福德，苦少樂多，煩惱心輕。世人薄福，樂少苦多，煩惱心重。」

天帝白曰：「諸天昔來，習樂心粗，猶若猿猴。今持十善，後脫廢忘，虧犯之時，當云何也？」

野干答曰：「曾聞師說，人行十善，若有犯失，行惡業者，當就賢明福德之人，隨所犯事，發露懺悔，更從受之，如是行者，不失戒也。所以者何？十善戒者，譬如穀苗，煩惱如草。草與正苗，互共相妨，欲長苗故，當除草穢，穀苗淨故，收實必多。穀實多故，終無飢乏。」

菩薩道行品第五之七

爾時，天帝及八萬諸天，聞是事已，甚大歡喜，不復憂慮：福盡無常，受惡趣報。

復自惟曰：「行善功德，雖無苦報，然有生死，不免無常。兼有他化自在天王，見人修福，心懷嫉妒，為作留難，忘失善道，令造惡業。惡業因緣，應受苦報。」

白野干曰：「修何功德，常得不死，不令魔王所惑亂也？」

野干答曰：「曾聞師說，發菩提心，修菩薩業，魔王波旬不能沮壞。心不惑故，在在所生，智慧明了。慧明了故，常識宿命。識宿命故，不起惡業。心清淨故，得無生法忍。無生忍故，於道不退，遠離生死，憂惱苦患。」

天帝白曰：「修菩薩道，應行何法？」

野干答曰：「曾聞師說，求佛道者，從原而起。先當廣學諸法因緣，解因緣故，信心堅固。信根力故，能起精進。精進力故，不起一切惡業因緣，純善之心，無放逸故，智慧成就，智慧力故，總攝一切三十七品助菩提道。’

天帝問曰：‘如尊教者，三十七品，其義弘深，非是粗懷卒能得了，云何得入菩薩道行？’

野干答曰：‘曾聞師說，修菩薩道者，先以方便，調伏諸根。何謂方便？謂六波羅蜜，四無量心，是名方便調伏諸根。’

天帝白曰：‘六波羅蜜其義云何？唯願說之。’

野干答曰：‘第一布施，破慳貪心，無遺惜故。二者守善，不行惡故。三者遭逢惡事心能堪忍，不懷報故。四者精進修行，道業不懈退故。五者收攝其心，不邪念故。六者修習智慧，照除煩惱無明闇故。是則名為六波羅蜜。六波羅蜜方便之力，調伏諸根。

復有四事，調伏諸根。何謂為四？一者慈心，二者悲心，三者喜心，四者捨心。是為四事，名無量心。’

天帝問曰：‘云何行慈？’

野干答曰：‘見苦厄人，當起慈心，為作救護，皆令得所。’

‘何謂為悲？’

‘見諸眾生，無明愛故，造生死業，五道受苦，不能自免。是故我今不應懈怠，當勤精進，修習智慧，速成佛道。得佛道已，當以智慧光明，照除眾生無明黑闇，令見大明，免眾苦縛。雖未成佛，凡所施為，一切善業，迴施眾生，令得安樂。眾生有罪，我當代受，是名悲心。’

　　‘何謂為喜？’

　　‘若見世人，修行善業，求三乘果，勸助隨喜。見受樂人，心亦隨喜，見端正人，見勇健人，見富貴人，見智慧人，見慈心人，見孝順人，以要言之，一切善人，勸助隨喜，是為喜心。’

　　‘何謂為捨？’

　　‘凡所施為，一切功德，行恩於人，不望現報，不望生報，不望後報，是名為捨。

　　成就四事，名四無量心。眾生無量故，慈心無量。眾生無量故，悲亦無量。眾生無量故，喜亦無量。眾生無量故，捨亦無量。是故名為四無量心。連前六度，名十波羅蜜。十波羅蜜，總攝一切菩薩道行。’

　　時，天帝釋聞野干說十善行法功德因緣，復聞菩薩行菩提道因緣義趣，疑網結解，歡喜踊躍，充遍其身。即與八萬侍從諸天，更起修敬，叉手合掌，白野干曰：‘弟子今日，八萬諸天，一心同時，發菩提心，如和上說。菩薩道行，當具奉行，唯願和上，隨喜聽許’。野干答曰：‘宜知是時，斯則是其本心所望。’

相期兜率天品第五之八

　　於是，天帝白野干曰：‘和上飲食，法用云何？唯願教示，當設供養。’野干答曰：‘其所食法，不中人聞。何以故？罪業因緣，所食之物，極是不淨，形似畜生，不異餓鬼，幸可不須問其所食物。’

　　天帝白曰：‘和上飲食，好亦當示，惡亦當語，弟子今當隨所便宜施設供養。』

　　野干答曰：『常食師子虎狼屎尿，及食塚間死屍骸骨，弊衣皮革不能脫，得如斯之食。飢窮所逼，亦食泥土。罪苦果報，從生至死，雖食不淨，未曾充飽。』

　　時，天帝釋及諸天眾聞野干說飲食之相，悲哀感結，涕淚傷心。白野干曰：『弟子現欲施設供養，如師言者，所願不果，非可如何，今還天宮，當作何方報師重恩？』

　　野干答曰：『汝等今者，從我聞法，還於天上，展轉教化，開悟諸天，不問男女乃至一人，令信受行，非但報我，亦報一切諸佛之恩。隨所教化，而自增長諸天福德，何況教化，開悟多人，功報無量。』

　　諸天起立，白野干曰：『弟子之徒，今還天宮，未審和上何時當捨此罪報身，得生天堂共相見也？』

　　野干答曰：『限至七日，當捨罪身生兜率天。汝等便可願生彼天。何以故？兜率天中，多有菩薩，說法教化，為諸天人求佛道故。』

　　天帝白曰：『如尊教者，弟子眷屬於忉利天福盡命終，皆應生彼兜率陀天，與師相見，奉侍教授，誓如今也。』說是語已，以天花香散野干上，於是別去。

　　諸天去已，於時野干不離本座，一心專念十善行法，不行求食，七日命終，生兜率天，為天王子。復識宿命，復以十善教化諸天。”

累世互為善友品第五之九

　　佛告王曰：“爾時野干即我身是。時天帝釋舍利弗是。時阿逸多教授大師，憂波達者彌勒是也。八萬諸天者，今娑婆國土八萬菩薩不退者是。」

佛言：「大王，憶念往昔，從初發意，修菩提行，乃至無生，於其中間，常與彌勒、舍利弗等，為求法故，勤加精進，不顧軀命，追逐明師，親近奉侍，研精學問，成就智慧。

智慧力故，於五道中，隨所生處，教化成就，無量眾生，令得度苦，至今成佛，皆由般若智慧方便，斷除一切結習因緣，成等正覺。復以智慧，於娑婆國土，教化眾生，度三有苦。是故我說般若智慧有四名義。」

三時持戒品第六

時，波斯匿王及其眷屬，聞佛說已，心意開解，更起作禮，歡喜踊躍，侍立合掌，而白佛言：「世尊，今來見佛，快得善利，聽佛說法，不知疲懈，所以者何？

世尊先說四真諦法，十二因緣，出世間道，情根鈍故，慌慌不解。以不解故，身體疲懈。今聞佛說菩薩行法，雖未全解，心甚愛樂，渴仰欲聞，情無厭足。弟子今欲發菩提心，求無上道，唯願世尊，哀愍聽許，教示菩薩所行法度，當如說行。」

佛告王曰：「菩薩法行，如上所說：身口意業，十善道行，十波羅蜜，總攝一切助佛道法。汝能行乎？」

王曰：「如世尊說，十善行法，心道三法，難得護持，當云何受，令不漏失？」

佛告王曰：「世人心粗，譬如猿猴，為諸煩惱風所動轉。是故欲行十善道者，不得遲久。欲修十善，當限三時。

何謂三時？從晨至食，名為上時。經一食頃，名為中時。行百步時，名為下時。受十善法，隨其所堪，於一時中，將護其心，堅持三戒，無令漏失，是則名為修行十善。」

王曰：「如世尊說，限三時持十善行者，其功蓋微，云何生福？」

佛告王曰：「人修十善，時節雖促，功報彌廣，何以故？心道三戒，難守護故，雖少時持，果報無量。

譬如有人於百年中積聚薪草，以火焚之，須臾滅盡。是故當知，少時修善，能滅無量惡業重罪。

又如攢火，加勤用力，須臾得火。火之功力，能燒天下草木叢林，須盡乃息。

大王當知，人修十善，亦復如是。須臾之功，能滅無量惡業重罪，能令行者起菩提芽。萌芽成故，漸漸增長，至成佛果。」

王聞是已，更起作禮，甚大欣慶，得未曾有，白世尊曰：「弟子今者，大得善利。所以者何？聞世尊說，修十善道功德因緣，能令眾生成菩提芽。弟子今者，志樂菩提，當勤修行，心不退卻。」

王說是時，隨從王者，群臣吏民，後宮夫人，四部弟子，天龍鬼神，人、非人等五千餘人，皆發無上菩提道意。

石女見佛品第七

爾時，波斯匿王，國大夫人，出入行來，常使四人，名扇提羅（扇提羅者，漢言石女，無男女根，故名石女），最大筋力，令此四人，擔皇后輿。

　　皇后所乘，七寶輦輿。留在祇洹精舍門外，敕諸黃門，令守護之。黃門轉令四扇提羅，守夫人輿，其身自往佛邊聽法。扇提羅等，各於輿下，睡眠不識。時有凶人，偷取夫人珍寶輦輿一摩尼珠。

　　爾時，黃門暫出看輿，不見寶珠，心中惶怖，懼夫人責，問石女言：「使汝守輿，何故偷珠？」

　　各各答言：「實不偷也。」

　　黃門大怒，鞭打石女，苦痛徹骨。

　　時，有一石女，自審不偷橫受楚毒，奔走逃突入精舍中，稱怨大喚，眾皆聞之，莫知所由。

　　佛語阿難：「汝可出往彼黃門所，無令橫鞭無過之人。何以故？此四石女者，乃是皇后前世之師，自無過罪，何以橫鞭？自造後世惡業因緣。」

　　是時，皇后聞佛此語，即起恭敬，合掌白佛：「如世尊說，四擔輿石女，乃是皇后前世時師，迷意不解，惟願世尊，說其因緣，令諸會眾普得聞知。」

　　佛告皇后：「喚石女來，於世尊前，驗其虛實。」

　　皇后奉命，即遣黃門，攝之將來。

　　時，四石女，見佛叩頭啼哭，長跪合掌白世尊曰：「實不偷珠，有何因緣，橫罹此罪，鞭打楚痛，身體破壞？」

　　世尊告言：「罪業因緣，自身所造，非父母為，非從天墮。人行善惡，受苦樂報，如響應聲。貪現前利，心行邪諂，不知後世累劫受殃。夫惡從心生，反以自賊。如鐵生垢，消毀其形。」

王叉手白佛：“前後說法，皆有因緣，今四石女先世本業，有何因緣，願佛為說，開悟盲冥，多所利益，眾人蒙祐。”

佛告王曰：“欲聞者善，著心諦聽，吾今說之。”

石女宿世品第八
勸教燒身品第八之一

佛復惟曰：“今我法中，有諸比丘，言行不同，心口相違。或為利養，錢財飲食；或為名譽，要集眷屬；或有厭惡王法役使，出家為道，都無有心向三脫門，度三有苦。

以不淨心，貪受信施，不知後世，彌劫受殃，償其宿債。為是等故，豈得不說？”

佛告王曰：“憶念過去，無數劫時，有一大國，名裴扇闍。有一女人，名曰提違，婆羅門種。夫喪守寡，其家大富，都無兒息，又無父母，守孤抱窮，無所恃怙。

婆羅門法，若不如意，便生自燒身。

諸婆羅門時時共往到提違所，教化之曰：‘今身之厄，莫不由汝前身罪故。何謂為罪？不敬奉事諸婆羅門，又不孝順父母夫婿，復無慈心，養育兒子。有是罪故，致令今身抱孤守厄。汝今若不修福滅罪，後世轉劇，墮地獄中。當爾之時，悔無所及。’

提違問曰：‘當作何福，得滅罪耶？’

婆羅門曰：‘滅罪二種，其罪輕者，手自髡頭，香湯洗浴，入天廟中，懺悔辭謝那羅延天，請婆羅門，足一百人，施設飲食。設飲食已，以乳牛百頭從犢子者，嚫婆羅門，然後罪滅。

所以者何？諸婆羅門修淨梵行，不食酒肉五辛蔥蒜，唯仰牛乳，以為食資，令施主檀越滅罪生福。世世所生，所願從心。

汝今罪重，應以家中一切所有諸珍寶物，布施五百大婆羅門。諸婆羅門得布施已，當為咒願，令汝後生常得大富。欲滅罪者，於恒水邊，積薪自燒。諸婆羅門當復咒願，令汝前身所造一切輕重過罪，一時滅盡，後世更生，無復餘殃。父母兄弟夫婿兒子，壽命無量，快樂無極。’

於是提違便許可之，決定開心，當自燒身。便敕家奴，將十乘車，入山伐樵，規以自燒。

辯才開解品第八之二

爾時，國中有一道人，名缽底婆(辯才)，精進持戒，多聞智慧，常以慈心，教化天下，令改邪就正，捨惡修善。

傳聞提違欲自燒身，心生憐愍，往詣其所，問提違言：‘辦具薪火，欲何所為？’

提違答言：‘欲自燒身，滅除殃罪。’

辯才答曰：‘汝身罪業，隨逐精神，不與身合，徒苦燒身，安能滅罪？

夫人禍福，隨心而起，心念善故，受報亦善。心念惡故，受惡果報。心念苦樂，受報亦爾。

如人餓死，則作餓鬼。苦惱死者，受苦惱報。歡喜死者，受歡喜報。安隱快樂，果報亦爾。

汝今云何於苦惱中，求欲滅罪，望善報也？幸可不須，於理不通。

復次提違，如困病人，為苦所逼，若有惡人來至其所，呵罵病人，以手搏耳。於意云何？爾時，病人寧有善心，無忿惱不？』

提違答言：『其人困病，未見人時，常懷忿惱，況被搏耳，而當無忿！』

辯才告曰：『汝今如是，先身罪故，守窮抱厄，常懷憂惱。復欲燒身，欲離憂惱，當可得不？

如困病人，得人呵罵，尚增苦惱，百千萬倍，況自燒身，猛炎起時，身體焦爛，氣息未絕，心未壞故。當爾之時，身心被煮，神識未離，故受苦毒，煩悶心惱，從是命終，生地獄中。地獄苦惱，尤轉增劇，百千萬倍，求免甚難，況欲燒身求離苦也！

復次提違，譬如車牛厭患車故，欲使車壞，前車若壞，續得後車，扼其項領，罪未畢故。

人亦如是，假令燒壞，百千萬身，罪業因緣相續不滅。如阿鼻獄燒諸罪人，一日之中，八萬過死，八萬更生，過一劫已，其罪方畢。況復汝今，一過燒身，欲求滅罪，何有得理？』

問除罪法品第八之三

爾時，辯才種種因緣，為說正法。提違女人心開意解，改志易操。燒身意息，白辯才言：『當設何意，令得滅罪？』

辯才答言：『前心作惡，如雲覆月；後心起善，如

炬消闇。汝今幸有欲滅罪意，自有方便，我能令汝不費一錢，乃至不經毫分之苦，滅除殃罪，現世安隱，後更生處善願從心。’

提違聞已，心大歡喜，憂怖即除。如重罪囚，蒙赦欲出。即起修敬，禮拜問訊。即敕婢使，為敷高座，氍毹毯毲，錦繡綩綖，嚴飾第一。散花燒香，勸請辯才，令登高座。

辯才受請，即昇高座，提違女人即率家內奴婢眷屬五百餘人，圍繞辯才，叩頭恭敬，合掌而立。

提違女人白辯才言：‘尊向所說，滅罪事由，雖懷欣慶，猶有微疑，惟願為說除罪之法，當如法行。’

辯才答曰：‘起罪之由，出身口意。身業不善，殺盜邪婬。口業不善，妄言兩舌惡口綺語。意業不善，嫉妒瞋恚憍慢邪見。是為十惡，受惡果報。

今當一心丹誠懺悔，若於過去，若於今身，有如是罪，今悉懺悔，出罪滅罪。當自立誓，從今已往，不敢復犯。

并為我等先人父母夫婿兄弟，所有過罪，我今一心，代其懺悔。我弟子提違以今懺悔，改惡修善，福德因緣，施與一切受苦眾生，令其得樂。眾生有罪，我當代受。

復立誓言，緣我今日改邪就正，悔罪修福，從是因緣，捨身受身，至成佛道，常遭明師，遇善知識，壽無量命，常與父母夫婿兒子六親眷屬，常相保守，不經苦患，莫如今也。’

於是辯才告提違言：‘悔過滅罪法皆如是。’

於是，提違及其眷屬於辯才前，長跪合掌白辯才言：‘弟子之徒，奉尊教誨，如法懺已，願尊更賜餘善法

教，當勤奉行，增本功德。'

辯才告曰：'今當誠心歸佛歸法歸比丘僧。如是三說，今當盡形受十善道，我弟子某甲，從今盡形，不殺不盜不邪婬，是身善業。不妄言兩舌不惡口綺語，是口善業。不嫉妒瞋恚憍慢邪見，是意善業。是則名為十善戒法。'

爾時，辯才教授提違十善法已，提違眷屬歡喜踊躍，盡心奉行。提違女人為設種種百味飲食及諸珍寶，長跪叉手，白辯才言：'願尊留神，垂愍教化，今當為尊造立宮室，隨所便宜，終身奉事。'

辯才答曰：'汝今已能捨邪就正，淨修十善，為正法子。復以十善，教化天下，則為已報師徒重恩。汝已得度，我不宜留，吾今復當往化餘處。'

爾時，提違知師不住，運輦庫藏諸珍寶物，以奉上師，冀得留意。辯才不受，辭退便去。

於是，提違心自念言：'今日之濟，莫不由我尊師和上，開悟成就，教授重恩，苦請不留，又復不受珍寶之物，當如之何？'悲感傷心，涕淚交流，叩頭辭謝，於是別去。

施五比丘品第八之四

辯才去後，提違女人與其眷屬五百餘人，常以十善法，展轉相化，經於多時。

爾時，國中忽遇穀貴，人民飢餓。時有五比丘，懶惰懈怠，不修學問經書義理，又不專行持戒精進，世人輕慢，不供養之。貧窮困苦，無復生理。

　　五人議曰：‘夫人生計，隨時形宜，人命至重，何宜守死？’

　　各共乞索，辦具繩床，於曠野中，掃灑淨潔，華幡莊嚴，依次而坐，外形似禪，內思邪濁。世人見之，謂是聖人，齎持供養，百種飲食，雲集供養，於是五人飽足有餘。

　　爾時，提違聞是事已，遣人訪覓，信還報曰：‘有五聖人，獨坐山澤，世人雲集，如事天神。’

　　提違歡喜，而自慶言：‘我願果矣。’明旦即敕嚴駕寶車，香華伎樂，詣五比丘。提違到已，禮拜問訊，施設供養。飲食畢已，提違眷屬，恭敬合掌，白比丘曰：

‘尊德至重　　無上福田　　眾生蒙祐　　不宜自輕
　弟子愚意　　欲請尊靈　　臨顧貧舍　　展釋微誠
　唯願慈哀　　濟度群生　　弟子亦有　　清淨園林
　流泉浴池　　嚴飾光榮。’

　　提違眷屬叩頭再三，時五比丘知其意至，便許可之。

　　提違歡喜，辭還家中，即遣使人莊嚴寶車，迎五比丘，還家供養。

　　提違女人，有好園林，去舍不遠。其園縱廣，足滿十頃，流泉浴池，奇雜花果，鵁鶄鴛鴦，清淨嚴好。於其園中，造立堂舍，眾寶莊校。其堂舍中，敷置床席，眾妙臥具，香潔第一，令五比丘止住其中。提違女人。終身奉事，隨時便宜，飲食湯藥，供給使令不失時節。

重報因緣品第八之五

時五比丘既被主人恩厚供養，安隱快樂，而自慶言：'何慰如之！夫人生世，種種方宜，求覓財利，以救貧乏，雖得如意，不如我等，都不勞身，而食福祿，此豈不由智慧力乎？'

其五比丘察見主人懇懃意重，而共議言：'雖得主人隨宜供給，日富歲貧，不能濟人，歲寒富樂，我等今宜更施方便，求覓錢財，充為後時受五欲樂。'

作是論已，更相易代，差遣一人，遊諸聚落，宣語諸人，唱如是言：'彼四比丘，閑居寂靜，護持禁戒，斷絕酒肉，不食蔥蒜，稱於梵行，修禪止觀，證無漏業，不久修行成阿羅漢，則為天下無上福田。'

眾人聞已，齎持種種錢財飲食，運集來詣，恭敬供養。

如是多年，提違女人直心敬信，隨宜供養，歡喜無厭，壽盡命終，生化樂天。

其五比丘專行巧偽，邪濁心故，福盡命終，生地獄中，八千億劫，受大苦報。地獄罪畢，受餓鬼形，魑魅魍魎，如是展轉，經八千劫。

餓鬼罪畢，受六畜身，償其主人。先世供養，業報因緣，或作駱駝驢騾牛馬，隨其主人所受福處。常以筋力，報償主人。如是展轉，復八千世，畜生罪畢。

雖獲人身，諸根闇鈍，無男女根，名為石女。自爾以來，八千世中，常以筋力，報償主人，於今不息。"

佛告王曰："爾時提違者，皇后是也。爾時辯才者，目連是也。時五比丘，即今皇后隨從擔輿扇提羅等五人是也。"

王白佛言："如世尊說五人起因，今者唯見擔輿四人，其餘一人，為何所在？"

佛告王曰："其一人者常在宮內，修治廁溷除糞者是。"

皇后聞已，肅然毛豎，心懷怖懼，更起禮佛，倚立合掌，而白佛言："如世尊說，扇提羅等是我前世因緣師者，實懷憂怖，恐犯逆罪。所以者何？夫人師者應修恭敬，頂戴禮拜，是其宜也。而反使擔車輿隨從，不異牛馬。以是因緣，甚懷怖懼，願佛垂哀，聽我懺悔。"

佛告之曰："皇后福德，自無過罪，何故疑懼？眾生殊性，業行不同，善者受福，惡自受殃。

皇后本時直心清淨，信樂修福，福德因緣，自爾以來，世世所生，常遭明師，信受教誨。從善入善，從祿入祿，至於今日，食福自然。

值佛出世，前身福德，因緣力故，復聞正法，如說修行，以是因緣，無罪咎也。

其扇提羅五人因緣，由其本時，邪濁佞諂，無有慈心，受汝供養。罪業因緣，償其宿債。"

欲救石女品第九

皇后白曰："今聞佛說本業因緣，弟子疑解，更無憂懼也。此扇提羅罪業果報，何當畢也？弟子今者放扇提羅，不敢驅使，隨意東西，唯願世尊，說法開悟，令其心解，改惡修善，速得免苦。"

　　佛告之曰：“今欲令我開化其者，喚彼宮內除糞者來。”

　　皇后即時遣使令喚扇提羅來。使者受命，須臾將來扇提羅等五人聚集，於佛前立。

　　世尊大慈，先以善言，慰勞之曰：“汝等諸子，體氣康和，安隱快樂，無苦惱不？”

　　五人怒曰：“佛不知時。所以者何？晝夜勤苦，鞭杖使役，不暇得息，有何樂哉？佛豈不知如是事乎，而反問人快樂以不？”

　　佛告五人：“今身之苦，皆由前世邪濁諂曲，懷不善心，受人供養，罪業因緣，展轉所生，至於今身，償罪因緣，猶故未畢。汝若欲求免惡果報者，今應至心丹誠悔過，改惡修善。從是因緣，可得免苦。”

　　扇提羅等聞佛語已，忿怒隆盛，反背向佛，不欲聽聞。

　　佛以神力，令一化佛對其前立，方便慰喻，勸令懺悔。

　　扇提羅等又反面向東，復有化佛，對前而立。復反向西，復有化佛。四維上下，皆有佛對。

　　扇提羅等見佛圍繞，五人即時稱怨大喚，而作是言：“我等今者，是弊惡罪人，佛今何為苦見逼耶？”

　　爾時，世尊還攝化佛為一佛身。

　　佛告大眾：“國王太后，諸比丘等，汝等見是扇提羅不？”咸言唯然。“汝等當知，眾生罪業，有二種障：一者業障，二者煩惱障。其罪輕者，有煩惱障；重罪業障。扇提羅等，具有二障，重罪障故，不得受化，非可如何。”

　　爾時，皇后見扇提羅不受佛化，哀感傷心，語五人曰：“自今以後，永解因緣，隨意東西，無憂快樂。”

扇提羅等長跪涕淚，白皇后言：「我等五人，奉事大家，有何等愆，非意今日，被驅棄捐。若有不稱，惟願弘恕使役如前。」

於是，皇后辭讓再三，扇提羅等不欲離去。

皇后白佛：「弟子至意放扇提羅，不肯欲離，當如之何？」

佛告之曰：「扇提羅等償債未畢，因緣繫縛，不令得去，非可如何，且順其意，復其事業，償因緣畢，自當得脫。」

佛告王曰：「夫人修福，謙虛敬重，直心清淨，行於道業，功德無量，火不能燒，水不能漂，偷劫盜賊，不能得便，國王強力，不能動轉。如今皇后，受天福也。

人行惡心，貪現前利，如扇提羅歷世受殃，於今不息。雖遇聖化，如風過耳，罪業力故，反生怨嫉。窈窈冥冥，何時當免？」

教敕比丘品第十

爾時，世尊慈悲心故，告諸比丘：「如我前說，人身難得，值佛時難，法難得聞，終壽亦難。

汝等諸子，前身微善，得生人道，遇佛在世，聞法信受，割斷恩愛，離別父母兄弟妻子六親眷屬，出家為道，如囚免獄。

應捨惡從善，中表相應，言行無異，少欲知足，不貪世榮，忍飢耐渴，志在無為，研精學問，棄捐眾惡，莊嚴智慧，修無漏業，出生死海。

復以智慧，順化天下，使行十善，是則名為自度度人，應菩薩業。」

爾時，會中有諸比丘聞佛說已，自忖所行，身口意業，不稱道法，五百餘人即起修敬，叩頭懺悔，叉手合掌，而白佛言：「如世尊教，三不善業，我等悉有，今於佛前，發露懺悔，惟願天尊，表察其誠，從今以往，誓不為非。當如法行，願佛證知。」

佛言：「諸子。三界聖尊，眾生之父，子今悔惡修善，甚是所欣，當隨喜爾。」

復有五百粗行比丘，聞說是已，即起修敬，叩頭向佛白言：「世尊，我等不堪修出家道，所以者何？從昔以來，為利養故，行於邪濁，有虛無實，受人供養，負債滋多。為是等故，實懷憂懼。今欲捨道，還歸俗緣，願佛垂聽。」

佛告比丘：「善哉善哉，吾助爾喜。所以者何？夫人入行，如把刃持毒，不能堪者，不如不為。何以故？執持不勤，反為害故。

汝等今者，信於業報，有慚愧心。慚愧因故，除滅過罪，增長善根。彌勒菩薩後成佛時，初會說法，當得上度。」

又告比丘：「寧割身肉，以用供口。不以邪心受人施也，甚難甚難，慎之慎之。」

羅睺求退品第十一

爾時，佛子羅睺羅等五十沙彌，聞佛說彼扇提羅等禍所由起因緣本末，甚大憂懼，即各修敬，頭面禮佛，叉手合掌白言："世尊，今聞說此扇提羅等，宿業因緣受苦果報，甚懷怖懼。

所以者何？和上舍利弗大智福德，為國中豪族，所見知識，眾人競共雲集供養，餉致最上甘珍美味。小兒愚癡，無有福德，食人如是妙甘飲食，後世當復償其因緣，受苦果報，如扇提羅。

是故我等實懷憂慮。彼諸長德五百比丘尚不能堪，退道還俗，而況小兒無智慧者。願佛垂哀，賜聽我屬捨道還家，冀免罪酬，不經苦厄。"

爾時，世尊告羅睺羅："汝今畏罪，欲得還家，求離苦者，是事不然。

何以故？如有二人乏食飢餓，忽遇主人，為設種種肥濃美味。其人飢餓，貪食過飽。

然此二人，一者有智，二者愚癡。有智之人，自知食過，身體沈重，嚬呻欠呿，恐致苦患，即詣明醫，謙虛下意，叩頭求救，請除苦患。

良醫即賜摩檀提藥，令其服之，其人即吐腹中宿食。吐宿食已，令近暖火，禁節消息。其人因是，得免禍患，終保年壽，安隱快樂。

其無智者，不知食過，謂是鬼魅，消費家財，橫殺生命，祠祭鬼神，欲求濟命，唐費功夫。腹中宿食，遂成生風，生氣轉筋，絞切心痛。因是死亡，生地獄中，累世受苦，由無智焉。"

佛言："汝羅睺羅，畏罪還家，如彼無智愚癡人也。

夫人求福，欲離罪者，當謙虛精勤，親近明師，修習智慧，悔惡罪業，改往修來。從是漸漸，智慧成就。慧成就故，消滅眾罪。

如我前說，日光威力，能除眾冥。人修智慧，亦復如是。

緣汝先有善根因緣遭值我時，舍利弗等，如彼明醫能濟苦患，而得不死，子今何為捨明入暗？”

沙彌羅睺白言：“世尊，諸佛智慧猶如大海，羅睺等心，猶如毫末，豈能受持如來智慧？”

佛告羅睺：“如天雨滴，後不及前，雖不相及，能滿大器。修學智慧，亦復如是。從小微起，終盛大器。

盛大器已，轉盛餘器。如是展轉，滿無量器，是則名為自利利人。自利利人，名為大士，如我今也。”

羅睺羅等聞佛說已，心開意解，無復憂慮，如世尊教，當具奉行，不敢疑也。

太子問戒品第十二

爾時，會中國王太子，名曰祇陀，聞佛所說十善道法，因緣果報，無有窮盡，長跪叉手，白天尊曰：“佛昔令我受持五戒，今欲還捨受十善法。所以者何？五戒法中，酒戒難持，畏得罪故。”

世尊告曰：“汝飲酒時，為何惡耶？”

祇陀白佛：“國中豪強，時時相率，齎持酒食，共相娛樂，以致歡樂，自無惡也。何以故？得酒念戒，無放逸故。是故飲酒，不行惡也。”

佛言：“善哉善哉，祇陀，汝今已得智慧方便。若世間人，能如汝者，終身飲酒，有何惡哉？

如是行者，乃應生福，無有罪也。

夫人行善，凡有二種：一者有漏，二者無漏。有漏善者，常受人天快樂果報；無漏善者，度生死苦，涅槃果報。

若人飲酒，不起惡業，歡喜心故，不起煩惱。善心因緣，受善果報。汝持五戒，何有失乎？

飲酒念戒，益增其福。先持五戒，今受十善，功德倍勝十善報也。”

夫人破戒品第十三

時，波斯匿王白言：“世尊，如佛所說，心歡喜時，不起惡業，名有漏善者，是事不然。何以故？人飲酒時，心則歡喜。歡喜心故，不起煩惱。無煩惱故，不行惱害，不害物故，三業清淨。清淨之道，即無漏業。

世尊，憶念我昔遊行獵戲忘將廚宰，於深山中，覺飢欲食，左右答言：‘王朝去時，不被命敕令將廚宰，即時無食。’

我聞是語已，走馬還宮，教令索食。王家廚監，名修迦羅。修迦羅言：‘即無現食，今方當作。’

我時飢逼，忿不思惟，瞋怒迷荒，教敕傍臣，斬殺廚監。

臣被王教，即共議言：‘簡括國中，唯此一人，忠良值事。今若殺者，更無有能為王監廚稱王意者。’

時，末利夫人聞王教敕殺修迦羅，情甚愛惜，知王飢乏，即令辦具好肉美酒，沐浴名香，莊嚴身體，將諸伎女，往至我所。

我見夫人，莊束嚴麗，將從妓女，好酒肉來，瞋心即歇。

何以故？末利夫人持佛五戒，斷酒不飲，我心常恨。今日忽然，將酒肉來，共相娛樂，展釋情故。即與夫人，飲酒食肉，作眾伎樂，歡喜娛樂，恚心即滅。

夫人知我忘失怒意，即遣黃門，輒傳我命，令語外臣，莫殺廚監，即奉教旨。

我至明旦，深自悔責，愁憂不樂，顏色憔悴。夫人問我：‘何故憂愁，為何患耶？’

我言：‘吾因昨日為飢火所逼，瞋恚心故，殺修迦羅。自計國中，更無有人堪監我廚如修迦羅者，為是之故悔恨愁耳。’

夫人笑曰：‘其人猶在，願王莫愁。’

我重問曰：‘為實如是，為戲言耶？’

答言：‘實在，非虛言也。’

我令左右喚廚監來。使者往召，須臾將來，我大歡喜，憂恨即除。”

王白佛言：“末利夫人，持佛五戒，月行六齋，一日之中，終身五戒，以犯飲酒妄語二戒，八齋戒中，頓犯六戒，此事云何，所犯戒罪輕耶重耶？”

世尊答曰：“如此犯戒，得大功德，無有罪也。何以故？為利益故。如我前說，夫人修善凡有二種：一有漏善，二無漏善。末利夫人所犯戒者，入有漏善，不犯戒者，名無漏善。依語義者，破戒修善，名有漏善。依義語者，凡心所起善，皆無漏業。”

因酒止惡品第十四

王白佛言：「如世尊說，末利夫人飲酒破戒，不起惡心，而有功德，無罪報者，一切人民亦復皆然。何以故？

我念近昔，舍衛城中，有諸豪族，剎利王公因小諍競，乃致大怨，各各結謀，興兵相罰。兩家並是國中豪種，復是親戚，非可執錄，紛紜鬥戰，不從理諫，深為憂之。

復自念言：昔太子時，先王大臣，名提違羅，恃其門宗，富貴豪強，而見輕慢，形調戲弄，劇於畜生。當時忿恚，情實不分，意欲誅滅，力所不堪，訴向父王，復不聽省，懷毒抱恨，非可如何。以是因緣，飲食損常，懊惱愁悴。

爾時，太后見我愁苦，種種諫曉，愁故不息。於時太后愛子情重，便遣使人求覓好酒，勸我令飲。

即白母言：‘先祖相承，事那羅延天，奉婆羅門。今若飲酒，懼恐天怒，為婆羅門之所嘖罰。’

太后當時懼子致命，於夜靜時，關閉宮門，不令異人黃門婢使而得知者。

太后語言：‘夫天神者，有慈悲心，救一切苦。婆羅門者，皆應如是。子今愁毒，唐自失命，天神豈能救子命耶？寧當服藥，消散憂患，得全身命。諸婆羅門未得天眼，安能知子隱密事也？’

逼迫再三，俛仰從之。既飲酒已，忘失愁恨。

太后見子還復顏色，心即歡喜，召集宮女，作唱伎樂，三七日中受五欲樂，所追忿恨，從是得息。

思惟是已，即敕忠臣，令辦好酒，及諸甘膳。又使宣令國中豪族群臣士民，悉皆令集，欲有所論，國中大事，諸臣諍競兩徒眷屬各有五百應召來集。於王殿上，莊嚴太樂。

王敕忠臣，辦琉璃碗，受三升許。諸寶碗中，盛滿好酒。

我於眾前，先喫一碗，王曰：‘今論國中大事，想無異心，坐此會也，今當人人辦此一碗甘露良藥，然後論事。’

咸言：‘唯諾，奉大王命。’

並敕伎官作唱太樂。諸人得酒，並聞音樂，心中歡樂，忘失仇恨，沛然無憂。

王復持碗白諸君曰：‘士夫修德，歷世相承，遵奉聖教，不應差違，諸君何為，因於小事，忿諍如之？若不忍者，恐亡國嗣。是故重諫，幸息諍事。’

諸臣白曰：‘敬奉重命，不敢違也。’因是和平。”

皇后戒德品第十五

王白佛言：“諸人起諍，不因於酒。然因得酒，息忿諍心，而得太平，此豈非是酒之功也？

復次，世尊，察見世間，窮貧小人，奴客婢使，夷蠻之人，或因節日，或於酒店，聚會飲酒，歡樂心故，不須人教，各各起舞。未得酒時，都無是事。

是故當知，人因飲酒，則致歡樂。心歡樂時，不起惡念。不起惡念，則是善心。善心因緣，應受善報。復次，世尊，獼猴得酒，尚能起舞，況於世人！

　　如世尊說，施善善報，施惡惡報。如世間人緣前布施福德因緣，今致大富，貧者從乞慳惜不與，慳貪因緣，受餓鬼報。

　　或有世人，若男若女，受形端正。男人好者，為女所愛。女人好者，男情所樂。若有強力，制斷男女，不令會合。不得合故，則致憂苦。此之殃罪，當歸何處？

　　末利夫人皆由前身以好施人故，今得好報。世尊云何令持五戒，月行六齋，六齋之日，不得莊嚴香華服飾，又復不聽作倡伎樂，又復不聽附近夫婿愛好之姿，竟何所施，徒亡其功，豈非苦也？」

　　佛告王曰：「大王所難，非不如是。末利夫人，在年少時，若我不敕令受戒法修智慧者，云何當有今日之德也，以能得度，復度王身。如斯之功，復歸誰也？末利夫人受我教故，如說而行，故使今日成就智慧方便解脫。

　　復次大王，譬如世人家有一子，欲令成故，及其幼年，將詣學堂，與師令教文藝書疏人望禮儀。學堂之法，皆有制令，呵責杖罰，禁節飲食，不得睡眠。出入行來，不失節度，有違犯者，隨罪輕重，計而行罰。兒畏杖故，專心就學。至年大時，高才博聞，靡所不知。復以所知，轉教餘人。末利夫人奉齋持戒，亦復如是。

　　復次大王，如富樓那，嫉妒心故，割斷恩愛，辭別父母，捨離妻子，入山習學，被服草衣，忍寒耐苦，自立誓言：『要當諷誦九十六種經書記論，悉令通達，不爾不還與父母相見。』

　　足二十年，一切通達，還王舍城，頭戴炬火，以銅鍱腹，陌上而行，而自唱言：『我一切智。』來至我所，而

謂我言：'爾瞿曇沙門，竟何所知？'

我言：'癡人！'而說頌曰：

'若有人智慧，　　　不說人自知。
如是多聞者，　　　如日照世間。
若多少有聞，　　　自大以憍人。
是如盲執燭，　　　照彼不自明。'

時，富樓那聞是語已，霍然心悟，捨炬解腹，五體投地，慚愧悔過，皆由多聞智慧，諸根利故。未起之頃，斷三界漏，得羅漢道，智慧之力，譬如調象隨鉤而轉。

大王當知，夫習學者，皆由禁制攝五情根，然後通達，無所罣礙，名無礙智。

無礙智者，具四辯也。今富樓那具四辯才，皆由謙苦勤學所得。

是故我說：'夫慧解者，有七德才。何謂為七？第一信才，二精進才，第三戒才，四慚愧才，第五聞才，六為捨才，七定慧才，是為七才。'末利夫人具此七才。

大王當知，末利夫人雖為女身，高才智博，非同凡人，皆由少來，慎身口意，一心專念，修習智慧。智慧力故，名為解脫。復以智慧解悟天下。"

多聞修智品第十六

爾時，世尊因羅睺沙彌，為諸大眾說頌曰：

"聞為金翼鳥，　　　　威勢武力強。
聞為行寶藏，　　　　所在相利益。
聞為大橋梁，　　　　濟度眾苦厄。
聞為大船師，　　　　濟渡生死海。
多聞令志明，　　　　以明智慧增；
智則博解義，　　　　見聞行法安。
多聞能除憂，　　　　能以定為歡；
善解甘露法，　　　　從是得泥洹。
聞為知律法，　　　　解疑亦見正；
從聞捨非法，　　　　行到不死處。
仙人敬事聞，　　　　諸天亦復然；
斂心不放逸，　　　　積聞成聖智；
慧能散憂患，　　　　亦除非邪衰。
欲求安隱吉，　　　　當奉事明者；
盲從是得眼，　　　　如暗中得燭；
開導世間人，　　　　如明將無目。
是故應捨癡，　　　　離慢豪富樂；
務學事明者，　　　　是名積聚德。"

　　爾時，世尊說是偈已，復告王曰："王今福德，聰朗博義，皆由前世親覲明師，謙苦奉侍，習學所致。因緣果報，今為人王，智慧明達，隨宜撫接，世間難有。

　　是故我說，般若智慧有四種義，是故當知，求三乘人，當學般若，若欲離三惡八難苦患，欲受人天快樂果報。以要言之，求一切福德，皆應修學智慧方便。

　　如我前說，阿逸多王勤苦習學，智慧力故。雖復失行

生惡趣中，常識宿命。識宿命故，改惡修善，速得解脫，
感致諸天，濟接供養，以智慧力為諸天師。以是因緣，我
說般若有四種義。”

爾時，波斯匿王聞佛所說：智慧方便、功德因緣，甚
大歡喜。太子祇陀，夫人太后，群臣士民，一切大眾，莫
不解悟，各各修敬，為佛作禮，復座如故。

修善戒妄品第十七

王叉手曰：“如佛所言，世人修善，凡有二種：一有
漏善，二無漏善。有漏無漏，二義歸一。世尊，云何說差
別耶？”

佛告王曰：“人有二品：一者利根，二者鈍根。為鈍
根人說二種善，利根之人不說二也。所以者何？眾源泉流，
終歸一海。鈍根之人，諸根暗塞。是故為說分別法耳。”

爾時，國王太子祇陀白佛言：“世尊，十善戒法，有
差別耶？同一義耶？妄語戒義，一耶多耶？若一義者，終
不可持；若差別者，願佛說之。”

佛告之曰：“妄語有二，一重二輕。何謂為重？若
受戒人不修智慧，愚癡無智，不能教化興隆佛法。為是之
故，人所輕慢，不得供養，貧窮困苦。為供養故，外現精
進，內行邪濁，展轉相教，宣向諸人，比丘苦行精進，得
禪境界，或言見佛見龍見鬼，如是之人名大妄語，犯是罪
者墮阿鼻獄。

又復妄語，能令殺人破壞人家。復有妄語，違失期
契，令他瞋恨。如是名為下妄語也，行如是者，名為犯

戒，墮小地獄。

其餘調戲，及諸私理，匿禁之事，或有言無，或無言有，不犯戒也。”

太子祇陀聞說是已，即於佛前受十善道法，白佛言：“世尊，弟子今日疑悔已除，發三菩提心，願佛證知。”

佛言：“善哉，甚大隨喜，宜知是時。”

供奉外道品第十八

王白佛言：“如佛所說，十方賢聖，明達眾生因緣果報者，我父先王奉事外道，隨持禁戒，絕於酒肉五辛蔥蒜，供養梵天，日月水火，常行布施，求梵天福，年年常用千頭乳牛施婆羅門，計四十年，四萬頭牛，諸婆羅門食其乳、酪、生酥、熟酥、醍醐等味。如斯功德，生何天也？願佛垂哀，分別教示，令諸行者普得聞知。”

佛告王曰：“前王果報，今在地獄。所以者何？不值善時，不遇善友，無善方便，雖修功德，不得免罪。布施之功不亡失也，罪後畢時，方當受福。

大王當知：夫人修福，不與罪合，不共合故，要須方便，令得滅罪。

何謂方便？謂善知識。

何謂善友？謂正見人，是為善友，常以正教，調伏其心。

何謂正教？謂觀無常苦空無我；十二因緣，纏著生死；修四真諦，見苦斷集證滅修道。

行六波羅蜜，四無量心，是為方便調伏諸根。根調伏故，定慧成就。慧成就故，其心正直。心正直故，能起精進。精進心故，能起戒慎。戒慎究竟，定慧明了。慧明了故，遊諸萬行，通達無礙。行無礙故，名為解脫。解脫心者，即涅槃也。是則名為善知識也。

大王當知：明師善導是大因緣，不可輕也。大王今者遭賢遇聖，皆由前世因緣果報，聞法信解，復能解人，是故我說，明人難值，如不比有。其所生處，族親蒙慶，是故當修般若智慧。”

王白佛言：“聞世尊說，智慧方便，皆已貫心。如世尊說，禍福不同。我先帝大王，有何惡業，受苦報耶？”

佛告王曰：“先帝大王，有六種罪。何謂六種？一者傲慢妒弊，事無粗細，便起鞭罰，不忍辱故。

二者貪愛寶貨，斷事不平，致令天下懷怨恨故。

三者遊獵嬉戲，苦困人民，傷害眾生所愛命故。

四者禁閉宮女，不得從意，受大苦故。

五者耽著女色，得新厭舊，撫接不平，致怨恨故。

六者畏婆羅門，偷食酒肉五辛蔥蒜，恐被呵責，行諂偽故。

是為六事，罪業因緣，生地獄中。”

王白佛言：“若如是者，佛未出時，弟子亦有如斯之罪，當如之何，修十善行，令得成就，無滯礙也？”

佛告王曰：“如我先說，日光出時，眾冥悉滅，有餘暗不？”

王曰：“燈火之光，尚能滅暗，況日光明，威勢力也。”

佛告王曰：「今王福德，聞佛說法，成就智慧，喻若日光滅一切暗，無餘罪也。」

苦行樂行品第十九

王白佛言：「我父所事婆羅門師，精進智慧，修習苦行，為求福故，不惜身命。或有投巖，五熱炙身；或斷飲食，求生梵天；或大積薪，生自燒身；或有翹腳，張口向日；或於高樹，以繩繫腳，而自倒懸；或臥刺棘，抱石磓胸。

有如是等種種苦行，苦行之功，福德因緣，歸何所耶？」

佛答之曰：「如吾前說，行苦苦報，行樂樂報，汝不聞乎？」

王言：「世尊，制諸弟子，令持禁戒，非為苦耶？夫人飢時，不即得食，煩惱橫起，忿怒隆盛，不自覺識，起瞋懷害，殺修迦羅。如斯之事，累世受苦，豈非惡也？」

佛告王曰：「吾前所以制中前食者，為諸比丘，捨外道法，於我法中，出家為道，先習苦行，飢餓心故。得諸弟子，肥美飲食，貪食過飽，食不消故，則致眾病。是故制食，非為飢苦，求福德也。

又節食者，見諸比丘，縱橫乞食，無有晝夜，食無時節，為諸外道之所譏責，而作是言：『瞿曇沙門，自言道精，何以不如外道法也？』是故節食，非於飢苦，而求福也。

以要言之，所制禁戒，正為癡人無方便慧，非為智人知時宜也。

如我前說，般若智慧即是解脫。智者所受，聖所行處。”

王聞是已，益加歡喜，更起恭敬，為佛作禮，一切大眾，皆亦如是。

無量燈品第二十

波斯匿王長跪合掌，白世尊曰：“今此大眾，聞佛所說，疑網結解，猶如日光消除暗冥，得見大明。如此之功，其恩難報。諸弟子等，當以何方施設供養，報今世尊斯重恩耶？”

佛告王曰，及諸會眾：“甘露法教，其功難報。假令有人，於恒沙劫，盡心奉事佛法聖眾，衣食臥具，疾病醫藥，於意云何，其福多不？”

王曰：“甚多，不可稱量。”

佛告王曰：“甘露法者，精妙難量，濟無粗細，非天世人福德之力所能報也。

唯有一事，能報佛恩。何謂為一？常以慈心，以其所解一切善法，展轉開化，乃至一人，令其信心成就智慧，展轉教化，無有窮盡。

譬如一燈燃無量燈，如是行者，乃名為報師徒重恩。

大王當知：欲報師徒解脫恩者，還以智慧，解脫眾生。如是行者，則為供養三世諸佛，非但供養報一師也。”

王叉手白：“宣傳聖教，開悟群生，令行正見，修習聖道，其福云何？唯願垂哀，開導眾生。”

佛告王曰：“若善男子善女人，從師聞法，一句一義，展轉教化，乃至一人，未信令信，未解令解，如是功德，無量無邊，非是凡夫所能知也。

大王，假使有人於千歲中，飲食醫藥上妙衣服，供養恭敬佛法聖眾，其福多不？”

王言：“甚多，不可稱量。”

佛言：“大王，善男子善女人，從師聞說諸佛正教，展轉教化，乃至一人，令其信解，其所得福，復過於彼千萬億倍，不及其一。何以故？法化之功，應無量故。”

佛告阿難：“如此法教，精勤宣化，一切人民，其福無量。阿難，我今以此無上妙法付囑於汝，宣布教化，過度眾生，則為供養一切諸佛。”

阿難叉手白世尊曰：“佛囑此經，當何名之？”

佛告阿難：“此經教者，名《未曾有說因緣經》，當勤修行。”

爾時，波斯匿王、祇陀太子、夫人後宮、四部弟子、釋梵諸天、八部龍神，八十萬人，聞佛所說，皆大歡喜，各各發心，向三脫門，禮佛辭退，如法奉行。

《未曾有說因緣經》

白話講解及經法研探

目連出使品第一

《經文》　如是我聞[1]：一時[2]，佛在舍衛國祇樹給孤獨園。

[1]　如是我聞：為佛經的開頭語。如，等於；是，真實；我，那個記錄和傳佈這部經典的人；聞，親耳聞佛說法。

[2]　一時：泛指年代。古印度有許多的小國，但印度人對年代不講究，所以沒有統一的編年。佛陀示現受生的年代，雖各有其說，卻無法正確考證。

<u>白話講解</u>　　那時，佛陀在舍衛國祇樹給孤獨花園裡說法，我是這樣聽到佛說的。

經法研探：佛第一個道場 ▶

　　"祇樹給孤獨園"位於舍衛國內，是佛陀最早的道場（之一）。它原來叫"祇園"，是該國祇陀太子擁有的花園。佛弟子給孤獨長者，一直想為佛陀建造道場，見到"祇園"花木扶疏，風景優美，泉池清徹，環境適宜，因此提出購買的要求。但是祇陀太子心生傲慢，認為給孤獨長者的身份地位比他差太多了，怎麼可能有足夠的財富來購買呢？於是出了個難題，要給孤獨長者用金葉子鋪滿整個花園，然後把這些金葉子給他，花園就屬給孤獨長者的了。祇陀太子認為這是不可能做到的事，希望給孤獨長者知難而退，自動怯步。不料，給孤獨長者二話不說，就運來了一車車的金葉子往地上鋪，一鋪鋪了許多天，看樣子快要傾家蕩產了，仍然還沒把花園鋪滿。祇陀太子被他供養佛陀的誠心所感動，就叫他不要再鋪了，並且拿出相對的財富來和他一起供養佛陀，為佛陀蓋道場。所以，就以倆人的名字，將這個道場命名為"祇樹給孤獨園"，一時傳為美談。

《經文》　爾時，世尊告目犍連："汝今往彼迦毘羅城，問訊我父閱頭檀王[1]并我姨母波闍波提[2]，及三叔父斛飯王[3]等，還復慰喻羅睺羅母耶輸陀羅，令割恩愛，放羅睺羅，令作沙彌，修習聖道。所以者何？母子恩愛，歡樂須臾，死墮地獄，母之與子，各不相知。窈窈冥冥[4]，永相離別。受苦萬端，後悔無及。羅睺得道，當還度母，永絕生老病死根本，得至涅槃，如我今也。"

[1]　閱頭檀王：又稱淨飯王。
[2]　波闍波提：佛陀出生七天後，其母摩耶夫人去世，由姨母波闍波提撫養長大。
[3]　斛飯王：又稱白飯王，是淨飯王兄弟，兩人各領不同的邦國。他是阿難和提婆達多的父親。
[4]　窈窈冥冥：窈窈，看不清楚之意。冥冥，意指黑暗。

<u>白話講解</u>　那時，佛陀告訴目犍連："你現在就到迦毘羅城去，代表我向我的父親淨飯王、我的姨母波闍波提和我的三叔斛飯王等三人問候致意。同時，還要以種種因緣譬喻來安慰開解羅睺羅的母親耶輸陀羅，叫她割斷恩愛之情，放捨羅睺羅，讓他出家當沙彌，修習聖道。為什麼呢？因為他們母子倆人糾纏在世間的'餓鬼愛'中，雖然有短暫的歡樂，但是死後將墮地獄。到時候，在黑暗中，母子倆人什麼也看不清楚，誰也不認識誰，就這樣永遠離別，受苦萬分，再來後悔，已來不及了。羅睺羅若能修

習聖道，得道以後，還能回來救度他的母親，讓倆人永遠斷除生老病死的因緣，得到真常、真樂、真我、真淨的境界，就好像我今天一樣。」。

經法研探：母子恩愛 ▶

《大般涅槃經》中，佛陀讚美一位跳入河中捨身救子的母親，她的布施心及知捨心，使她死後升到天道。但是，從另一個更深遠的角度來看，一個做母親的，雖能捨肉身，卻難捨"母子恩愛"，因為對世間人而言，"母子恩愛"是最"真實"的依怙，是最"永恆"的愛。但以無常故，母子恩愛的歡樂，終究是短暫的，一旦離別到來，陰陽兩隔，頓時跌入無邊的黑暗，心中毫無希望。而地獄，正是那毫無希望，見不到一點光明的地方。所以佛陀說"母子恩愛，歡樂須臾，死墮地獄"。

在《大般涅槃經》中，佛陀把這種愛，叫做"餓鬼愛"，因為它的本質，是永遠無法令人滿足的。得到時，如"犬嚙枯骨"，愈啃愈餓；失去時，心中的罪惡感、委屈感和瞋恨心大起；如是耽湎沉醉在得失之間，愚迷造作"餓鬼、畜生、地獄"三惡道之因。所以，在此處經文中，目連又說："母子恩愛，少時如意，一旦命終，墮三惡道"。

"母子恩愛"使母子關係，彼此繫縛，糾纏不捨，就像一條大鐵鏈，使母子二人百劫千生，沉淪生死苦海，無法出離。所以只要貪著"母子恩愛"，正是不思出離生死苦海的原因，也是不肯修習聖道的原因。

既然不思出離，不願修道，就不能免生死，也不能究竟止惡行善。而生死是六道輪迴的因，作惡是三惡道的因啊！

　　所以佛陀慈悲，要羅睺羅出家修習聖道，得道之後，再回來度母親，使母子二人都能“永絕生老病死根本，得至涅槃”。

《經文》　目連[I]受命，即入禪定，譬如力士屈伸臂頃，到迦毘羅城淨飯王所，而白王言：“世尊慇懃，致問無量，起居輕利，氣力安不？”及大夫人波闍波提并三叔父斛飯王等，問訊起居，亦復如是。

[I]　目連：又稱目犍連、大目連，是佛的十大弟子之一，以“神通第一”著稱。

<u>白話講解</u>　　目連領了使命，即入禪定，在好像一個大力士把胳臂一屈一伸的剎那間，就來到了迦毘羅城淨飯王的宮裡，對淨飯王說：“世尊非常殷勤地向您致以深切的問候之意，您的生活起居還好嗎？輕鬆方便嗎？身體健康嗎？”目連又同樣地對大夫人波闍波提和三叔父斛飯王一一致意，問候一遍。

耶輸陀羅抗命品第二

《經文》　時，耶輸陀羅聞佛遣使來至王所，未知意趣，即遣青衣[I]，令參消息。青衣還白：“世尊遣使，取羅睺羅，度為沙彌。”耶輸陀羅聞是消息，將羅睺羅登上高樓，約敕監官：關閉門閣，悉令堅牢。

[I]　青衣：丫頭；丫環。

<u>白話講解</u>　那時，耶輸陀羅聽說佛陀派遣了使者，來到淨飯王的宮中，但又不明白使者此行的意圖和欲求，於是派了一個丫環，去刺探消息。丫環回來稟告道：“世尊派了使者來，要帶羅睺羅出家，將他剃度為沙彌。”耶輸陀羅一聽，就把羅睺羅帶上高樓，並約束敕令太監和管理人員，將樓閣的大門和入口，關得嚴嚴實實的。

《經文》　時，大目連既到宮門，不能得入，又無人通，即以神力，飛上高樓，至耶輸陀羅坐前而立。

耶輸陀羅見目連來，憂悲交集，迫不得已[I]，即起恭敬，禮拜問訊：“冒涉遠途，得無勞也？”敕為敷座，請目連坐。問目連曰：“世尊無恙，教化眾生，不勞神也？遣上人來，欲何所為？”

目連白曰：“太子羅睺，年已九歲，應令出家，修學聖道。所以者何？母子恩愛，少時如意，一旦命終，墮三惡道，恩愛離別，窈窈冥冥，母不知子，子不知母。羅睺得道，當還度母，永度生老病死憂患，得至涅槃，如佛今也。”

① 迫不得已：印度人向來尊重出家修行人，而且印度的婆羅門種姓，地位高過剎帝利種的王公貴族，所以耶輸陀羅雖貴為皇室，見到目連卻一定要行禮如儀，恭敬禮拜。

<u>白話講解</u>　這時，目連來到宮門，既進不去，又沒人通報，就示現他的神通力，飛上高樓，突然出現在耶輸陀羅面前。

耶輸陀羅見到目連，既害怕又傷心，可是迫不得已，只好趕緊起身，恭敬禮拜，並問候道：「這麼遠的路，勞您長途跋涉而來，一定很累了吧？」於是命令左右為目連擺設座位，請目連坐，接著又問：「世尊身體還好嗎？他教化眾生，是不是太勞神了呢？他派遣您大和尚前來，要做什麼啊？」

目連回答：「太子羅睺羅已經九歲了，應該讓他出家，修學大聖之道。為什麼呢？因為你們母子糾纏於餓鬼愛中，也不過暫時的如意一下，到了死時，一定要墮三惡道，窈窈冥冥中，除了忍受恩愛別離的痛苦之外，母親不認識兒子，兒子也不認識母親，這就很悲慘了。可是，羅睺羅如果修道得道，就可以回來度你，倆人永遠斷絕生老病死等憂悲苦惱，得到真常、真樂、真我、真淨，好像佛陀今日一樣。」

《經文》　耶輸陀羅答目連曰：「釋迦如來為太子時，娶我為妻。奉事太子，如事天神，曾無一失。共為夫婦，未滿三年，捨五欲樂，騰越宮城，逃至王田①。王身往迎②，違戾③不從，乃遣車匿白馬令還，自要道成，誓願當歸。披鹿皮衣④，譬如狂人，隱居山澤，勤苦六年，得佛還國，都不見親。忘忽恩舊，劇於路人。遠離父母，寄居他邦。使我母子，守孤抱窮⑤，無有生賴，唯死是從。人命至重，不能自刑，懷毒抱恨，強存性

命。雖居人類，不如畜生，禍中之禍，豈有是哉？今復
遣使欲求我子為其眷屬，何酷如之？太子成道，自言慈
悲，慈悲之道，應安樂眾生，今反離別人之母子。苦中
之甚，莫若恩愛離別之苦。以是推之，何慈之有？”
　　　白目連曰：“還向世尊，宣我所陳。”

① 王田：國境內的田野。《漢書食貨志》：“今更名天下田，曰王
　　田；奴婢曰私屬，皆不得買賣。”可見，此處“王田”指的就是郊野。
② 王身往迎：指淨飯王親自去追太子，但根據其他本事經記載，淨
　　飯王並沒有親自去追，只派了大臣去追。
③ 違戾：違，違背王令。戾，不乖順的樣子。
④ 披鹿皮衣：外道修行人身穿鹿皮衣，但佛教出家人不許殺生，穿
　　的是棉袈裟。太子當時是跟隨外道師父修行，所以穿鹿皮衣。
⑤ 守孤抱窮：孤，孤單、孤獨。窮，絕望。

<u>白話講解</u>　　耶輸陀羅回答目連：“釋迦牟尼佛當太子的時候，
娶我為妻。我小心謹慎地侍奉太子，好像侍奉天神一樣，從來沒
有犯過一個過失。我們倆人這樣的夫妻關係，還不到三年，他就
捨棄了世間五欲之樂，[騎白馬]*跳宮牆出去，逃到田野。淨飯王
親自去追他，他卻態度乖戾，不肯聽從淨飯王的命令，最後還把
車夫車匿和白馬都遣送回來，並且發誓他一定要修成聖道之後，
才要回來。這還不算，他還穿著鹿皮衣，像個瘋子一樣，在深山
大澤裡隱居，勤苦修道了六年。等他證得佛果回國時，還不回家
來看一看親人，他遺忘忽視親人對他的恩愛舊情，對我們比對路
人還冷漠。他遠遠離開父母，住到別人的國土中，使我們母子孤
獨絕望，活得完全沒有依賴，真想一死了之。可是人命是這麼珍
貴，婆羅門教是不許自殺的，因此只有強忍著怨恨的毒苦，勉強
活了下來。我們母子雖然看起來像人，事實上，活得還不如畜

生，[因為畜生還有親子團聚的時候，所以家庭的離散，]是災禍中的災禍，哪裡還有比這更大的災禍呢？今天，又再派遣使者來，要求把我的兒子帶去出家，做為他的眷屬，天下哪有這麼殘酷的事呢？太子成道的時候，自稱是最慈悲的，但是慈悲的道理，應該是讓眾生安樂才對啊？怎麼反而拆散人家母子呢？苦裡頭，什麼最苦呢？恩愛別離是最苦的了。從這個道理來推論，世尊豈有什麼慈悲啊？」

　　囑咐目連說：「你回去後，就把我剛才說的這番話，都轉告世尊吧！」

→　*[ ] 括號內文字乃黃老師為幫助讀者能更清晰深刻理解經典及法要之解說。

《經文》　時，大目連更以方便，種種因緣，隨宜諫[1]喻，反覆再三。耶輸陀羅絕無聽意。辭退還到淨飯王所，具宣上事。

　　王聞是已，令喚夫人波闍波提。

　　王告夫人：「我子悉達，遣目連來迎取羅雲，欲令入道修學聖法。耶輸陀羅女人愚癡，未解法要，心堅意固，纏著恩愛，情無縱捨。卿可往彼重諫誨之，令其心悟。」

[1]　諫：勸告，一般指下對上而言。

白話講解　　這時，目連就以方便善巧，為耶輸陀羅說種種因緣果報，只要是適當的譬喻，就反覆再三地拿來勸解她，她卻連一點想聽的意思都沒有。目連只好告辭，回到淨飯王的宮中，將發生的事全部陳述一遍。

　　淨飯王一聽，就派人叫來了夫人波闍波提。並告訴她：「我那兒子悉達多，派目連來帶走羅睺羅，想讓他出家，修習聖道。但是，耶輸陀羅這個女人愚昧痴迷，不能理解聖法的重要性，非常固執，定要糾纏餓鬼愛，連一點放捨的意思都沒有。所以，你應當到她那兒去，重新勸解教誨她，讓她心開意解。"

經法研探：把佛當兒子 ▶

佛陀示現受生人間的母親摩耶夫人，在他出生七天之後去世，但她以懷太子之功，死後生忉利天。耶輸陀羅和波闍波提日後都出家為比丘尼，拜佛陀為"師父"，不敢稱佛陀為"我夫"和"我子"，以是因緣，在法華會上都蒙佛授記："汝於來世……當得作佛"（見《妙法蓮華經》）。唯獨淨飯王，他本已是剎帝利種灌頂大王，早居初地菩薩位，卻不蒙佛授記。為什麼會有這麼大的差別呢？

淨飯王雖然派遣波闍波提去勸解耶輸陀羅，可是自己卻不能深知餓鬼愛的過患，仍然稱他為"我子悉達"，在此處犯了極嚴重的錯誤。淨飯王的愚癡、頑固，堅持把佛陀當成兒子看待，不能當成上師看待，當然無法蒙受佛法的最大惠利，不能蒙佛授記。

《經文》　時，大夫人即便將侍從五百青衣，往至耶輸陀羅所住宮中，種種方便，隨宜諫喻，反覆再三。

耶輸陀羅猶故不聽，白夫人曰："我在家時，八國諸王競來見求，父母不許。所以者何？釋迦太子，才藝過人，是故父母以我配之。太子爾時，知不住世，出家學道，何故慇懃苦求我耶？夫人娶婦，正為恩好，聚集歡樂，萬世相承，子孫相續，紹繼宗嗣，世之正禮[1]。

太子既去，復求羅睺，欲令出家，永絕國嗣，有何義哉②？"

　　爾時，皇后聞是語已，默然無言，不知所云。

① 禮：言行的軌範。
② 有何義哉：按字面解，是"這有何道理可言呢？"按字義解，是"這到底是何居心呢？"

<u>白話講解</u>　　這時，大夫人波闍波提立刻帶著五百名丫環，來到了耶輸陀羅的宮中，又反覆再三地，以種種方便和譬喻，為說因緣果報。

　　可是耶輸陀羅仍然不聽，還回嘴道："我還沒出嫁時，有八個國家的國王，[為了他們的兒子，]都爭先地來要求娶我為兒媳婦，可是我的父母卻不答應。為什麼呢？就是因為釋迦太子才藝過人，所以父母特別選中了他，把我許配給他。太子那個時候，他早知道他要出家學道，不肯停留在世間，為什麼還要殷勤追求我呢？人啊，娶妻子還不是為了要恩恩愛愛、歡歡樂樂團聚在一起嗎？同時，還要世世代代子孫相傳，繼承紹隆本家族姓的名聲榮譽，這才是人生在世正確的行為規範啊！太子今天既已違背這一切，走了就算了，還回來搶羅睺羅，要他出家，把國家的命脈永遠給斷絕掉，這到底是何居心啊？"

　　這時，皇后聽完這一席話，默然無語，不知該如何回答。

經法研探：自縛不解難解彼縛 ▶

　　耶輸陀羅的一番話，道出了波闍波提壓抑在心裡的疑惑，正是她自己心裡頭一直在跟自己說的話，因此聽了之後，也覺得迷惑不解，有所動搖，所以只能"默然無語，不知所云"了。如果波闍波提自己有所開解，她就能夠開解、說服耶輸陀羅；正是因為她自己不得開解，所以耶輸陀羅就做了她的代言人，將她的心聲傳達出來。

由這個例子認領到，許多人出家時，遭到親友的阻難和強加勸回，其實，那正是出家人自己的心聲和疑惑，否則就能夠順利地開解、說服親友。

同時，由耶輸陀羅和波闍波提共同的心聲，可以體會到當時佛陀出家時，她們給佛陀記了多少的"帳"。要"燒帳本"不是件容易的事，但是日後她們倆人若不是"燒掉"了"帳本"，就絕不可能拜佛陀做師父，更不可能得到解脫，並蒙佛授記了。

《經文》　爾時，世尊即遣化人空中告言："耶輸陀羅，汝頗憶念往古世時誓願事不？釋迦如來，當爾之時，為菩薩道，以五百銀錢，從汝買得五莖蓮華，上定光佛。時汝求我，世世所生，共為夫妻。我不欲受，即語汝言：'我為菩薩，累劫行願，一切布施，不逆人意，汝能爾者，聽為我妻。'汝立誓言：'世世所生，國城妻子及與我身，隨君施與，誓無悔心[I]。'而今何故愛惜羅睺，不令出家學聖道耶？"

耶輸陀羅聞是語已，霍然還識宿業因緣，往事明了如昨所見，愛子之情自然消歇，遣喚目連，懺悔辭謝。捉羅睺手，付囑目連，與子離別，涕淚交流。

[I]　誓無悔心：佛陀和耶輸陀羅的這段宿世因緣，請詳讀《過去現在因果經》。

<u>白話講解</u>　　這個時候，世尊[早知道這件事了，]就派遣一個化身，在空中為耶輸陀羅說法：「耶輸陀羅，你還記得很久以前，你發誓願的那件事嗎？那個時候，釋迦如來正在行菩薩道，花了五百銀錢，從你那買了五朵蓮花，去供養定光佛。當時，你要求我生生世世和你結為夫妻[，才肯賣花給我]。我當時不想答應你的要求，就告訴你：『我發願生生世世都要行菩薩道，所以我不能違背別人要求我布施的願望，我隨時要捨就得捨，你能跟著我捨一切嗎？如果你能的話，我就聽從你的意思，娶你為妻。』當時，你便發誓說：『生生世世你所擁有的國家、城池、妻、子，還有我自己的身體，隨便你布施給誰，我絕對不會後悔。』可是，你今天為什麼突然捨不得羅睺羅，不讓他出家學習聖道呢？」

　　耶輸陀羅聽完這段話後，突然認領回來宿世所造善業的因緣，往昔的事情，明明白白，就好像昨天才發生一樣，不捨兒子的心情，頓然消失得無蹤無影。馬上派人去喚回目連，對他表示慚愧懺悔，並說明自己態度惡劣的理由。抓著羅睺羅的手，叮囑目連如何照顧兒子，流著眼淚傷心地和兒子離別。

經法研探：識宿命解脫 ▶

　　為什麼耶輸陀羅"霍然還識宿業因緣"，對兒子的不捨之情，一下子就可以消失得無影無蹤呢？

　　因為"大是解脫，小是繫縛"。譬如，有位主婦上市場買菜，為了五塊錢，竟然和菜販爭得面紅耳赤，吵得不可開交。這時，如果有人能夠提醒她："嘿！嘿！你這幾個月打麻將輸了多少錢啊？好像可以買棟房子了！你記得嗎？"她一想："對啊！我一棟房子都輸得起，怎麼會為了五塊錢卻和人家臉紅脖子粗地吵起來了？值得嗎？"

　　我們的心，可變大，也可變小。若依眼前，就一定糾纏不捨；若依長遠，就覺得沒什麼好糾纏不捨的。

　　因此，佛陀對耶輸陀羅一提宿世因緣，馬上打開她的心量，讓她不再盯著眼前自己的小煩惱，頓熄心中的委屈感，並見到更長遠、更廣大的圖像，想起生生世世的身命財都可以捨，眼前的母子恩愛有什麼不可以捨的呢？耶輸陀羅如是地心開意解，從餓鬼愛的糾纏中解脫出來。

　　所以，佛陀說——要信有來世，要怖畏因果。只有相信三世因緣果報，才能擴大心量、產生智慧、得到解脫，也才能和佛陀的真理相應。

羅睺出家品第三

《經文》　爾時，羅睺見母愁苦，長跪合掌，辭謝母言：“願母莫愁。羅睺今往定省世尊，尋爾當還，與母相見[1]。”

時，淨飯王為欲安慰耶輸陀羅令其喜故，即時召集國中豪族，而告之言：“金輪王子今當往彼舍婆提國，從佛世尊出家學道，煩卿人人各遣一子，隨從我孫。”

咸皆唯然，奉大王命。即時合集，有五十人，隨從羅睺，往到佛所，頭面作禮。

佛使阿難剃羅睺頭及其五十諸公王子，悉令出家。命舍利弗為其和上[2]，大目犍連作阿闍梨[3]，授十戒法，便為沙彌[4]。

---

[1] 尋爾當還，與母相見：羅睺羅答應他母親，很快就回來與她相見，因此在這裡埋下了日後不好好學佛，只顧喧鬧遊戲的惡因。

[2] 和上：“上”亦可用“尚”，與“和尚”通用。即“六和敬”的僧團中，最尊最上的修行人。

[3] 阿闍梨：是梵文acarya的音譯。意譯是教授師、授法師或授戒師。

[4] 沙彌：接受完剃度師、和上和教授師傳授“十善戒法”的出家人，叫沙彌。沙彌經過五年堅持持戒學法，經教授師向和上推薦後，方能授具足戒，成為比丘。

白話講解　　這時，羅睺羅看到母親傷心難過，就合掌跪在地上，向母親辭別道：“希望母親不要難過，我現在是去世尊身邊昏定晨省，孝順他。過不了多久，就回到你的身邊來。”

這時，淨飯王為了安慰耶輸陀羅，讓她轉悲為喜，就立刻召見國內貴族長者，向他們宣告：“金輪王子 —— 我國王位的繼承人，現在要到舍婆提國去，跟隨佛陀世尊出家學道。請你們每個人，各派一個兒子，陪著我的孫子一起去。"

大家都表同意，尊奉王命，立刻召集了五十個人，跟隨羅睺羅來到了佛前，向佛陀行大禮拜。

佛陀派阿難當剃度師，將羅睺羅和五十個諸公王子的頭剃了，令他們都出家了；又派舍利弗，當他們的和尚；派大目犍連，當教授師，傳授他們十善戒法，成為沙彌。

羅睺受敕品第四

《經文》　羅睺幼稚，習樂憍慢，耽著嬉戲，不樂聽法，佛數告敕，恆不從用，非可如何。

　　爾時，舍衛國波斯匿王，聞佛子羅睺出家為沙彌，與其群臣、夫人、太子、後宮采女、婆羅門、居士，恭敬圍繞，於其晨朝，来詣佛所[1]，禮拜問訊，并看佛子羅睺沙彌，各一面坐，佛為說法。王及群臣憍傲習樂，不堪苦坐[2]，聽佛說法，辭退欲還。

[1]　来詣佛所：佛陀捨棄王位繼承權而出家，又要自己的兒子也捨棄王位繼承權出家，對身為國王的波斯匿王而言，覺得難以理解，非常好奇，所以來拜訪佛陀。

[2]　不堪苦坐：佛陀和弟子們都是席地而坐，波斯匿王和群臣坐慣了轎子和高床廣座，因此要他們席地而坐，是件痛苦的事。

白話講解　　羅睺羅因為年紀小，又慣於玩樂，只管自己，什麼人都不管，沉醉執著於喧鬧遊戲中，不喜歡聽聞正法。佛陀好幾次告誡訓斥他，他老是不愛聽，也不照著做，實在拿他沒辦法。

　　這時，舍衛國波斯匿王，聽說佛陀的兒子羅睺羅出家當沙彌了，就帶著群臣、夫人、太子、宮女和婆羅門、居士，在他們恭敬的前呼後擁下，一大早就來拜訪佛陀，向佛陀禮拜問候，並看看佛陀的沙彌兒子羅睺羅。他們一一坐下後，佛陀就要跟他們說法，但是波斯匿王和群臣們自大憍傲，習慣於享樂，受不了久坐聽佛說法的苦，就想告辭離去。

《經文》　爾時，世尊知王始悟，信根未立，將欲開悟王及群臣，為利益故，告阿難曰：“汝可往召沙彌羅雲及其眷屬，悉皆令集，聽佛說法。"阿難往召，須臾皆集。

佛告王曰："且待須臾，聽我說法。"

王叉手曰："今我此身，習樂來久，不堪苦坐，願佛垂恕。"

佛告王曰："此不為苦。所以者何？前身種福，今為人王，常處深宮，五欲①恣意，出入導從，腳不觸地，何名為苦？三界②之苦莫若地獄畜生餓鬼諸難等苦，如此諸苦前已曾說。"

① 五欲：指眼、耳、鼻、舌、身，對色、聲、香、味、觸的攀緣和貪愛。

② 三界：指無色界、色界、欲界，包括天道、人道、阿修羅道、餓鬼道、畜生道和地獄道。

<u>白話講解</u>　　這時，世尊知道波斯匿王開始有點覺悟，但對正法還沒有種下信根，為了要對他及他的群臣開示，讓他們都得到更大的覺悟，有所惠利，就跟阿難說："你去召集羅睺羅和那五十個沙彌，叫他們一起來聽佛說法。"阿難前去召集，不一會兒就把他們集合來了。

佛對波斯匿王說："你稍等一會，聽我說一段法。"

波斯匿王叉手作禮對佛說："我現在這個身子，習慣享樂太久了，受不了在地久坐的苦，希望佛陀垂愍饒恕。"

佛告訴波斯匿王："這不算苦。為什麼呢？你前輩子種了福田，今生才能當上世間主，一輩子住在宮廷裡，隨你的意縱情享受最好的五欲之樂，進進出出，前呼後擁，不是坐轎子，就是坐在象背、馬背上，腳從來不落地，這算什麼苦啊！三界中的苦，沒有比地獄、畜生、餓鬼眾生所受的種種災難更苦了。這些苦，從前我也跟你提過的。"

《經文》 佛告羅雲：“佛世難值，法難得聞，人命難保，得道亦難。子今既得人身，值佛在世，何故懈怠，不聽法耶？”

羅雲白佛：“佛法精妙，小兒意粗，安能聽受世尊法也？前已數聞，尋復忘失，徒勞精神，無所一獲。及今少年，且放情肆意，至年大時，自當小差①，堪任受法。”

佛告羅雲：“萬物無常，身亦難保，汝能保命，至年大不？”

“唯然世尊，羅雲不能。佛豈不能保子命耶？”

佛語羅雲：“我尚不能自保②，豈保汝也？”

羅雲白佛：“徒勞聽法，既不得道③，聞法之功，何益於人？”

佛告羅雲：“聽法之功，雖於今身不能得道，五道受身，多所利益。如我前說，般若智慧④亦名甘露，亦名良藥，亦名橋梁，亦名大船，汝不聞乎？”

羅雲白佛：“唯然世尊。”

時，波斯匿王長跪合掌，白天尊⑤曰：“如佛所說，般若智慧有四種名，其義云何？願佛哀愍，為我說之⑥。”

佛告王言：“欲得聞者，著心諦聽，吾今說之。”

① 差：有二意，一是差別、變化之意；二是差使、使命之意。
② 尚不能自保：佛本是不生不滅的，但佛以四大和合的肉身示現人間，為了要向眾生示現“凡是四大和合的東西，有和合必有分散，有生必有死”的真理，所以佛說他也會死，他連自己的身子都保不住。
③ 既不得道：光是聽法，是無法得道的，因為聽法之後，還要思惟義，如說行，才能行上正道，方名“得道”。

④ 般若智慧：是除二邊邊見的智慧大法。如生死、善惡、苦樂、凶吉等對立二分的思惟方式，就是"邊見"，一切世間法即是邊見之法。

⑤ 天尊：意指天中天，是如來的稱號之一。如來除了"應、正等覺、明行足、善逝、世間解、無上士、調御丈夫、天人師、佛、世尊"十個稱號外，還有許多稱號，譬如：大聖、大仙、大沙門、大醫王、天尊等。

⑥ 為我說之：本來波斯匿王不肯留下聽法，佛陀知道留也留不住他，於是叫來羅睺羅和五十個沙彌，為他們說法。佛陀這招方便善巧果然奏效，引起了波斯匿王聽法的好奇心。

<u>白話講解</u>　　佛轉過頭對羅睺羅說："能夠值遇佛陀在世，是非常難得的事；能夠聽聞正法，是非常難得的事；能夠得為人身，是非常難得的事；能夠行上正道，也是非常難得的事。你今天既已受生為人，又得值遇佛陀、聽聞正法，為什麼這樣鬆懈懶惰，不好好聽法呢？"

羅睺羅跟佛陀辯白道："佛法是這麼精細微妙的法，以我這個小鬼粗糙的心，怎麼能和您所說的法相應呢？您所說的法，我也聽過好幾次了，但是一轉身就忘失掉，白費一番精神，卻什麼也沒得到。還不如趁著現在年輕，就暫時放逸自己的心情，放縱自己的意思，等到年紀大了以後，能擔當一些小使命時，自然承擔得起聽受正法的重任。"

佛對羅睺羅說："一切事物無常，我們的身子也是無常難保的，你真的能保得住你的身子，活到大嗎？"

[羅睺羅答：]"是啊，世尊，我不能保住，但是您是佛，難道您連自己兒子的命都保不了嗎？"

佛告訴羅睺羅："我的身子，我自己都保不了，哪裡能保得住你的呢？"

羅睺羅又回答佛說："光是白白地費事去聽法，卻不能依法行上正道，那麼聽法有什麼功德呢？對人有什麼好處呢？"

佛跟羅睺羅說：“光是聽法的功德，雖然不一定能讓你今生得道，可是你死了以後，不管受生五道中的哪一道，[即使是受生地獄道，]都還會蒙受很多聽法的利益。就像我以前開示過的，你所聽的法，都是般若智慧大法，而般若智慧又叫甘露，又叫良藥，又叫橋樑，又叫大船，你沒有聽我這樣說過嗎？”

羅睺羅回答：“世尊，我以前聽過了。”

這時，波斯匿王跪下來，合掌向佛陀頭面禮足，然後說道：“如世尊所說，般若智慧有這四個別名，它們的真實義是什麼呢？但願佛陀悲憫我們的愚昧，為我們解說。”

佛對波斯匿王說：“你想聽這段法，那就專注心神，聽懂真實義。讓我現在就為你說吧！”

經法研探：聽法功德 ▶

這一段經文有兩點非常重要的提示：

一、羅睺羅一再以自己年幼作為不需為自己生命及行為負責的藉口。並且強調年幼者放逸、縱情、懈怠、懶惰、貪玩都是應當的。所以不願聽法受教。

而波斯匿王也以自己身份豪貴，慣於享樂，不耐久坐，作為不肯聽法受教的藉口。其實許多人都常以自己的特殊身份、地位、年齡、處境作藉口，不肯聽聞正法，不願受法度化，不樂親近三寶。佛陀對於這種心態當然明了，故以大慈悲心及大方便力，藉著這個因緣為一切眾生開示不聽法受化的過患。

佛陀指出：不論豪貴貧賤，不管男女老幼，都極需聽法受化，不然都無力面對生老病死等八種人人都得受的苦。特別是生死事大，無常迅速。人人性命都在呼吸之間，無常大鬼，不期而到，前途黑暗，不知去處，轉世受生，多入惡道。而人身難得，佛法難聞，錯過一次親近正法的機緣，又不知要在惡道中輪轉多久，才再得值遇。如果只為了貪圖一時享樂，不忍一時疲苦，而錯過此一千載難逢之善緣，實在太可惜了。所以任何人都不應以任何藉口拒絕聽法受化。

　　二、聽法就是為了要開啟般若智慧，有了般若智慧，就有了能救濟一切熱惱解渴的“甘露”；有了般若智慧，就得到治療生老病死等八苦的“良藥”；有了般若智慧，就建立起跨越六道生死深淵的“橋樑”；有了般若智慧，就搭上直達真常、真樂、真我、真淨之涅槃彼岸的“大船”。所以開啟般若智慧，就是親近三寶，聽法受化的唯一目的。

憶念宿世品第五
野干遇救品第五之一

《經文》　佛言：“憶念過去無數劫[①]時，毘摩大國徒陀山中，有一野干[②]，為師子王追逐欲食。野干惶怖奔走，墮一丘井，不能得出。經於三日，開心分死[③]，而說偈言：

‘禍哉今日苦所逼，　　便當沒命於丘井；
一切萬物皆無常，　　恨不以身餧師子。
嗚呼奈何罪厄身，　　貪惜軀命無功死；
無功而死尚可恨[④]，　　況復臭身污人水。
南無[⑤]懺悔十方佛，　　表知我心淨無已；
前世所造三業罪，　　願於今身償令畢。
眾罪畢了三業淨[⑥]，　　其心不動念真實；
從是世世遭明師[⑦]，　　如法修行速成佛。’

時天帝釋[⑧]聞佛名，　　肅然毛豎念古佛[⑨]。
自惟孤露無師導，　　耽著五欲自沈沒；
不能得出恩愛獄，　　思惟感切目下淚。
即與諸天八萬眾，　　飛下詣井欲問訊；
乃見野干在井底，　　兩手攀土不能出。

天帝復自思念言：　　‘聖人應現無方術。
今我雖見野干形，　　斯必菩薩非凡器；
今當請問除我疑，　　并令諸天得聞法。’

① 劫：梵語 kalpa。原為古代印度婆羅門教極大時限之時間單位，佛教沿用，而視之為不可計算之長大年月。從人壽八萬四千歲，每十年減一歲，減到十歲，再從十歲，每十年增一歲，增到八萬四千歲，這算是一小劫；十小劫算一中劫；十中劫算一大劫。每一劫，這個地球上就要經過至少一次的成、住、壞、空。

② 野干：非洲的小斑狼，非常醜陋，身上黑點，像癩皮狗的樣子。前腳長，後腳短，牙齒咬的力量很大，一口可以咬斷水牛的大腿骨。群居動物，和獅子共生，經常遠遠地跟著獅子，吃獅子剩下的獵物，有時獅子吃剩的，還得等禿鷹搶完後，才輪得到牠們吃。通常獅子是不理會他們，有時嫌惡牠們時會驅趕之。一般並不獵食牠們，嫌牠們肉臭。經文中的獅子王，大概是幾天沒獵到食物，肚子太餓了，才會追捕野干。

③ 開心分死：開心，如釋重擔的感覺。臨終者，心已放捨一切攀緣，甘心放棄生命，叫開心。分，份內的事。分死，死是份內的事，自知必死無疑。面對死亡時，如能有如釋重擔的體會，而且自認為死是份內的事，死了算了，這樣就很容易斷氣，叫"開心分死"。

④ 無功而死尚可恨：中國人常說"留得青山在，不怕沒柴燒"，意思是說，只要身體好，就可以做任何的事，所以要珍重愛惜身子。這本是件好事，因為每個人都不願白白活過一生，都希望能夠成就一些功德，讓自己生活得有意義，生命變得有價值，在臨死前不要有太多的遺憾和罪惡感。但是，往往在愛惜保護這個身子的同時，本身就變成了藉口，更加地貪愛起這個身子反而使該發的大願發不起來，該做的大事做不成。然而這個身子，是四大和合而成的，不管如何愛惜保護，說散就散，說壞就壞，結果落得兩頭空，既護不住身子，又一輩子一事無成。所以野干說"貪惜軀命無功死，無功而死尚可恨"，正透露了眾生臨死前最大的痛苦，其實是被心中兩頭落空的罪惡感所煎熬的苦。

⑤ 南無：梵文 namo 的音譯，音（拿摩），是回歸依止的意思。

⑥ 重罪畢了三業淨：今天這個穢惡痛苦不堪的野干之身，正是過去所造種種惡業成果的體現，所以叫做"業報身"。如果繼續再去攀緣這個業報身，就還要引發出更多的、新的邪惡因緣果報。如果

停止攀緣這個業報身，自願厭離捨棄這個罪惡身，一切新的惡業
便不能再起。如果再以誠心慚愧懺悔（發露訶責）一切過去已造
下的罪業，就能使這個向來造惡受苦的心休息，不只令它休息，
還能使它清淨。意業清淨，則身、口兩業自然清淨。

《華嚴經》上提到"四正斷行"說："此菩薩未生諸惡不善
法，為不生故，欲生勤精進，發心正斷；已生諸惡不善法，為斷
故，欲生勤精進，發心正斷。"講的就是野干這個"開心分死"法
的同一道理。所以才說："前世所造三世罪，願於今身償令畢，
⑦ 眾罪畢了三業淨。"

明師："明師"不同於"名師"。明，是"了於行"的意思；名，
是"有名"的意思。名師不一定是明師，明師必須是真正大善知
識，能以正法教導眾生，以智慧光明照亮眾生心，令一切眾生如
⑧ 法修行，究竟得到真常、真樂、真我、真淨。

天帝釋：帝釋天王，是忉利天天王。忉利天，即六欲天中的第二
⑨ 天，又叫三十三天，位居須彌山頂上。

念古佛：帝釋天王，由三地菩薩兼領，但他沉迷於五欲之樂，又
勤於事務，因此忘記了以前曾經發過的大願和無上菩提心。可
是，他一聽到有人念佛名號，馬上憶念起自己的宿世因緣——曾
經見過佛、聞過法、識過僧。

<u>白話講解</u>　　佛說："想起過去多少劫以前，在一個很大的國
家——毘摩國的徒陀山中，有一隻野干，被獅子王追逐獵食，驚
慌恐怖地四下奔逃，一不小心，掉落丘井，出不來了，掙扎了三
天，終於想放下對這臭皮囊糾纏的心，死了算了。於是用一首偈
來發露自己的心情：

'今天遇上大禍，被苦逼成這個樣子，

　馬上就會死在丘井裡面了；

　看來，一切萬物都是無常的，

　恨不得當時，就把這無常的身子餵獅子算了，[不必受這
　　　三天苦]。

這罪業深重的身子，除了對它發出悲鳴以外，還有什麼
　　辦法呢？
為了貪愛保護這個身子，竟然落不到一點功德就死了；
毫無功德地就這麼死了，當然可恨，
更可恨的是這個死後的身子，還會發爛發臭，把井水給污
　　染了。
敬禮歸依十方三世諸佛，在佛前深自慚愧懺悔，
願証得清淨無比的心；
今生以及過去的無數生，所造下的身口意三種罪業，
願在此處捨棄此身時，就能將它們全部清償完畢。
把所有的罪業慚愧懺悔完畢後，就能清淨身口意三業，
這樣心[無悔恨，心得歡喜、悅樂、安隱，]得入難勝地，
　　於禪定中得見真實；
從今以後生生世世，不管受生到哪裡，都會遇上真正大
　　善知識，
依大善知識所傳的法，如法修行，儘快成佛。’

這時，帝釋天王聽聞野干念佛名號，
也汗毛豎立，肅然莊嚴，憶念起往昔的古佛。
想起自己孤單、沒有依怙、沒有明師來開導，
看到自己耽湎沉醉在五欲之樂中；
無法出離恩愛牢獄的繫縛，
想到此，他感動深切地流下慚愧的眼淚。
於是，立刻率領八萬個天人，
從忉利天飛下，來到丘井邊上，向井底的人致敬；
看到原來是一隻野干落在井底，
兩隻手攀扒著土，卻爬不出來。

帝釋天王一面想一面告訴自己：

'真正的聖人方便示現的時候，為了悲憫眾生，應該是沒有固定
　　的方式。

我今天看到的，雖然是這麼不堪的野干形狀，

他的根器，一定是一個菩薩，絕不是一般凡夫眾生；

我應該向他請教，開解我心中的疑惑，

同時讓諸天天人，好好聽聞正法。'

《經文》　天帝曰：

'不聞聖教曠大久，　　　　　常處幽冥無師導；
　仁者向說非凡語，　　　　　願為諸天宣法教。'

於時，野干仰答曰：

'汝為天帝無教訓，　　　　　不知時宜甚癡傲；
　法師在下自處上，　　　　　都不修敬問法要？
　法水清淨能濟人，　　　　　云何欲得懷貢高？'

天帝聞是大慚愧，　　　　　給侍諸天愕然笑。
天王降止大無利，　　　　　而被慚恥甚可悼。
帝釋即時告諸天：　　　　　'慎莫以此為驚怪。
是我頑弊行不稱，　　　　　必當因是聞法要。'

即時垂下天寶衣，　　　　　接取野干出於上。
叉手辭謝說不是，　　　　　叩頭懺悔願垂亮：
'諸天實爾如尊誨，　　　　　纏綿五欲致迷荒。
　皆由不遇善師導，　　　　　為說苦樂常無常[1]。'

諸天為設甘露食，　　　　野干得食生活望。
非意禍中致斯福，　　　　心懷踊躍慶無量。

(1) 為說苦樂常無常：世間的苦樂，包括一切諸天的苦樂，都是無常的，因為沒有智慧，苦只能帶來更大的苦，而樂只是苦因，終究得來的還是苦，所以世間的苦是常，樂是無常。若能依止真正大善知識，聽聞正法，思惟義，如說修行，行於正道，得入真常、真樂、真我、真淨的佛境界，則一切的苦都是智慧覺悟的資糧，都能轉苦為樂，究竟離苦得樂，所以在佛法的世界中，苦是無常，樂是常。

白話講解　　　帝釋天王對野干說：

'空過而不聞正法太久了，
　心老是處在很深的黑暗中，沒有明師來開導；
　您剛才說的那些話，都不是凡俗的話，
　希望您為我們這些很愚昧的天人們，宣傳正法，開導教誨。'

這時，野干抬頭回答道：
'你白當了天王，沒教好天人，也沒教好自己，
　你不能掌握時宜，以適當的方法來問法，非常愚笨、憍慢；
　哪有說法的大善知識在底下，聽法的人高高在上的事呢？
　你沒有準備好最恭敬的心，就想請問正法的綱要，這還得了。
　如來正法，能令一切眾生自淨其意，能救度一切眾生，
　你帶著這麼大的貢高心來請法，如何能蒙受正法的惠利呢？'

帝釋天王一聽，起大慚愧，馬上發露自己的過錯，
　隨從服侍天王的八萬天人，卻傻裡傻氣地笑了起來。
　[他們笑的是，]我們的天王從天上下來，不但沒得到一點

利益，還受到羞恥和發起慚愧，真是可悲啊！

帝釋天王立即警告他們：
'你們不要在那裡大驚小怪。
　是我自己頑劣差勁，因為我的行為，不符合一個誠心求法的
　　　人的要求，
　我在這裡起了慚愧心，我一定會因此聽到正法的綱要。'

帝釋天王立刻垂下身上的天寶衣，
　把井底的野干救出來。
　向野干叉手行禮道歉，數說自己的過錯，
　頭面禮足，發露懺悔，祈求野干以智慧照亮他，
　[並對野干說：]'我們這些天人，正如您所罵的那樣愚笨、
　　　憍慢，
　我們沉醉於五欲之樂，迷失於正知正見正覺，荒廢了開種的
　　　福田。
　這都是因為沒有得遇大善知識的教導，
　為我們開示苦與樂，常與無常的真理。'

諸天天人趕緊為野干準備甘露食物，
　野干吃了以後，又再度升起活下去的願望。
　真沒想到，原來是一件大災難的事，卻轉成了一件大好事，
　因此感到無比的興奮和歡喜。

《經文》　於時，野干心自念言：'畜生道中，醜弊困
厄，無過野干。智慧力故，乃致如是。'
　　復作是念：'刑殘之命，本非所愛。所以稱慶，大歡

喜者，為通化耳。此諸癡天，皆蒙帝釋先有般若一毫之
分①，共相隨來，皆欲聞法。’而自歎言：‘奇哉！奇哉！
何慰如之！今當通化，成我功德。’

　　復作是念：‘今日之恩，莫不由我先師和上，慈哀教
授，智慧方便功德乎？南無力我師！南無我師！南無般
若！南無般若！雖復失行，生惡趣中，猶識宿命，知其
業緣。般若之力，能感諸天，降神來下，接濟供養，復
得通化，展我微心。’

① 般若一毫之分：帝釋天王，雖然是三地菩薩，主修忍辱波羅蜜
　　多，但也隨力隨分修般若波羅蜜多，所以能有一點點的般若
　　智慧。

白話講解　　這個時候，野干心裡想到：‘像我這種野干，形貌醜
陋、弊惡，又活得逼迫、煎熬，在畜生道中，再沒有比我更悲慘
的東西了。但是由於智慧力的緣故，[能大轉法輪，]才有現在的機
遇。’

　　他進一步地想：‘我這個受了傷毀的殘餘性命，根本不是我所
貪愛的東西。我今天這麼高興、這麼歡喜的原因，為的是能以流
通正法來教化天人。這些天人，福報雖大，可是愚癡得很，只因
為帝釋天王原先還有一點點的般若智慧，才能說服他們跟著一塊
來，一起發願要聽聞正法。’野干因此讚嘆道：‘太奇妙了！太
奇妙了！還有什麼事比這件事，更令人感到欣慰的呢？我現在要
宣揚正法，教化這些愚癡的天人，以成就我的功德。’

　　野干再進一步地想：‘我今天能夠成就通達教化天人的功德，
沒有一樣不是得自我的和尚老師慈悲、哀愍教授我正法，並幫助
我開啟智慧方便的功德啊！敬禮歸依那個以智慧力開啟我般若智

慧的明師！敬禮歸依我的明師！敬禮歸依般若智慧！敬禮歸依般若智慧！我感念我的明師，感念般若智慧，因為這個功德是這麼的大，讓我得識宿命，使我在造下諸多惡業，一一受生地獄、餓鬼、畜生道時，還能知道自己三世的因緣果報，知道自己為什麼來到這裡？又為什麼去到那裡？般若智慧的功德實在偉大，它的力量還能感動天人，從天上下來，接濟供養我，給我一個宣揚正法、教化眾生的機會，並把我這個狹劣的心，擴大提昇起來。'

經法研探：般若智慧力 ▶

　　佛陀以種種因緣、譬喻，方便善巧地為羅睺羅、五十沙彌、波斯匿王、以及他的群臣、夫人、太子和宮女、婆羅門、居士等會眾說法，說到此處，正式引出了此經的宗旨。

　　此經宗旨，即是宣傳正法教化，傳授眾生十善法戒，希望一切眾生都能止惡行善，累積資糧，世世所生，都能值遇明師，依正法如說修行，開啟般若智慧。

　　因為，般若智慧有四大功德：一、是甘露，能救一切眾生出離渴愛網中；二、是良藥，能治一切眾生八苦之病，永離三惡道，受生高處；三、是橋樑，能通內外、人我、生死二邊，令其平等；四、是大船，能度一切眾生出離生死苦海，究竟達於涅槃彼岸。

　　因此，以野干這樣悲慘輕賤的畜生，但因為曾經歸依明師，開啟過般若智慧，以般若智慧的功德力，所以能夠通化豪貴尊重的帝釋天王。

　　此處經文中，野干三次提到“通化”。通，即是依正法而通；化，即是依正法而化。

　　佛陀為眾生說法，野干為天王、天人說法，他們所示現的，就是在宣揚佛法時，當以正法為依據，以般若智慧為神通力，來與眾生心溝通；能通，就能夠教化、度化人心，達到通化的目的。

　　可怕的是，以正法及般若智慧力能夠通化人心，以邪法也能夠通化人心。

　　一切外道邪師和“賣假藥的郎中”以“五邪命”為工具，利用眾生心中的三毒（貪、瞋、癡）、五種怖畏（不活畏、惡名畏、死畏、惡道畏、大眾威德畏）和五種惡見（身見、邊見、邪見、見取見、戒禁取見），在眾生心中最黑暗、最愚迷、最脆弱、最無力的地方下刀，與眾生的地獄心溝通。如是不依正法，而依邪法，讓自己與眾生，一起跌入更深、更黑暗的地獄。

　　什麼是“五邪命”呢？一、是高聲現威；二、是自誇功能；三、是詐現異相；四、是占卜吉凶，妄說凶吉禍福，邪說因緣果報；五、是說利益以誘眾生，調發眾生對身、命、財三不堅法的貪愛和攀緣。

　　所以，要依正法通化，首先一定要出離“五邪命”，方能為眾生說法。否則，即是以諂媚心、以名聞利養心來說法，必定會邪說正法。這樣，不但造下欺誑如來、欺誑眾生的地獄重業，還將造下不畏因果、不信來世、無慚無愧、謗佛毀法的一闡提重罪，杜絕了自己和眾生依正法、見因緣果報而得解脫的善法之門。

　　關於般若智慧的神通偉大，經文中一再讚嘆有加，但為什麼會有如此神通效應呢？經文並沒有說明，對此我們必須進行更深入的探討，才能正確體察佛意。

　　般若是由梵文prajna直接音譯過來的，指的是“平等性智”，又叫作除二邊智慧，是最高的智慧。

　　一切有情的基本觀察、思惟和認識，都是依據對立二分法進行的，也就是在一切時、一切處對一切人、事、物進行分別。如分別苦樂、善惡、真假、人我、內外、生死、恩仇、怨親、愛憎乃至光暗、黑白、大小、長短、高下、曲直等等。

　　在佛陀的眼中，這是一切有情，背離正知、正見、正覺，以顛倒的心，在無明中虛妄造作出來的分別，而這無量的分別，正是導致一切生死、一切煩惱、一切苦的原因。

　　唯有般若智慧力，才能摧滅這種種虛妄分別造作。為什麼呢？

　　因為般若智慧力能正確揭示由分別造作產生的一切“果相”，以及產生一切“果相”的因緣。

　　般若智慧力能溯本追源，揭示出最究竟，也是最根本的因緣，這個因緣就是顛倒和無明行（行，指分別造作）。一切的分別都在這一點上取得了平等，也就是不能再分別了。

　　這時，向來不能被認識的顛倒、無明，被覺性（佛性）的光明照亮，也就是對顛倒、無明行起了正知、正見、正覺。這時，顛倒被匡正；無明見光死，一切分別被摧滅，一切生死、一切煩惱、一切苦厄都被摧滅。這時，又得一個更高的平等，那就是一切有情佛性平等，叫做“了見佛性”，又叫做“眾生成佛”。

　　所以佛說，般若智慧是如此神通、如此偉大、如此不可思議！

野干昇座品第五之二

《經文》 時，天帝釋告諸天曰：'如師言者，定欲說法。我等今來，快得善利。今當人人叩頭丹誠，請令說法。'

咸然唯諾，即各修敬，偏袒右肩①，圍遶②野干，長跪合掌，異口同音，而說頌曰：

'善哉善哉　　和上野干③　　唯願說法　　開化天人
天人幽冥④　　五欲所纏　　恒恐福盡⑤　　無常所遷
死墮惡道　　求拔良難　　從久遠來　　數萬億年
今始一遇　　良祐福田⑥　　唯垂⑦慈哀　　宣示法言
天人得福　　眾生亦然　　願與和上　　永劫相連
至成佛道　　常作因緣　　明人難值　　故立誓言。'

① 偏袒右肩：印度人所謂穿"衣服"，其實穿的是布料，也就是把整塊布纏在身上，把兩肩都蓋著，要行大禮時，就把蓋住右邊的布拉下來，露出右肩。

② 遶：遶即繞，印度最恭敬的大禮。受禮的尊者坐在高座上，行禮的人排著隊伍，個個合掌、偏袒右肩，以尊者為中心，從右邊一圈圈繞著走。通常繞七圈已經是非常恭敬的，如佛經中說："繞佛七匝"。

③ 和上野干：和上，梵語upadhyaya，即和尚，乃六和敬中最尊最上。野干依如來之法住持於世，他既沒剃度，也不穿著僧服，還現畜生身，而帝釋天王及八萬天眾均尊野干為如來教法之代表，故稱"和上野干"。

④ 天人幽冥：幽是深遠，冥是黑暗。從相上來看，天人壽命極長，享受的盡是殊勝微妙的五欲之樂，而實際上是智慧不開，活在無明行的黑暗中。因此，天人縱有極長壽歲，仍然是深幽黑暗的無明行。

⑤ 恆恐福盡：天人享受之福，乃六道中最上。因此，若不修行，天人死後不可能生的更好，更何況萬一天福享盡，墮入惡趣怎麼辦？此乃天人共同的擔憂。

⑥ 良祐福田：是指真正的明師。因為能以如來之法救拔一切眾生，出離生死苦海，故乃一切眾生真實救度、真實福田。此處是指和上野干。

⑦ 垂：上對下之意。

<u>白話講解</u>　　這時，帝釋天王向八萬天人宣布說：‘照尊師他這樣說的話，看來今天一定要跟我們開示大法了。大家趕快來聽法，不要錯過受正法惠利的大好機會。現在每個人應當用最真誠的心來禮敬尊師，請他說法。’

八萬天人全都答應，各自莊嚴態度，偏袒著右肩，向野干右繞而行，並合掌跪在地上頂禮，大家都用同一種聲音說頌道：

‘太好了、太好了！和上野干呀！

我們一心一意要聽您說法，開解度化我們。

我們天人還是活在深邃的黑暗中，被五欲之樂所纏繞、繫縛，

　　不得解脫。

永遠都被那一個恐怖所逼迫，就是害怕無常一到，福盡還墮，

死後墮入三惡趣，真到了那個地步，想要得到救拔就非常難了。

從那麼久遠以來，經過了數萬億年，

到今天才碰到您這位一切眾生的真實護佑、真實福田。

只希望您能垂顧我們，慈悲哀愍我們，為我們開示如來正法的

　　教誨，

讓我們這些天人能得真正的福，也讓其他眾生一起受到惠利。

我們在這裡發願，要跟和上您生生世世在一起，

在大家都成佛之前，互作善法因緣。

要能遇到一位明了正法的大善知識是多麼地難呀！所以我們
要在此共同立下這個誓言。'

《經文》　於時，野干見諸天人，懇懃勸請，樂欲聞法，
益加欣踊，告天帝曰：'憶念我昔，曾見世人，欲聞法
者，先敷高座，莊嚴清淨，方請法師，登座說法。所以者
何？經法貴重，敬之得福[1]，不宜輕心，自虧福也。'
　　諸天聞已，咸然唯諾，脫天寶衣積為高座，須臾之
間，莊嚴[2]校飾[3]，清淨第一。

[1]　經法貴重，敬之得福：經乃徑也，乃諸佛大菩薩所開示的解脫大
　　法。法者，乃大善知識依佛經所開示之正法。經與法合在一起，
　　即是三寶中的法寶。
　　若欲跟法寶相應，需要具備極大的福報資糧。而恭敬心，是唯一
　　最快累積福報資糧的途徑，不然，徒自虧損，就沒有福來答報法
　　寶了，故說"敬之得福"。
[2]　莊嚴：佈置修整起來之意。
[3]　校飾：重新檢驗，再做細節的修飾。校，音（叫），有校對、檢
　　查、檢驗之意。

白話講解　　這個時候野干見到天人們，這麼殷勤地勸請他說法，
又那麼高興願意來聽法，他更加歡欣踴躍。［但他並沒因此就說
法，反而回過頭來］告訴帝釋天王說：
　　'回想我以前做人的時候，看到世間想要聽如來正法的人，會
先準備高座，把它佈置得莊嚴清淨，然後才請法師登高座說法。
你們知道世人為什麼要這樣做嗎？因為佛經和正法是太尊貴珍重
了，你恭敬它，才能有真正的福來答報。如果以輕慢心來對待的
話，就把自己能夠答報經法的福田給毀壞、虧損掉了。'
　　諸天人們聽完後，全都懂了，就趕快把天寶衣統統脫下來，

積成八萬件天衣的寶座，沒花多少時間，就把寶座佈置得非常莊嚴，還作了細節的修飾，使得這個寶座是清淨無比，第一美好。

《經文》　野干昇座，告天帝曰：'吾今說法，正當為二大因緣故。何等為二？一者說法，開化天人，福無量故。二者為報施食恩故，豈得不說？'

　　天帝白曰：'免井厄難，得全身命，功德應大，尊者云何說法報恩，不及此耶，所以者何？一切天下，皆樂生求安，無欲死者，以是因緣，全命之功，豈得不大？'

　　野干答曰：'死生之宜①，各有其人。有人貪生，有人樂死。何人貪生？其人生世，愚癡幽冥，不知死已，後世更生，違佛遠法，不遭明師，殺盜婬欺，唯惡是從。如是之人，貪生畏死。

　　何人樂死？遭遇明師，奉事三寶，改惡修善，孝養父母②，敬事師長，和順妻子，奴婢眷屬，謙敬於人。如斯之人，惡生樂死。

　　所以者何？善人死者，福應生天，受五欲樂。惡人死者，應入地獄，受無量苦。善人樂死，如因出獄。惡人畏死，如因入獄。'

① 宜：各人的選擇。
② 孝養父母：佛陀開示，一切眾生非父精母血所生，乃是法化所生。換句話說，我們因前世所造的善、惡業，而今生藉由業力相近的這對父精母血所生。

　　因此，若於父母所生惡心，任意去傷毀這個受生最近因緣，則自斷消業除障、開啟智慧的機會。如《大般涅槃經・聖行品第七之三》佛說："於父母所而生惡心，能拔大智舍利弗等，無上深固菩提根栽。"因此，佛陀要我們孝養父母的意思是，不可於父母所生惡心，並在孝養父母的過程中，藉由父母的善、惡根，反

照認領過去的善、惡業，進而能消業除障、開啟智慧。因此，這
絕然不同於儒家所提倡的孝道。

<u>白話講解</u>　　野干坐上高座，告訴帝釋天王說：‘今天我正為了兩
大理由，才在這兒說法。什麼是那兩大理由呢？第一、為了開解
度化天人，令天人得無量福，同時也令我這個說法的得無量福；
第二、為了報答你們布施給我那麼好吃的天食。因此，怎能不為
你們說法呢？’

　　帝釋天王說：‘因為我們的營救，才讓您免於渴死、餓死在
井裡的災難，保全了您的性命，這樣的功勞才算大吧！而您怎麼
說，跟我們說法，是為了報答我們給您吃天食，這實在遠遠比不
上救命之恩吧！我為什麼這麼說呢？天下一切眾生都是喜歡活
著，想求個平安，沒人會喜歡去死，因此，難道救命的功勞還不
算大嗎？’

　　野干回答說：‘對於死和生的選擇，每個人都不一樣。有人貪
戀生，有人樂於死。什麼樣的人貪生呢？這個人活著的時候，心
是愚癡黑暗的，根本不知道自己死了還會再生，因此不信來世，
而且還違逆了佛陀所說的真理，也背離正法走了很遠，又碰不到
真正的大善知識，他的身、口、意都是從惡出發，犯下了四重禁
戒 —— 殺、盜、淫、妄，這樣的人必定貪生怕死。

　　什麼樣的人會樂於去死呢？遇上大善知識後，開始去親近大
善知識，並接著恭敬供養三寶，改惡修善，進而不於父母所生惡
心，並孝養父母，尊敬侍奉師長，歡喜隨順妻子、奴婢、眷屬，
[更不可隨意鞭韃、處罰、虐待他們，]對人謙虛恭敬。像這樣的
人，他討厭活著，樂於去死。

　　為什麼呢？善人要是死的話，會因為他生前努力持戒所修來
的福，讓他能受生到天上，去享受更勝妙的五欲之樂。而惡人一
死，就得到地獄去受無量苦。所以，善人樂於去死，[因為他把死

當成是一種解脫，]像是一個久困在監獄的囚徒，終於無罪釋放，獲得自由。而惡人怕死，就如同一個囚徒被逮入獄。'

經法研探：善惡與生死 ▶

本段經文揭示了"善人樂死、惡人貪生"必然的因緣果報。

首先來看看：惡人為什麼貪生？因為他怕死。他為什麼怕死？因為他造惡。他是如何造惡？

他活著的時候，內心愚癡黑暗，不信來世，故敢"違佛遠法，不遭明師，殺盜婬欺，唯惡是從"。這樣的惡人必定不畏因果，因此他對前途就不會有什麼善良、樂觀的想法。

當死亡一到，該去面對今生所作的一切因果時，由於他向來"唯惡是從"不曾修善，因此"前途"更加漆黑，其景象就如同被抓起來關到死囚牢裡，去受種種酷刑的死囚一樣。

因此，只要看到一個人有多麼貪生怕死，就知道他有多惡。

具體來說，只要犯下四重禁戒 —— 殺、盜、淫、妄中的任何一項，就是在造惡。因為，四重禁罪都是墮入三惡趣乃至地獄的直接原因。

我們可能會說："我既沒殺，也沒偷盜、邪淫，雖然沒做出什麼豐功偉績，但起碼也是個善人吧！……"但我們卻很難見到自己有沒有在犯"妄"戒。

"妄"指的是妄語。我不對人說謊，我從不騙人！很好，很好，那我會不會對自己說謊？我騙不騙自己？

我害怕騙人會有惡果報，對人說謊會被人拆穿，那麼，騙自己就不會有惡果報？自己不會拆穿自己的謊言？自己的謊言被拆穿時，又會出現什麼情況？

譬如說，每個人都假定自己不會那麼容易就死，不然，活下去就太令人不安了。但這正是一個嚴重自欺的謊言，而這個謊言勢將被自己必不可免，必定來臨的老、病、死所拆穿。老、病、死苦之所以如此可怕，如此難以承受，不正是自己的謊言被拆穿時的慘狀嗎？不正是自己騙自己的直接後果嗎？

故知，"妄語"這一戒，半屬口戒，半屬心戒。騙人造口惡業，騙自己造意惡業。

善人的標準是不騙人，也不騙自己。做到不騙自己才能"樂死"。

因此真正要想持好"四重禁戒"，做到對己對人都不"妄"，實在很難。必須要進一步持十善法戒才能徹底。

十善戒法的核心是"心道三戒"，而心道三戒的焦點是"憍慢邪見"。我們見到別人受老、病、死苦的折磨時，心中響起的第一個聲音就是："太可怕了，我受不了！"第二個聲音就是："幸好是他，不是我！"

這就是憍慢邪見，也正是自欺的謊言。

因此必須奉持十善戒法中的心戒，才能使我們勇敢誠實地面對真實，才能不自欺欺人，才能算得上是個"善人"。

要想持得上"十善法戒"，必須"得遇明師"，找到真正大善知識，並在明師前慚愧懺悔過去所造諸惡，再由明師傳授十善戒法，並由善友、善知識不斷提醒、護持，才比較容易持上十善法戒。

這樣，才能算得上是個善人，才能不再自欺欺人，才能真正"樂死"。

若能如是做者，就算開始走上持戒修福的路，也將能接上本段經文所提到的，第一要"遭遇明師"，第二要"奉事三寶"，第三要"改惡修善"，第四要"孝養父母，敬事師長，和順妻子、奴婢眷屬，謙敬於人"。

能做到這四條的人，就是善人。善人由於生前持戒所修來的這些福，才能讓他死後有本錢受生到更善良、更快樂的地方去。因此，死對善人來說，是結束今生的老、病、死苦，並迎向來生幸福與快樂的開始，所以善人樂死。

《經文》　天帝問曰：'如尊所誨，全其軀命，無功夫者，誠如所言。其餘二功，施食施法，有何功德，唯願說之，開化盲冥①。'

野干答曰：'布施飲食，濟一日之命；施珍寶物，濟一世之福，增益生死，繫縛因緣；說法教化，名為法施，能令眾生出世間道。

出世間道者，凡有三種：一者羅漢②，二者辟支佛③，三者佛道④。此三乘⑤人，皆從聞法，如說修行⑥。

有諸眾生，免三惡道，受人天福樂，皆由聞法。是故佛說，以法布施，功德無量。'

天帝白言：'師今此身，為是業報應化身⑦乎？'

野干答言：'是罪業報非應化也。'

天人聞已，肅然驚怖，悲哀傷心，垂淚滿目，更起修敬。白野干曰：'我意謂是菩薩聖人應現濟物，而今方聞罪業果報，未知其故，惟垂哀愍，說其因緣。'野干答曰：'欲聞者善，吾今說之。

① 盲冥：盲，此處是指慧眼、法眼不開。冥，黑暗。由於無有慧眼、法眼，智慧未開，盲無所見，故處在黑暗的無明行中，此即盲冥。

② 羅漢：此處是指阿羅漢道，又名聲聞乘、小乘。以發小乘菩提心，發個人了生死的小乘願，從佛出家，親耳聞佛說法，依止僧團，依如來正教（四法印、十二緣起法、四聖諦、三十七道品）修行，證得四賢果位——須陀洹果、斯陀洹果、阿那含果、阿羅漢果。

③ 辟支佛：此處是指辟支佛道，又名緣覺乘、中乘。以發中乘菩提心，發個人破無明並依緣度眾的中乘願，從佛出家，親耳聞佛說法，依如來正教獨自修行，以正觀察、正思惟、隨順觀察、隨順思惟十二因緣法，證得辟支佛果位。又有於滅法時期，以極大的福報資糧，獨自覺悟十二因緣法，證得辟支佛果位，依示現神通度眾者，此亦屬中乘辟支佛道，又稱為獨覺乘。

④ 佛道：即菩薩道，又名大乘。以發無上菩提心，發滅度一切眾生的大乘願，依大乘菩薩道——如來正教、如來方便（十波羅蜜多）修行，經過十地菩薩位的次第，證得佛位。

⑤ 三乘：乘乃乘渡，意即從生死苦海的此岸，欲渡往涅槃解脫的彼岸所須搭乘的舟渡。依佛陀所教，有上述三乘，所謂：阿羅漢道、辟支佛道、菩薩道。

⑥ 皆從聞法，如說修行：若欲聞法，當先近善知識；若欲如說修行，當先思惟義。《大般涅槃經·梵行品第八之五》佛言：" 一切男女，若具四法，則名丈夫。何等為四？一、近善知識，二、能聽法，三、思惟義，四、如說修行。"此處為強調法布施的功德，能令眾生因聞法而能如說修行，進而出離世間，故於四丈夫行中，方便說二。

⑦ 應化身：應，音（映），回應、答報之意。應化乃是諸佛與諸大菩薩功德。諸佛菩薩為欲因應眾生的根器福報來說法時，他就作千百億化身來度脫眾生。在《妙法蓮華經·觀世音菩薩普門品》中，佛說："應以小王身得度者，即現小王身而為說法；應以長者身得度者，即現長者身而為說法；應以居士身得度者，現居士身而為說法；……應以長者、居士、宰官、婆羅門、婦女身得度者，即現婦女身而為說法……。"

<u>白話講解</u>　　帝釋天王再問法說：'是的！像尊師您所教誨，保全身體和性命沒有什麼功德，誠如您所說的。給人做食布施和法布

施，這兩者又有什麼功德呢？唯請尊師您開示，以度化我們的愚癡黑暗。』

野干回答：『布施飲食給饑民，只不過保全他今天的命而已。而布施奇珍異寶、錢財等物，頂多讓他一輩子都活的比較充裕一些。這麼一來，讓他更加地貪生怕死，這全是把人繫縛在生死苦海的因緣。而為人宣達佛陀的正法，進而去教誨開化，這叫法布施，如是能令眾生走上出離世間生死八苦的道路。

出離世間有三種辦法，第一種叫阿羅漢道；第二種叫辟支佛道；第三種叫佛道。修習這三乘的人都是要先聞法，聞法以後如說修行。

還有一些眾生不只免墮三惡道，更受人天殊勝妙樂，這都是因為他們曾從明師、聽聞正法所得的功德。所以佛陀才說，以法布施去教誨開化眾生，這樣的功德是無法估計的。』

帝釋天王又問：『尊師啊！您今天這個野干身，是先世罪業的業報身？還是大菩薩的應化身？』

野干很直爽的就回答說：『我這是罪業報身，不是應化身。』

天人一聽，都震驚色變，接著是恐怖，再又是悲哀傷心、滿臉淚痕，對和上野干更加生起恭敬了。帝釋天王跟野干說：『我們原先還以為您是菩薩聖人，以野干身的應現，來救拔、度化我們，而今才知道您正在受惡業的果報。我們實在不知道您受此罪報的因緣何在，祈請您能哀憐、悲愍我們，為我們開示這段因緣。』野干說：『好啊！你們想要聽這段因緣，真是太好了，我現在就跟你們說。』

經法研探：法施功德 ▶

本段經文的重點在揭示食施、財施與法施的功德因緣差別之相。

　　關於財施、法施所獲功德的差別，佛陀在《金剛經》中做了非常形相化的開示。佛問須菩提：「若有善男子、善女人，以七寶滿爾所恆河沙數三千大千世界，以用布施，得福多不？」須菩提言：「甚多，世尊！」佛告須菩提：「若善男子、善女人，於此經中，乃至受持四句偈等，為他人說，而此福德勝前福德。」

　　接著，佛陀又針對身施跟法施所獲功德的差距，做了開示。佛告須菩提：「須菩提！若有善男子、善女人，初日分以恆河沙等身布施，中日分亦以恆河沙等身布施，後日分亦以恆河沙等身布施，如是無量百千萬億劫以身布施，若復有人聞此經典，信心不逆，其福勝彼。何況書寫、受持、讀誦、為人解說？」

　　受持讀誦、為人解說，正是在做法布施，而做這樣法布施的福德，遠遠超過用三千大千世界七寶去做財布施，也遠遠超過無量百千萬億劫、不停的身布施。

　　而食施、財施跟法施所獲功德的差別因緣，正是本段經文所說的：「布施飲食，濟一日之命；施珍寶物，濟一世之福。」全都是「增益生死，繫縛因緣」，唯有法施「能令眾生出世間道……是故佛說，以法布施，功德無量。」

　　為什麼食施、財施會是增益生死的繫縛因緣呢？因為，施食、施財所能施出去的，正是去增益身、命、財三不堅法。而事實上，三不堅法是沒辦法被增益的，因為它們本身就是屬於無常、苦、空、無我之法。結果這一食施、財施，讓人更加貪戀三不堅法，徒增心中的癡迷、昏暗，只能令人永墮生死苦海，出不來了。

　　而法布施所施出去的正是三堅法，所謂法身、慧命、法財。從明師處聽聞正法而能獲得法財者，如是開始能明白是非、善惡、好歹，進而持戒修福，擺脫自傷傷人、自毀毀他的惡性循環，如是則能"免三惡道，受人天福樂"。

如果還能進一步發三乘菩提心，則是重生如來之家，以智慧為使命的佛子，繼續依如來教法修行，勇猛精進，不只能"出世間道"，而且還終究證得真常、真樂、真我、真淨的涅槃境界，成就不生不滅的法身。因此"是故佛說，以法布施，功德無量。"

綜觀古今中外，坐穩在世間領袖位子上的真菩薩，如二十世紀的偉人聖雄甘地，就懂得這個財施、法施功德因緣差別之相的道理。

當時，在大英帝國殖民統治下的印度，絕大部分的老百姓是貧窮又無知，面對自己淪為次等民的事實，完全無能為力，甚至有的還自甘輕賤去擁護英國。但是，這同一批老百姓，在聖雄甘地的領導下，一個個站起來做自己的主人，自我莊嚴地拿出自己的身與命，迎向英國對印度所施予的種種暴力，令英國人在面對自己的惡行下，羞愧地離開印度。

甘地向來認為，印度人窮了、闊了沒關係，可是善了、惡了卻大有問題。他認定，印度老百姓的問題不在於窮困、餓肚子，因此，他從未對人民做財布施、食布施，只藉由不斷地法布施，將人民由惡轉善。甘地的身教正為"以法布施，功德無量"作證。

既然，法施的功德遠超過食施，那為什麼野干還要花這麼大的功夫，來報答帝釋天王及八萬天眾對他做食施的恩情呢？到底食施是增益生死的繫縛因緣？還是另有功德？

在《佛說四十二章經》中，佛言："飯惡人百，不如飯一善人；飯善人千，不如飯一持五戒者；飯五戒者萬，不如飯一須陀洹；飯百萬須陀洹，不如飯一斯陀洹；飯千萬斯陀洹，不如飯一阿那含；飯一億阿那含，不如飯一阿羅漢；飯十億阿羅漢，不如飯一辟支佛；飯百億辟支佛，不如飯一三世諸佛，飯千億三世諸佛，不如飯一無念、無住、無修、無證之者。”

這段經文解開了食施到底有沒有功德的問題。這當中的關鍵在於，接受食施的對象。

如果說搭粥棚施粥，施個七天七夜，就算餵飽了成千上萬個人，如果這當中沒有一個是受持五戒的三寶弟子，那這個食施的功德，就比布施給一個受持五戒的三寶弟子要小得太多。

而帝釋天王統領八萬天眾對和上野干一人所做的食施，又比前面這個食施的功德要大的太多。因為，和上野干是握有正法的明師，能對眾生做法布施，更能由法布施引出無量的功德。

然而，帝釋天王及八萬天眾不了解食施、法施功德因緣差別之相，故和上野干藉此機會跟會眾說法。

阿逸多王品第五之三

《經文》　憶念故世，生波羅捺波頭摩城，為貧家子，名阿逸多，剎利種姓①。幼懷聰朗②，好學是欲。至年十二，追隨明師③，在於深山，辛苦奉事。研精習學，翹④勤不懈，師亦晨夜，切磋教授，不失時節⑤。經五十年，九十六種經書記論，醫方咒術，占相吉凶，災異禍福，靡所不達。高才智德，名聞四遠。

① 剎利種姓：印度的種姓制度，分成四個階級，依高低順序為：婆羅門（宗教界、思想界、學術界），剎帝利（王公大臣），吠舍（平民），首陀羅（賤民）。而剎利種姓指的就是，王公大臣階級的剎帝利。由於種姓制度乃是由父傳子，再由子傳孫的世襲制度，只要不觸犯該種姓的規定，就不會被開除種姓，因此會有雖生為剎利種姓，但仍為貧家子的阿逸多。
② 朗：心很開朗明亮，指心的透明度。
③ 明師：明師必須了於行，了解眾生造業受報的因緣果報。而無明之師乃不了於行，是故不能正確揭示眾生心行之因緣果報。
④ 翹：仰慕地抬著頭。
⑤ 時節：此處是指次第。

白話講解　追憶我的前世，是出生在波羅捺波頭摩城裡的一個窮人家的孩子，名叫阿逸多，屬於剎帝利種姓。阿逸多從小就耳聰目明，心地開朗，最喜愛的就是求學問。十二歲時，皈依一位在深山裡的明師，阿逸多辛苦地侍奉他的師父，以精益求精的精神來研討學習，他恭敬地抬著頭、聆聽他師父的教誨，他勤奮學習、毫無懈怠。

　　他師父從早到晚，用互相研討的方式來教阿逸多，並且依照阿逸多福報根器的增長，不失次第的來帶領他。經過了五十年，阿逸多精通一切世間九十六種外道的經書記論、醫方咒術、占相吉凶、災異禍福，成就了很高的才能和智慧德行，聲名遠播四方。

經法研探：正法與外道 ▶

　　和上野干的前世阿逸多，出身剎帝利種，追隨明師辛苦勤學五十年後，他所通達的全是外道的九十六種經書記論，不知他所修學的是正法？還是外道法？

　　當時印度的一切外道學說，分成六大類，以外道六師為總代表。其中，每一外道師的門下，再細分十六個門派，共成九十六種外道。而每一種外道各有其經書記論，故共有九十六種經書記論。

　　如果阿逸多皈依的是外道師，學的是外道法的話，那只要好好學習自己這一門即可，用不著去通達九十六種外道的經書記論。如此看來，阿逸多學的一定不是外道。那如何證明阿逸多所學的是正法呢？

　　在《華嚴經・十地品》中，提到五地菩薩要修學的一門功課就是，通達九十六種外道。經云：「此菩薩摩訶薩為利益眾生故，世間技藝靡不該習。所謂文字算數，圖書印璽，地水火風，種種諸論，咸所通達。又善方藥療治諸病，顛狂乾消，鬼魅蠱毒，悉能除斷。文筆讚詠，歌舞妓樂，戲笑談說，悉善其事。國城村邑，宮宅園苑，泉流陂池，草樹花藥，凡所布列，咸得其宜。金銀摩尼，真珠琉璃，螺貝碧玉，珊瑚等藏，悉知其處，出以示人，日月星宿，鳥鳴地震，夜夢吉凶，身相休咎，咸善觀察，一無錯謬……」

　　原來，阿逸多所修學的正是如來所傳授的正法、大乘菩薩道中的五地菩薩所修學的功課。但是，阿逸多本是剎帝利種姓，他的福報善根仍不及五地菩薩。依照《華嚴經·十地品》來檢視，他應當修學的是初地菩薩的功課。若能圓滿成就的話，則能成為初地菩薩，為統領一國的剎帝利種灌頂大王。

初地菩薩也修學九十六種經書記論。在《華嚴經·十地品》中云："菩薩以此慈悲大施心，為欲救護一切眾生，轉更推求世出世間諸利益事。無疲厭故，即得成就無疲厭心，得無疲厭心已，於一切經論心無怯弱，無怯弱故，即得成就一切經論智。獲是智已，善能籌量應作不應作……是故菩薩得成世智……無有疲厭，知諸經論，善解世法……"

以上正是阿逸多追隨明師五十年，精勤學習的內容。其中修學九十六種外道經書記論，所成就的是"一切經論智"、"成世智"，如是則能"善解世法"，故能以慈悲大施心、救護一切眾生，這正是初地菩薩的功德。

由於阿逸多於所修學的功課"靡所不達"，故能進入初地菩薩位，自然能"高才智德，名聞四遠"。

《經文》　時，阿逸多，伏自惟曰：今日之濟莫不由我尊師和上教化之恩，其功難報。家既貧乏，無為供養，唯當賣身[1]以報師恩。

作是念已，長跪白師：'弟子今者，欲自賣身，以報師恩。'

其師答曰：'山居道士，乞食自存，正無所乏，子今何為，毀賣貴身，欲供我也？子今成就智慧辯才，當轉教化天下人民，為法燈明，教化之功，豈不足報我之恩也，幸可不須餘舉動也。'

時阿逸多，既是智人，不違師教，留住山中，乞食自存。

① 唯當賣身：阿逸多以其學問功夫，該有身價可賣，也許能在國王
　　身邊做事，身價更高，那時就能答報師恩了。

<u>白話講解</u>　　這時，阿逸多低頭深思，想到：今天我得到如此惠
利，全都是尊師和上教導育化的恩典，這浩大的功德，真是難以
答報，但是家中貧窮，連供養都談不上，只有賣身來答報師恩了。

　　這麼想清楚之後，就跪在師父面前向師父說道：‘弟子現今想
以賣身來答報師父大恩。’

　　他師父說：‘我們是為了求道才以討飯住在深山，生活簡單，
真的沒有欠缺什麼，怎麼會想到把尊貴的身子賣了來供養我？你
現在已成就極高的智慧思辯的才德，正應該把這些智慧才德輾轉
教化天下人民，作為大法明燈，來照亮愚迷昏暗中的眾生。這教
化的功德，才是我所期望的、正確的回報。千萬千萬別再起心動
念傷這種腦筋了。’

　　畢竟阿逸多是有智慧的人，已能體會師父教誨的深意，不敢違
背師命，所以繼續留在山中，靠討飯而活。

《經文》　如是不久，國王崩亡①，群臣集議，宣令國
界，諸名學士，普召使集，令共講論，誰得勝者，當立
為王。

　　時，阿逸多，應召來集，與諸學士五百餘人，七日
之中，共捔試議②，無有勝者。群臣歡喜，召婆羅門，
拜阿逸多，紹③為國王。

① 崩亡：“崩”是指國王乘車的車架崩裂了。比喻國王的亡故。
② 共捔試議：捔，音（卻），　把自己的議論提出來與別人較量，把
　　別人的議論打敗折服。
③ 紹：繼承、紹隆。

<u>白話講解</u>　　這樣過了不久，國王死了，大臣們集會商議，向全國宣達命令，凡是國內有名望的飽學之士，統統召集一處，請他們各自發表議論見解，治國抱負，並互相辯論，最後得勝群雄者，立他為新國王。

　　當時阿逸多也相應這個召集命令，前來加入講論，五百多位飽學之士，在七天之中，個個把自己的議論提出來與別人較量，企圖令對手折服，但沒有人能勝過阿逸多的。這時群臣喜慶歡呼，請婆羅門祭祀主持，拜立阿逸多為繼承的新國王。

經法研探：阿逸多王 ▶

　　本段經文透露給我們幾個訊息：

　　一、阿逸多王不是這個文化時期的眾生，因為當時人的壽命極長。從經文中，已知阿逸多王及他的尊師，都已超過一百六十多歲，死時當不止此數。

　　二、當時國王的產生，是從全國最優秀賢能的飽學之士中，互相辯論，取見解德智最高者為王。這比現代的民主選舉，利用媒體，以貪瞋痴心互相嫉恨，以各種惡語、妄語、諂媚語、離間語彼此競爭惡鬥要好太多了，而且公正公平，真的能讓賢能者治國。放眼這個文化時期古今中外，沒有如此良好的制度。甚至比中國最為稱頌的　"堯舜禹三代禪讓"還好。

　　三代禪讓的精神，是把皇位傳給賢德有能力者，而不由自己血脈世襲而家天下。這樣雖沒有私心，雖是為國為民，深為歷代子孫景仰，卻還是不出"一言堂"，因為是以在位皇帝個人意志為準，去選賢舉能的，和阿逸多時相較之下，還遜一籌。

三、為什麼在阿逸多即王位時要"召婆羅門"？

婆羅門是印度種姓制度的最高階層，精通經書記論、醫學咒術、占相吉凶，任祭司，做人天溝通，負責對剎帝利種姓做思想教育上的指導。所以當阿逸多即王位時，要"召婆羅門"。

一般部落民族，也有巫師與酋長。巫師的職責為人天溝通，祈福治病，問卜凶吉，作為酋長和全部落德性思想上的指導；酋長是行政、經濟、軍事的主管，通常如此分工。巫師代代相傳，如戰爭等重要事件，要由他預卜凶吉才能行動，在地位上是高過酋長的。但也有身兼二職的，如西藏的達賴喇嘛，就是這樣。

巫師在印度就好比婆羅門，酋長就好比剎帝利王，各代各國，即使不同的劫中，名稱不同，性質相似。

《經文》　時阿逸多，見是事已，憂喜交集，而作是念：'若作王者，恐有憍溢，貪求快意，為民致患，死入地獄，受苦因緣。若不為者，家貧無祿，無以供養報師重恩。'

思計反覆。聽當受之。為報師恩並養父母。思惟是已。寧受王位。

受王位已，即遣忠臣，嚴駕寶車，幢幡曲蓋[1]，香花伎樂[2]，百種飲食，就山迎師，還國供養。別立宮舍，七寶廁填[3]，彫文刻鏤[4]，眾綵雜飾，床臥被褥，飲食醫藥，花果園林，流泉浴池，莊校嚴好[5]，以供養師。

阿逸多王與國臣民夫人采女，日日從師，受十善法，經一百年。

① 幢幡曲蓋：幢，音（床），圓筒形像傘的旗子。幡，音（翻），狹長豎條的旗子。曲，歌曲、曲調，指樂隊。蓋，華蓋，華麗大傘也。

② 伎樂：伎，通妓，舞者。樂，音（越），音樂。此處指皇室專用的歌舞隊和樂團。

③ 廁填：廁，挖一個窟窿。填，塞滿、填充。

④ 彫文刻鏤：雕刻、鏤花。比喻彫繪崁鑲得十分精巧華麗。

⑤ 莊校嚴好：莊，莊重精密。校，音（叫），校對，比喻經過仔細的考量檢查。嚴，認真嚴格。

<u>白話講解</u>　雖然事已如此，阿逸多心中卻百感交集，憂喜參半：‘憂的是心中明白，一旦當上國王，位居人極，備受尊寵，權勢五欲，無有過者，到時不免心生憍慢，若為求得一時之快，心行放逸，就會為人民帶來災難痛苦，那可是造了必下地獄的大罪——今日的樂，是來日苦的因緣。[喜的是，今天有此千載難逢的好機會來答報師恩，但]如果捨王位不要，如此貧困，拿什麼來供養師父、報師厚恩呢？’

如此反覆思量、考慮再三，為了報師恩，並且孝養一直生活在貧困中的父母，決定寧願接受王位的考驗。

即位之後，立刻派遣可信的忠臣，用最好七寶精密妝飾過的寶車，幢幡曲蓋，香花伎樂，上百種美味飲食，到山中把師父恭迎回國，入宮供養。特別為師父蓋的宮殿住處，是用七寶鑲嵌，浮雕鏤空和各種鮮艷華麗裝飾的；上好的臥具、飲食、湯藥，無不具備；更有幽雅庭園，花果扶疏，流泉浴池，處處都設想仔細周到，務必以最好的來供養師父。

這樣，阿逸多王同全國臣子人民，夫人宮女眷屬，每天跟從恩師，受持十善法，經過了一百年。

為什麼阿逸多對報師恩如此執著？先要去賣身，後又冒著下地獄的危險，寧當國王，為了有能力報恩。到底師恩的重要在哪裡呢？

人常易失念失行，毀犯禁戒，其果報常是很嚴酷的，如阿逸多王，是已登二地的菩薩，一失念犯戒就墮到地獄、餓鬼道，而今是畜生道，現野干身。

一般凡夫墮入三惡道後，多少劫都不能出離，因為不知道自己為什麼受此果報，只能與苦果惡性互動。

為什麼阿逸多王在墮三惡道後卻能須臾即出呢？原因是他得識宿命，能知是以何因、攀何緣、得此宿業，因此能正確發露因緣果報，而深切慚愧懺悔 ——“除邪行正即無罪”（《法寶壇經·懺悔第六》），故即得出離。

如何能得識宿命、正確發露因緣果報呢？

有般若智慧力才能正確揭示因緣果報；深心慚愧懺悔，才能得識宿命。而唯有明師才能開啟我們的般若智慧力，由此而知明師的重要了。

經文一開始，野干即叫“南無力我師”，在在處處都想到“莫不由我先師和上，慈哀教授，智慧方便功德乎。”一念“南無我師”，猶如念咒，就想起了明師開示的正法，如是提到“總一切法、持一切義”的正念上。

《法寶壇經·般若第二》上說：“若自不悟，須覓大善知識，解最上乘法者，直示正路，是善知識有大因緣，所謂化導令得見性，一切善法因善知識能發起故。”

所以由明師示導開啟智慧的修行人，就能提起正念，回皈依止到正法。以覺性提起，智慧力出現故，即使墮到最惡的地獄，也能即時出離。

深重答報明師恩典能高舉尊重師所授法，長憶不失，有二功德：一是，萬一墮入地獄，能立刻出離。二是，可得升天福樂。得升天已，智慧光明漸漸增長，成菩薩行，得無生法忍。

師恩有如是功德，才會念念不忘，寧可賣身都要答報師恩了。此經之所以如此強調師恩，正是為了提醒世人這個重要的因緣果報。

這與一般凡夫之報師恩有很大的差別。凡夫之報師恩，通常不過是要證明自己是能知恩圖報，不是忘恩負義之輩而已。

當然，世間的老師所傳授的不是佛陀的正法，也不可能開啟般若智慧力，只能於三不堅法上作“繫縛因緣、增益生死”而已。

另外，必須提到的是，經文中的一句“並養父母”，為日後阿逸多王必然犯戒，埋下伏筆，也道出了下一段經文中“寒意猶存”的根源。

覆亡下墮品第五之四

《經文》　爾時邊境有二小國，其二小國王共相怨疾①，私立兵馬，共相誅②伐③，經於多年，各不相得。其一國者，名安陀羅，一國名曰摩羅婆耶。

安陀羅王召諸群臣，集共議言：‘當作何方令得彼國？’

諸臣答言：‘阿逸多王，出生寒賤，雖居王位，寒意猶存。從昔已來，奉持十善，不犯外色。雖有宮女，

其年並宿④。如臣計者，檢括國中，不問豪賤，選擇名
女，足一百人，年少端正，堪適意者，莊嚴香潔，遣忠
良者，齋持重寶，并諸采女，往貢獻之。若其納者，當
從王請強兵百萬，助往攻之，無往不伏。'

　　即隨其計，名女寶物，一時悉辦。遣忠良臣，往奉
獻之。

① 共相怨疾：疾，痛恨。
② 誅：上位對下屬之殺叫誅。
③ 伐：是討伐，正義者向不正義者討伐。
④ 其年並宿：並，"都是"的意思；宿，久長，指上了年紀的意思。

<u>白話講解</u>　　當時鄰境有二個小國，安陀羅國及摩羅婆耶國[，都
是阿逸多王的藩屬國]。這二國的國王互相敵對，疾怨如仇，私下
各自養兵蓄馬，擴充戰備，互相殺伐，已經好多年了，但誰也勝
不了誰。

　　安陀羅國王召集所有大臣，共同商議，請各方獻計，有什麼良
策能得到勝利？

　　許多大臣回答：'阿逸多王出身寒賤，雖然當了國王，但他窮
酸貧賤的業根沒有拔除[，這是可以傾動他的大弱點]。他一生雖奉
持十善法戒，非他之色不敢沾染，非他之財不取，連宮女個個都
上了年紀。若依臣下提議，就把全國上下，不論豪貴貧賤，只要
年青貌美，儀態端莊姣好，能令人傾心的美女，挑選一百人，好
好打扮妝飾，務使美艷動人，香氣襲人。派忠誠賢良的大臣，押
送這些美女及許多貴重財寶，前往貢獻給阿逸多王。如果他接受
了，就立刻提出要求，請他派遣百萬強兵，幫助我們攻打摩羅婆
耶國。這樣一來，一定攻無不克，勝利在望了。'

　　安陀羅王立刻同意了這個計謀，美女財寶很快地都辦妥了，就
派忠心幹練的大臣，前往進貢。

經法研探：消業 ▶

　　為什麼說阿逸多王"雖居王位，寒意猶存"是他必然犯戒、被傾動的原因呢？

　　原來阿逸多王對自己出身微寒，貧窮困苦的委屈感業根沒消。在委屈感作祟之下，覺得有理由補償自己，一見美女財寶，守十善法戒的功夫立刻散功，也來不及思量對方的不良企圖，於是心一放逸，奢侈婬亂，貪著享樂，把做菩薩度眾的本願忘失了。

　　出身寒賤的業沒消，對老師、父母、甚至自己，起了不必要的罪惡感，隨之必生委屈感，這兩種心一直攪和著阿逸多王。雖然明師早告訴他，只要弘法度眾，就足以答報師恩了，但阿逸多王仍以"報師恩"隱藏了自心"應得未得"的委屈感。

　　就是這業根，使他即使從師受教五十年，以受十善法戒，得世間福報為轉輪王，又日日受十善法戒一百年，這樣的修行，還是被魔所困。他的五欲之樂升級，魔的考驗也升高，把持不住，心一放逸，就犯戒了。

　　這宿世業根不拔，業力相似相續生，業根必時時會起作用。

　　然則如何消業？業真能消嗎？無明業力乃百劫千生所累積，一世恐怕消不盡，要證到《金剛經》中所說的"所有一切眾生之類……我皆令入無餘涅槃而滅度之，如是滅度無量無數無邊眾生，實無眾生得滅度者。"才算消了百劫千生的業。

　　怎麼做到呢？佛陀平等慈悲，要我們開智慧，弘揚正法，得識宿命。到證入五地菩薩位"難勝地"時，已可"關閉諸惡趣門，受生五道"。六地以上，以"不受而受諸受"

（《維摩詰所說經》），能千百億化身；直到十地菩薩，滅度一切眾生時，餘業餘報全都消盡了。

《經文》　阿逸多王得諸美女及珍寶物，甚大歡喜，問使者言：‘彼王奉我，如斯好物，欲望何報？’

使者白王：‘摩羅婆國是大王所統，彼王頑嚚[1]，不知化度，婬亂無道，不理國政，民被其毒，視之若怨。特從大王請兵百萬，助往伏之，奉獻之誠，其正在此。’

王曰：‘甚善。’

即令揀銳強兵百萬，以送與之。安陀羅王自揀國中，得百萬人，一時相助，鳴鼓往伐[2]。百日之中，鬥戰傷殺，人死過半，方得勝彼。摩羅婆王及其宗族，悉被刑斬。數千萬人，一時傾沒。

阿逸多王既得諸女，意迷情惑，忘失本志，奢婬著樂，不理國政，眾官群僚，相與作亂，良民之子，掠為奴婢，風雨不時，飢餓滿道，異方怨敵，遂來侵掠。阿逸多王從是失國，遂致亡沒。

[1]　頑嚚：嚚，音（銀）。有聲不能成語，哽塞不能說話。說話不老實、奸猾或又笨又頑固。

[2]　鳴鼓往伐：擊鼓是進攻的信號。古時以此作為命令部隊進攻衝鋒的訊號。

<u>白話講解</u>　阿逸多王一見美女寶物，不禁心中萬分歡喜，就向使者問道：‘你們國王送我這許多珍寶，希望我怎麼回報呢？’

這一問，正中使者心懷，便回答說：‘摩羅婆耶國，是大王您所統轄的，那國王非常頑強奸詐不老實，既沒有教化養育人民的能力，又淫亂無德，不善治理朝政，百姓深受其害，苦不堪言，

對他恨之入骨。所以特別懇請大王，恩派百萬大軍，幫助我們去降伏他們。我們誠心的奉獻就是為了這個請求。』

阿逸多王說：『很好，很好。』

於是，立刻下令揀選有堅強戰鬥力的精兵百萬，送去相助合攻。安陀羅王也在國內挑揀百萬人馬，共同合作，向摩羅婆耶國進攻。在戰鼓聲中，互相殺伐，打了一百天。其間戰鬥劇烈，死傷慘重，犧牲了一半軍隊人馬，才得慘勝。摩羅婆耶國王及其宗室族人，都被斬殺，數千萬人一時都亡歿了。

而阿逸多王見眾美女，意亂情迷，忘失了[奉行十善法戒以及發菩提心自度度他的]本心，以及教化人民的本願，荒淫無度，貪著享樂，把治理國政的責任置諸腦後。群臣官僚上行下效，貪污作亂，甚至把良民的子女，任意掠奪貶為奴婢。接之而來的是風雨不調，天災人禍，饑荒不斷，民不聊生了。這自然也引來他國怨敵乘機侵掠。此時，阿逸多王的國力早已喪失，不堪一戰而亡國，自己也死了。

經法研探：天災人禍 ▶

經中說到“良民之子，掠為奴婢”的現象，代表了什麼意義？

印度有種姓制度，社會階層是極嚴格的，不能逾越。若把沒有犯錯而有種姓的孩子降為旃陀羅，這不但是最大的羞辱，而且不能再翻身。阿逸多王如是嚴重擾亂了家庭社會制度，敗壞了倫理道德，善良風俗習慣被破壞無餘，人心無以安立，百姓無所適從，把本有的勤勞美德都失去了。如此一切失序，人禍與天災本有因果關係，歷史上向來如是，嚴重的人禍，必定召來天災。

《經文》　從是死已，生地獄中，身被楚毒。緣前學問智慧力故，即識宿命，心自悔責，改惡行善。須臾之間，地獄命終，生餓鬼中。

後識宿命，即復悔過，修念十善。須臾之間，餓鬼中死，生畜生中，受野干身。

智慧力故，復識宿命，改往修來，奉持十善，復教餘眾生令行十善。

近逢師子，當時怖懼，墮丘井中，開心分死[1]，冀得生天，離苦受樂。由汝接我，違失本願，方經辛苦，何時當免，是故我說，汝濟我命，無功夫也。』

[1]　開心分死：請參見第五之一品註三。第104頁。

<u>白話講解</u>　阿逸多王罪業重大，一死就下了地獄，刀山油鍋，苦不堪言。但因為他前世曾受學於大善知識，並自勤勉修習世間法與佛法，開啟了般若智慧力[，在大苦時，立生警惕，提起覺性]，知道了以何宿世因緣而得今日之果報，深心悔責，慚愧懺悔，改惡修善，當下之間，地獄命終，受生餓鬼道中。

又因識宿命，慚愧懺悔，消業除障，修念十善法，頃刻之間，餓鬼命終，受生畜生道，得野干身。

又因智慧力，憶識宿命，深自痛加呵責，改往修來，永不再犯，重持十善法戒，更轉授其他眾生，共同信持十善法。

那天被獅子王追殺，一時心生恐懼，想保命逃跑而掉入丘井，自知必死，也不再希求殘生，寧放捨此惡身而得早日生天，離苦得樂。沒想到你把我救了出來，使我不能達到願望，而且所經歷的艱苦也白費了。唉！什麼時候才能免除這些苦呀！所以我說，你雖救了我的命，卻沒有功德。』

此段經文道出一個奧秘：

下三趣依苦受的程度，本應依次為餓鬼、畜生、地獄。但阿逸多王下了地獄，須臾雖生到餓鬼道，卻又下到畜生道，並以野干身示現說法。由此可觀察到，餓鬼道雖不及畜生道苦，但因餓鬼慳貪，在吃喝上太逼迫糾纏，全是身見，自我感覺重，自我中心堅強，排斥眾生，沒有包容力，與眾生的溝通較有問題。而畜生如野干，是群居動物，能互相溝通，不自私，能布施，故能為眾生說十善法。以其說法功德，終能直上兜率天入菩薩位。

財施法施功德品第五之五

《經文》　天帝難曰：「如尊話者，善人求死，是事不然。何以故？師在井底，若不入衣，則不得出。若不得出，自不得生。今所緣得生：由師入衣。是故當知，非不欲生，云何說言不貪生耶？」

野干答曰：「吾今所以入衣之意，正為三事，大因緣故。何謂為三？

一者入衣，不違天帝本志願故。夫人違志，不果所願，則致大苦。

施人苦惱，在在所生，所願不果，所求不得，所向不得，自致苦惱。為是等故，非為生也。

二者入衣，見諸天意，欲得聞法，欲為諸天，宣通正法，不吝法故。如當不說則為吝法，吝法之罪，世世

所生，聾盲瘖瘂，諸根閉塞，生於邊地，癡騃無智。雖
生好處，情頑闇鈍，所學不成。學不成故，自致苦惱。
為是等故，非為生也。

　　譬如世人，因其前世布施修善，福德因緣，今生為
人，所願從心，富有財物，貧者求乞，慳心吝惜，不肯
施與，慳貪果報，生餓鬼中，常患飢渴，裸形無衣。冬
時寒凍，身體破裂，暑時大熱，無依蔭處。如是苦惱，
數千萬歲，餓鬼罪畢，生畜生中，食草飲水，癡無所
知。或食泥上，污露不淨，慳貪罪故，受報如是。吝法
之愆，亦如此焉。

　　三者入衣，正為宣傳，通法化耳。利益天人，令開
悟故，名為法施，功德無量。為是等故，非求生也。’

<u>白話講解</u>　　天帝非難而問曰：‘像您先前所說，善良的人是樂
死不樂生的，恐怕不見得吧！為什麼呢？譬如師父您在井底的時
候，如果不攀著我垂下的衣服，就出不來。假如不出井底，當然
也不能活命了。現在能夠活得好好的，就是您自己攀衣求救，可
見不是不想活呀！怎麼說不貪生呢？’

　　野干回答：‘我今天之所以攀衣求生，是因為有三件大事因
緣。是哪三大因緣呢？

　　第一，攀衣出井，是為了不願違背您救我並向我求法的好意。
因為若使人達不到他的願望，必令他心生苦惱。一旦種下了這叫
人苦惱，破人志願的因，必將導致“世世所生，所願不達，所求
不得，凡事都與願違，常在求不得苦中”。是為了這個原因，不
是為了求生。

　　第二，我之所以入衣，是看到諸位天人的心意，很想聽聞正
法，我也不吝惜地極想為諸天人宣達流通正法。如果他們想聽而

我不肯說，這是於法慳吝了。於法慳吝的罪，是世世所生，聾盲喑啞、眼耳鼻舌身不明利、殘缺不全；要不生在邊遠窮鄉僻壞，[不見佛、不聞法、不識僧、]愚鈍痴呆；就算生在好地方、好人家，也是個笨頭笨腦、不學無術、自怨自卑的人。因為學什麼都不能成就，苦惱萬端。是為了這個原因才攀衣，不是為求生呀。

又譬如世間凡夫，以好善樂施的先世福德，今生做人事事如意，所願具得，家道富裕。但有窮人來乞討求救時，卻心生慳惜吝嗇，不肯布施分享。這慳貪的果報，使他死後在餓鬼道受生，經常沒有吃、沒有穿、天寒地凍光著身子也不得取暖、保暖，身上全是凍瘡乾裂，大熱天無一處可遮蔭。這樣的苦報，得受幾千萬年呢！餓鬼道的罪受完了，再受生到畜生道中，吃草、喝污水，愚痴無知，在泥濘污穢的地上吃東西，甚至吃泥土、吃屎、吃尿，都不知臭污。貪財慳吝的果報是如此可怕，於法吝嗇而不說法的過惡，也是這樣報應的。

第三，攀衣出井正是為了能宣傳流通正法，惠利天人，使大家都有機會覺悟，皈依三寶，這叫做法施，法施的功德無量無邊。是為了這個原因而攀衣出井，不是求個人的活命呀！'

經法研探：說法功德與吝法果報 ▶

菩薩慈悲，念念為眾生請法。帝釋天王是三地菩薩，能知一切眾生心中所疑，所以代一切眾生問法，也使野干有機會把前面經文的"死生之宜，各有其人，有人貪生，有人樂死。何人貪生？……何人樂死？……"的法作了完整的表述。

此段所說的三大事因緣，是為了告訴我們"說法的功德"。好像火車上山，要靠上下兩節火車頭的力量：用第一和第二大事因緣所說的"怖畏果報"，來比喻是下面的一節火車頭，是把火車往上推的力量，代表出離黑暗。用第三件大事因緣，就是宏揚正法功德無量的善報，來比喻是上面的一節火車頭，是向上拉的力量，代表嚮往光明。

說法的功德，能讓眾生出離黑暗、嚮往光明。野干之所以攀衣出井，是這兩股力量促成的。

《經文》　天帝問曰：'教化功德，其福云何？唯願說之。'

野干答曰：'宣傳正化，能令眾生知死有生，作善獲福，為惡受殃，修道得道。緣是功德，轉身所生①，智慧明了，常識宿命②。若生天上，為諸天師。若生世間，為金輪王③。常以十善，教化天下。若為人王，治以正法，常識宿命。識宿命故，心不放逸。人居尊寵，受五欲樂④，多有魔事，來相沮壞。令人意惑，造起惡業。雖復失行，受惡報時，智慧力故，速得免苦⑤，生天福樂，智慧光明，漸漸增長，成菩薩行，至無生忍。是故佛說教化之功，其福無量。'

① 轉身所生：此身死亡，中陰身會被其福業、罪業的業力習性，推到與之相近的六道中某一道去受生。以阿逸多王為例，由於菩薩失行，犯下重戒，故墮地獄；但更以本所修行之智慧光明，得識宿命，速得免苦，得生天福樂，並得繼續其本所修習的菩薩道。

② 智慧明了，常識宿命：此處智慧指的是善觀察諸業法受因果報智，也就是能明白見到，宿昔以來，一世與一世之間，死此生彼的因果關係。由於常以"知死有生，作善獲福，為惡受殃，修道得道"的十善戒法來教化眾生，故能開啟眾生的因果報智，進而也開啟自己的善觀察諸業法受因果報智。

③ 金輪王：又稱轉輪聖王，由二地菩薩兼領，以七寶——金輪寶、白象寶、紺馬寶、女寶、摩尼珠寶、主藏臣寶、兵寶來降伏閻浮

提的四天下——東勝身洲、南贍部洲、西牛貨洲、北俱盧洲。安
隱豐樂，人民熾盛，咸以歸化，七寶成就，千子具足。請見《大
般涅槃經·聖行品第七之二》。

④ 五欲樂：以最美妙的色、聲、香、味、觸來取悅眼、耳、鼻、舌、
身。以轉輪聖王及世間主為例，他們住在最莊嚴的宮殿，穿著最美
好的衣服，吃的是最上味的飲食，擁有最艷麗的後宮粉黛，真是極
盡一切奢華之能事，這也正是其世間福報的體現。

⑤ 智慧力故，速得免苦：依能識宿命的智慧力觀察到，自己過去造何
惡業，如今墮此惡趣的因緣果報，以及原先所領受的菩薩使命，於
是馬上發露、慚愧懺悔，當下惡趣命終，速得免苦。

<u>白話講解</u>　　帝釋天王接著問：‘以法布施教化眾生的功德中，說
法者到底能夠得到什麼樣的福呢？請和尚開示。’

　　和尚野干回答：‘宣傳正法、教化眾生，就是要讓一切眾生知
道：死後還會再生，生了必定會死；作善一定得福樂，為惡一定
遭殃；修習正道就能得道果。如是教化眾生，必得大功德。

　　以這個功德的因緣，[這位開示正法的善知識，]死後轉而受
生，能生得智慧明達，常能認識到宿世因果。如果他受生到天道
的話，就是去作所有天人的老師；如果生在世間，則作轉輪聖
王，常以十善戒法教化天下；如果生在人道，就是一國之君，便
用正法去治理國家，如是能令他常識宿命。由於能常識宿命，故
[能善觀察歷代諸王法道，鑒古知今，]能令心不放逸。

　　坐在人王這個位子上，是非常尊貴、非常受寵的，能享受殊
勝微妙的五欲樂，這樣一來，就會有很多魔事要來破壞他的修行
跟功德。當他被這些五欲樂搞得意亂情迷，[心一放逸，就忘失本
願，]大造惡業。

　　雖然失掉菩薩道行，但在受惡果報的時候，靠著原本修習的智
慧力，能立刻免苦，受生天上，享受福德跟快樂，[這樣一來，原
本所修習的智慧、覺悟不只全部認領回來，]還跟著修行繼續漸漸

增長，如是成就菩薩道行，[從原先的菩薩位，就一直精進到八地菩薩，]進入到那個無生法忍的境界裡。

這就是佛陀親口講的宣傳正法、教化眾生的功德，只要照著去作，就會得到上述這樣無量的福德。'

經法研探：智慧力功德 ▶

本段經文講得就是，宣傳正法、教化眾生的功德，可以得到無量福德。而這個福德到底有多廣大、乃至無量，讓我們來看看阿逸多王失行受生為野干身的例子，就更能體會。

阿逸多王是二地菩薩兼領轉輪聖王，從小就遵從明師教誨，以十善法戒教化人民。他原本是個窮小子，跟隨明師修學正法五十年，當他登上這個尊貴受寵的王位，由於寒意猶存，一下子失去菩薩行，令多少人身首異處、多少個家庭妻離子散、家破人亡，把一個好好的國家搞到天災人禍不斷。

可是，阿逸多王造了這麼大的惡，墮三惡趣受大苦。但以修習正法，宣傳正法的宿世福德，很快地轉出了地獄、餓鬼兩惡道。當他以野干身開心分死，一念"南無力我師"，本所修習的般若智慧力馬上就恢復過來，一下子得識宿命，不只認回了原先的菩薩使命，更見到如今所受的一切苦，正來自過去所造的種種惡，於是馬上發露、慚愧懺悔，一時惡業盡銷，立刻免苦。

接著還對帝釋天王跟八萬天眾說法，再以這個宣法教化的功德，令智慧光明更加增長，以這樣的福德，令野干身命終後立刻生到兜率天，為天王之子，從原先失行的二地菩薩跳過三地菩薩位，躍升為四地菩薩，繼續修行，成就菩薩行。故知，阿逸多這一趟墮落流轉於三惡道的苦行、苦受，取代了三地菩薩位的全部修行。

　　關鍵就在智慧明了、常識宿命。就算菩薩失行墮入地獄、餓鬼、畜生也不怕，只要依這個智慧力，慚愧懺悔，令惡業一時盡銷，原本所修之福業，就全部接上來，就能從迷途回到法王夷坦道來。

《經文》　天帝喜曰：'善哉善哉，誠如尊教，我等諸天，今日始知財施法施功德因緣差別之相。其財施者，譬如寸燈明小室中。其法施者，猶若日光照四天下，隨所行處，能除闇冥。所以者何？日性自明，故能照物。和上今者，亦復如是。本修習故，智慧明了，復以慧明，除眾生闇。'

<u>白話講解</u>　　帝釋天王聽完了就很高興地說：'太好了！太好了！正如尊師教誨，我們這些天人，到今天才知道財布施跟法布施之間的種種功德不同以及因緣差別，有這麼地大呀！像您講的，財布施的功德，就好比拿盞一寸火苗的油燈，只能微微照亮小房間內的黑暗。而法布施的功德就大的不得了，好比陽光普照四天下，只要有太陽升起的地方，就能照破黑暗。為什麼[太陽這麼偉大]呢？因為太陽自己大放光明，能照亮整個太陽系。和尚，您現在就跟太陽一樣，由於累世以來修習正法，開啟了智慧力，而您所釋放出來的智慧光芒，[不只照亮自己，]還幫眾生除掉心中的黑暗。'

經法研探：明師施善法 ▶

　　此段經文用"寸燈明小室"與"日光照四天下"，來點明財施與法施的差別。在這裡面是有深奧義的。

財布施好比拿寸燈之明來照小房間，不只屋子一大、人一多了就不管用，而且還有油盡燈枯的危險。假如把這盞油燈拿到屋外去照明，風一吹就熄了，就算不熄，這個寸燈之明，也照不了多遠。

這個小房間好比我們所攀緣的妻子舍宅，而屋外好比是諂誑陰翳稠林。財施、身施、食施只能暫時照亮妻子舍宅，過不了多久，就油盡燈枯，更不用說要去照亮外面這片漆黑的生死奧秘。

習慣了這個寸燈之明的後果是，出了屋子，眼睛就更黑，更加盲無所見。財施、身施、食施若接不上法施的話，這些布施只能讓人更加的貪生怕死，這麼一來，只能是增益生死的繫縛因緣，這就是副作用。

而法布施的功德就好比是日光。在《華嚴經·如來出現品》中云："譬如日出於閻浮提，先照一切須彌山等諸大山王，次照黑山，次照高原，然後普照一切大地"。日光這個普照大地的特性，正是來形容如來這位大醫王，為一切眾生所開出的大乘法藥，能普救三世十方一切有情。

而這個智慧的光芒能照亮什麼呢？令一切眾生明了"知死有生、作善獲福、為惡受殃、修道得道"的因果關係，終究依正法修道而能離苦得樂。

而這個太陽指的就是明師，就是能宣傳正法、教化眾生的大善知識。如帝釋天王所稱讚的和尚野干，就是真正明師。

經法研探：明師與真菩薩 ▶

在這裡有個很殊勝的因緣，就是由帝釋天王捧出和尚野干是明師的這段法。由帝釋天王這樣尊貴的身份來捧，而和尚身上披的卻又是疥癩野干皮，以如此強烈的對比，來突顯出明師這一法的重要性。

野干沒有剃頭，也沒有披袈裟，更沒有受三壇大戒，身上披的還只是野干皮，但以智慧明了，又能除眾生闇，故能為帝釋天王及八萬天眾開示正法。以是因緣，故稱"和上"。

明師的取決條件，不在於他示現出家相還是在家相，也不在於示現為人身還是畜生身，更不在於資歷、學識、身份的高或低。關鍵是有沒有正法在手？有沒有智慧力？能不能除眾生闇？這才決定了一位明師，宣傳正法、教化眾生的真正功夫。

我們再來看看，現在的轉輪聖王、世間主是不是明師？是不是真菩薩？只要檢查他，能不能常識宿命？拿不拿十善戒法教化天下？有沒有智慧明了？復以慧明，除眾生闇？就明白了。

經法研探：人主有過 ▶

若是失行之王當道，只能讓老百姓受苦，讓天下受難。到那時，不管是哪個陣營上台，哪個主義當道，暫時的好日子都是假相，久不久就要發生大規模的天災人禍。

當然，以一顆小市民的心是沒辦法揣度當政者的難處，更沒辦法去妄議政事。我們只是誠心祈禱，祈求三寶加持力，護念末後世的失行之王——縱使眼前犯下了滔天大禍，只要好好領受阿逸多王失行的教訓，在佛前深切發露、慚愧懺悔，認領回原先以正法治國的本願，趕快迷途知返。如是，佛陀不只不計前過，更以智慧光明加被，能大轉法輪，轉禍為福，轉亂成治，令人民重獲安和樂利，如是則為天下蒼生之萬幸。

十善法行品第五之六

《經文》　於時，天帝說是語已，八萬諸天咸然起立。正服修敬[1]，長跪合掌，白野干曰：'願尊垂愍，授十善法，多所饒益，利安眾生，亦令和上功德轉增。'

答曰：'善哉，宜知是時。'

告天帝曰：'受戒之法，先當懺悔，淨身口意[2]。何謂身業？殺盜邪婬[3]。何謂口業？妄言兩舌惡口綺語[4]。何謂意業？嫉妒瞋恚憍慢邪見。是為十事。禁身口意業，不犯眾惡，名為十善。恣[5]身口意，造眾惡業，名為十惡。一心丹誠，悔除十惡。十惡滅故，身口意淨。三業淨故，名為十善。'

① 正服修敬：整理儀容，準備行禮，表示恭敬。中國人的禮儀是，先整頭冠、再抖衣服，而印度人就不搞這一套，他們是把衣角撩開，把右肩露出來，這就是正服修敬了。

② 先當懺悔，淨身口意：過去身口意造下惡業，好比髒鍋；如今將受十善法戒，好比要煮新菜新飯。懺悔之法，好比把髒鍋洗了，洗乾淨的鍋，意謂身口意業清淨，如是則能受戒。

③ 邪淫：正淫的真實義是，為了傳宗接代的目的，與自己的合法配偶性交。除此之外，皆屬邪淫。

④ 綺語：請參閱問除罪法品第八之三經法研探之十惡定義。

⑤ 恣：就是放逸、縱情。

<u>白話講解</u>　那個時候，帝釋天王讚美完和尚野干以後，八萬天人全都站起來，修整儀容，長跪合掌，表示恭敬，接著帝釋天王對和尚野干說：'希望尊者您垂憫我們大家，傳授我們十善法戒，這樣能讓我們進一步得到惠利，如是更能利益安樂一切眾生，同時，還讓和尚您的功德更加增上。'

和尚野干就說：'很好，現在正是該傳十善法戒的時候了！'

和尚野干接著就告誡天帝說：'受戒第一件事就是要慚愧懺悔，先[把身口意所造的十種惡業先]發露懺悔乾淨。

什麼叫做身惡業？就是殺、盜、邪淫。什麼叫做口惡業？就是妄言、兩舌、惡口、綺語。什麼叫做意惡業？就是嫉妒、瞋恚、憍慢邪見。這就是身口意能夠造作出來的十種惡業。

如果能夠嚴禁身口意不要造作這十種惡業，就叫十善行；如果放縱身口意去造作這十種惡業，就叫十惡行。

[如果造下十惡該怎麼辦呢？]至心真誠地[在真理、正法面前，用赤膽忠心]來懺悔十惡，永不再犯。由於十惡除滅，身口意三業清淨，這樣就叫十善。'

經法研探：如何受戒 ▶

此段在闡明受戒之法。

在《佛說四十二章經》裡及許多其它經文裡，都有提到十善法戒的內容。因此，並不是讀過這幾部經、了解這十善法戒的十個名詞，就算受了戒了。

受戒之法，當如經文所示，先在明師面前全面發露過去所造的十惡行，依明師的指引去慚愧、懺悔，永不再犯。如是則令身口意三業清淨，這樣就有資糧能開始受持十善法戒了。

《經文》 天帝問曰：'十善之功，果報云何？'

野干答曰：'曾聞佛說[1]，人行十善，十善果報，生六欲天，七寶宮殿，五欲自然[2]，百味飲食，壽命無量。父母妻子，六親眷屬，端正淨潔，歡喜快樂。假令諸天，持十善者，天上福盡，還生天中，福報轉勝，不同世人十善報也。所以者何？世人修善，心道三戒，難可護持。不瞋戒者，先須方便行於慈心，然後能得成不瞋戒也。世人行慈，難得久停，如刀斫③水，隨破隨合。持不瞋戒，亦復如是。

嫉妒戒者，發有時節。云何時節？見他得利，見他使樂，見他端正，見他勇健，見他聰明，見他修福，以要言之，一切勝事，爾時其心方生嫉妒。是故當知，嫉妒之心，發起有時。

其憍慢心，起亦有時。見愚癡者，心起憍慢，見醜陋人，見不淨人，見貧窮人，以要言之，聾盲跛瘻，諸根不具，夷蠻胡虜④，憍慢之心，見時方起。是故當知，不憍慢戒，發起有時。

是故世人，心戒難持。雖復強持，乍得乍忘。是故世人，十善果報，雖受天福，不如諸天十善功德，光明神力，食祿相好，巍巍第一⑤。識宿命事，皆亦如是。是故當知，天人修行十善果報，勝於世人。’

① 曾聞佛說：這裡和尚野干講聽聞佛說，應該是他師父授他佛教經典的緣故，似乎他並沒有直接跟佛學過法。

② 五欲自然：不需費什麼勁兒，也不用怎麼求，五欲之樂就自然而來。

③ 斫：同“破”字。

④ 夷蠻胡虜：古代漢族人對其他民族的稱呼。詞意帶有未開化，沒有文化，野蠻的意思。

⑤ 光明神力，食祿相好，巍巍第一：這裡指的是天人持十善法戒持得好，福德非常大。不只能飛行變化，相貌長得比世人好，吃得也好，一切待遇都好，看的一切景象都非常美妙。所以，這些福報跟世人相比的話，要頂大拇指，真的是排行第一。這是和尚野

干給諸天人的愛語，以這樣的循循善誘，鼓勵天人好好持上十善法戒。

<u>白話講解</u>　帝釋天王又問：「持好十善法戒，可以得到什麼樣的功德、果報呢？請和尚您開示。」

和尚野干回答：「我曾經聽過佛說，假如世人持十善法戒持得非常好，果報就是可以受生到六欲諸天，那裡有七寶嚴飾的宮殿；舉手投足享受的都是五欲樂；吃的喝的味道之好，是百味中最上；活得非常長；父母妻子、六親眷屬，不只長得端正淨潔，而且還個個歡喜快樂，沒有人愁眉苦臉。

假如由天人來持十善法戒的話，那福報就更大了。因為原本就已經是天人了，要是福盡命終的話，只要持好十善戒，還會受生到更高的天去，[也就是從六欲諸天受生到色界天或無色界天，]福報轉得更加殊勝。這一點是世人持十善法戒所沒有的。為什麼呢？因為世人修持十善法戒，這個心道三戒 —— 嫉妒、瞋恚、憍慢邪見特別難護持。要想持上不瞋恚這一戒，[只是要求自己不要瞋恨他人，這是做不到的，而]應該要先發願去惠利一切人[，包括要去惠利仇人]。靠著這個惠利行慈的方便，才能勉強持上不瞋戒，乃至能成就這個不瞋戒。可是，人的這個慈心很難發，發起來了又待不久，好比抽刀斷水水更流。當慈心一滅，瞋恚心就隨時冒出來，因此，不瞋戒非常難持。

[再來看看不嫉妒這一戒。]嫉妒要在特定的場合、特定的時間才會發起。那是什麼時節呢？看到別人得到惠利，[像是發了財、被人誇獎、考上好學校……]或是看到別人很快樂，或是看到別人長得端正美麗，或是看到別人勇敢健康，或是看到別人聰明智慧，或是看到別人在持戒修福……總之，見到一切別人有的好事，這個時候才會起嫉妒心。這就是起嫉妒心的時機。

　　同樣地，要起憍慢邪見的話，也是要在特定的場合、特定的時間，碰到了一定的人事物才會發起。像是見到了愚癡的人，心起憍慢，或是見到醜陋的人，或是見到骯髒臭穢的人，或是見到貧窮潦倒的人……總之，見到盲聾、跛腳、駝背、殘缺不堪、六根不全的人，生在邊遠地、還沒開化的人等等，憍慢邪見才會起。所以要知道，持不憍慢戒是有時機的。

　　由於以上這三個原因，讓世人難持心道三戒，雖然花了很大的努力，就算一時勉強持上，也還是馬上就忘失了。所以，世人持十善法戒持得再好，頂多受生到六欲諸天去享受那裡的福報，但還是比不上像天人持十善法戒所修得的功德福利，是那麼地光輝明利，那麼地具有神通力，那麼地好樣、好吃、好待遇、好環境。總之，天人持十善戒所得福報，一切都是最上等的，更不要講，還能開啟那個常識宿命的智慧力了。所以，天人持十善法戒所得到的福德，比世人殊勝太多了。'

經法研探：心戒難持 ▶

　　這段經文講的是，世人持十善法戒雖能得到六欲諸天這麼好的福報，可還是比不上諸天人。這當中的關鍵就在於，世人難持心道三戒。現在，我們再進一步來看看，難持心道三戒較深刻的原因。

　　嫉妒、憍慢邪見發有時節，不發的時候就見不到。我們現在問問自己，我正在嫉妒誰啊？對誰憍慢啊？我既沒嫉妒誰、也沒對誰憍慢。再進一步問，我以前嫉妒過誰啊？曾瞧不起誰啊？也想不起來。

　　嫉妒、憍慢邪見要發有時節，可是剛一發作，馬上就貓拉屎，欺誤覆藏起來了，就誤以為自己沒嫉妒心或憍慢邪見，根本見不到剛才已犯戒。如果連犯戒都見不到，那麼，想要持戒根本就是天方夜譚了。

瞋恨心一發起來是藏不住的，是念茲在茲的，故有"君子報仇、十年不晚"。我們恨了誰，心裡面很清楚，決不會放他跑，一定要找機會去報復。假如能把他拖到地獄裡頭去，就算自己陪進去，也在所不惜！

雖然，瞋恨心比嫉妒、憍慢邪見容易見，但是，要想持上不瞋恚這一戒還是很難，因為慈心難起，縱然發起，難得久停。為什麼呢？人道自私，苦多樂少，被生存競爭的問題逼得很厲害。這時候，連照顧自己都來不及了，哪有多餘的力氣想去惠利別人。

在這裡，我們可以打個比方。瞋恚心好比癌症，在身上長個大包，病人實在沒辦法忽略它的存在。癌症雖然隨時隨地看得見、感受得到，可是太難治了。就算開刀把它給割掉好了，如果開了又長，該怎麼辦呢！總不能一直開刀吧！那用放射線治療好了，也只能照射個幾個療程，總不能一直照下去吧！而化療也只能做幾個療程。

癌症的治療辦法就好比用慈心來對治瞋恚，雖然一時對治得了，卻不能保證治癒，而且治了還會再發。

而嫉妒和憍慢邪見好比是疱疹病毒，只要不發作，看上去跟個好人似的。但只要免疫功能一下降，來個感冒或睡不好，疱疹病毒就會發作，這正像是嫉妒心跟憍慢邪見的"發有時節"。

目前沒有任何藥物能殺死疱疹病毒，頂多把病毒一時打退，躲到神經根部去，而病人會誤以為自己病好了。既然沒病是個好人的話，那幹嘛還要定期吃藥控制病毒發作呢？同樣的，既然嫉妒心、憍慢邪見已經"滅度"掉了，那幹嘛還要持心道三戒呢？

　　所以，心道三戒難持是各有原因的：不瞋恚戒難持，好比癌症，很難治癒；不嫉妒戒、不憍慢邪見戒難持，好比疱疹病毒，只要不發作，根本看不出來有病。

　　從這個角度來認識這段經文，就能比較深刻地瞭解，心道三戒難持的原因，如是就能更起大精進心來對治了。

《經文》　天帝白曰：'如尊所說，人行十善，心道三戒難為護持，天人亦爾。嫉妒瞋恚，憍慢邪見，如是等心，未曾不有。云何福報勝世人耶？'

　　野干答曰：'天人雖有，不同世人。所以者何？天人福德，苦少樂多，煩惱心[I]輕。世人薄福，樂少苦多，煩惱心重。'

Ⓘ　煩惱心：即是我癡、我見、我慢、我愛，就是這個"我"。

白話講解　　帝釋天王接著問和尚野干說：'尊師！您說得實在太好了！世人去持十善法戒，這當中的心道三戒實在太難護持了。可是，我們天人也是一樣，嫉妒、瞋恚、憍慢邪見這樣的心也不是沒有犯過，那您怎麼還說我們天人持戒所得的福比世人還要殊勝呢？'

　　和尚野干回答：'天人雖然也會瞋恚、嫉妒、憍慢邪見，但還是跟世人不一樣，為什麼呢？天人福廣德厚，苦少樂多，煩惱心輕；世人福薄善淺，樂少苦多，煩惱心重。'

經法研探：三毒因緣 ▶

　　經文上說的"天人福德，苦少樂多、煩惱心輕；世人薄福，苦多樂少、煩惱心重"這跟持心道三戒有什麼關係呢？

這裡我們要把這段經文看懂，才能解如來真實義。要解開這段經文還是要從瞋恚、嫉妒、憍慢邪見下手。這裡有一個因緣果報是在前面一段沒有提到的，瞋恚心是從哪裡來的？它是從憍慢心而來的，換句話說，憍慢邪見是瞋恚的因。

先來看看世人起憍慢邪見的心路歷程。以闊人最忌諱窮人為例，闊人認為：你們這些窮鬼，少來招惹我，你們沾我沒好事，一靠近我，不是想對我偷搶騙，就是要殺盜淫……

因此，闊人一開始是瞧不起窮人，接著就討厭窮人，然後就害怕窮人，最後就瞋恨窮人了。這正說明了憍慢邪見是瞋恚的因。

關於世人起嫉妒心，我們去檢查"八風"（指苦樂、利衰、毀譽、稱譏）就知道了。

當別人得到了快樂、名譽、稱讚、惠利，為什麼會令自己難受呢？是不是他的優秀，讓自己覺得不配活？是不是他的能幹，威脅到自己的生存競爭力？對這個威脅，我們摸不到底時，就從原先的嫉妒變成恐怖，恐怖於他在未來將對我們造成的傷害，接著又從恐怖變成瞋恨，瞋恨他的存在了。這正說明了嫉妒也可能是瞋恚的因。

嫉妒與憍慢邪見各是瞋恚的因，這個因果關係一揭示開來，就能懂得和尚野干這段開示：天人苦少樂多、煩惱心輕，易持心道三戒；世人苦多樂少、煩惱心重，難持心道三戒。

天道裡面那麼樂，物質那麼充裕，生存競爭不是那麼激烈，沒有那麼短兵相接，逼迫感也沒有那麼大，常常是你好我也好，嫉妒心不容易起。同時，天道也是非常美好的，看不到什麼苦的東西，更看不到什麼盲聾瘖啞、六根不全、醜陋貧窮，也看不到比自己條件差太多的人，因此，憍慢邪見也不容易起。

　　天人福報大，樂多苦少、煩惱心輕，那些會引起憍慢邪見、嫉妒的條件根本就很難聚起來。這樣，憍慢邪見跟嫉妒難起，瞋恚就更難起，因此，心道三戒就很容易持上了。

　　我們再來看看，世人的生存競爭太激烈，物質條件這麼差，逼迫感這麼大，計較心就大，煩惱心就跟著重了，常常是你好我就不好，我好你就不好。萬一你比我好的話，就會使我的生存受到威脅，讓我感到我不配活，你的好會把我從生存競爭裡淘汰出去。所以，非要嫉妒，乃至瞋恚你不可；萬一你比我差的話，我就要提防你對我殺盜淫了，所以，非要憍慢，乃至瞋恚你不可。

　　這樣，不是起嫉妒心，就是起憍慢邪見，那就一定容易起瞋恚了。這就說明，世人以薄福故，生在福報太差的地方，苦多樂少，煩惱心重，這煩惱心正是憍慢邪見之因，憍慢邪見卻又是嫉妒、瞋恚之因，所以，心道三戒甚為難持。

《經文》　天帝白日：‘諸天昔來，習樂心粗，猶若猿猴。今持十善，後脫廢忘，虧犯之時，當云何也？’

　　野干答日：‘曾聞師說，人行十善，若有犯失，行惡業者，當就賢明福德之人①，隨所犯事，發露懺悔，更從受之，如是行者，不失戒也。所以者何？十善戒者，譬如穀苗，煩惱如草。草與正苗，互共相妨②，欲長苗故，當除草穢，穀苗淨故，收實必多。穀實多故，終無飢乏。’

① 賢明福德之人：賢是指有能力的意思，明是智慧光明的意思，福德是有福報、有功德的意思。此處指得是明師、善知識。
② 互共相妨：當雜草叢生，穀苗就長不好；當穀苗長得茂盛，雜草

就生不出來。這是譬喻要想持上十善法戒，必當除滅煩惱，這樣
才能從原先那個互共相妨的惡性循環轉到良性循環。

<u>白話講解</u>　　帝釋天王接著再問：'從很久很久以來，我們天人向
來就是習慣一天到晚去找樂子，把這顆心搞得非常粗糙，好像猩
猩猴子一樣[，成天跳來跳去，沒個安神的時候]。雖然今天受了您
傳的十善法戒，恐怕我們到後來也忘了該持戒，甚至還會犯戒，
到了那個時候，您說該怎麼辦呢？'

　　和尚野干就回答說：'我曾聽我師父開示過，持十善法戒的
人，如果犯了戒、造了惡業，那就該去找大善知識，把你犯戒的
整個過程，在他面前發露懺悔。[然後，他會再為你開示一次十善
法戒，]再重新從他那兒受戒，這次受戒就受得比前一次深刻多
了，這就叫做 —— 更從受之。如果照這個樣子去做的話，就不算
是於持戒有失行之過了。

　　為什麼這樣說呢？持十善法戒就好比我們要去種穀子，那些由
煩惱心所引發的憍慢心、嫉妒心乃至瞋恚心，就好比是穀苗之間生
出來的 "雜草"。雜草跟穀苗是互相妨礙的，要想讓穀苗長的好，
就得要去除雜草。這樣一來，整片稻田就全是穀苗在那兒成長茁壯
了。等穀實累累的大豐收一到，飢餓貧困的問題就能解決掉了。'

經法研探：補救犯戒 ▶

　　這一段闡明了受戒犯戒與明師的關係。

　　在世間是不准你犯戒的，萬一犯了戒的話，就該依戒律
來懲罰犯戒之人。但這根本解決不了犯戒的問題。

　　而諸佛菩薩慈悲寬大，他在給我們受戒的同時，就開了
一條犯戒的出路——更從受之。

　　因為，犯戒正是來提醒我們，一定是當時受戒沒受好，

沒有充分領受持戒的真實義，故有今天的犯戒。因此，當去明師面前發露過失，好好依明師指導去慚愧、懺悔。接著，再重新聽受明師受戒，除掉原先受戒時的盲點。

　　只有真正善知識，才能開示受戒、持戒的真實義，在這裡開佛知見，不開眾生知見；只有真正大善知識，才能聽受我們並幫助我們慚愧發露，才能開解我們持不上戒，乃至犯戒的盲點，讓我們除邪行正，更從受之，真正能信受奉持所受淨戒。

經法研探：心戒要訣 ▶

　　另外，在“十善戒者，譬如穀苗”這段經文裡，提的主題就是，用什麼最好的辦法來持十善法戒，才能夠得到具足的福報功德呢？

　　經文中的答案是“當鋤草穢”，也就是不斷地鋤煩惱草，換句話說，就是要不斷地做自我否定。

　　自我即是煩惱，就是我癡、我見、我慢、我愛。然而有我罪即生，當這個“我”愈大，煩惱就愈大，憍慢邪見就愈大，心道三戒就愈難持，十善法戒就持不上了。

　　鋤這個煩惱草，就是要作自我否定，也就是要不斷地以慚愧懺悔去除憍慢邪見。除掉憍慢邪見，嫉妒就不容易生，瞋恚也生不起來了。這樣一來，十善法戒就容易持了。

　　十善法戒持得好，這樣起碼不用擔心死後墮三惡趣，還能受生人天兩道。假如持戒持得好，累積了足夠的福報資糧，能發起三乘菩提心，各依三乘法修行，就能證得阿羅漢、辟支佛乃至成佛。如是出離世間險惡道，永遠脫離生死苦海，拔出那個八苦不斷的困境了。

菩薩道行品第五之七

《經文》　爾時，天帝及八萬諸天，聞是事已，甚大歡喜，不復憂慮：福盡[1]無常，受惡趣報。復自惟曰：'行善功德，雖無苦報，然有生死，不免無常。兼有他化自在天王，見人修福，心懷嫉妒，為作留難[2]，忘失善道，令造惡業。惡業因緣，應受苦報。'

[1] 福盡：《大般涅槃經》中佛說，天人福盡還墮時，頭上花冠萎謝、腋下出汗、衣裳垢膩、身體發臭、不安於座，其苦猶如地獄。

[2] 為作留難：天魔波旬發動他的幹部，就是死魔、煩惱魔、五蘊魔來考驗我們，看我們能不能堅持修行？過不過關？考題非常難，如果我們頂不住，降魔無力，就被他傾動、困惑、擾亂。如是在動亂困擾中忘失善法，以失善故，重操惡業，因惡業故，定遭苦果。

<u>白話講解</u>　這時，帝釋天王和跟隨他的八萬天眾，聽到野干說的，只要修習十善法戒，就沒有苦報，非常高興，不再憂慮福盡還墮時、無常到來時的苦，也不再憂慮會墮入三惡趣的苦。

　　但又想道：'雖然只要修習十善法戒，以其功德就沒有苦的果報，可是還沒有脫離生死苦海。沒有脫離生死苦海，就還在無常的生死輪迴中。[這個生死輪迴的危機在哪裡呢？在於他化自在天王。]他化自在天王就是天魔波旬，他看到有人持戒修福，會起嫉妒心，就用各種方法來考驗我們。這時，若考不過關，我們會忘失善法、善道。忘失了善法、善道，就會造惡業。既然造了惡業，就是種了惡業的因緣，那麼還是會受到苦報的。'

經法研探：解脫生死 ➤

　　帝釋天王在和野干的互動中，扮演一個導演的角色，為了把本經的宗趣繼續圓滿引出，先讓野干講自己的身世。在講身世時，開解食施、財施和法施的功德因緣差別之相，讓我們及八萬天人能善分別善與不善法。第二步使我們及天人在知道法施功德的偉大之後，激起學法的心，並學習和尚野干的身教，以依止明師故，開般若智慧力，得識宿命，如是更激起學法的動力。第三步為了能落實這些善法，讓野干傳授我們及天人十善法戒，並開示心道三戒難持的因緣。但因為天道的條件比人道好，所以若能持上十善法戒，天人不僅保證不墮三惡趣，還可受生到更高層次的天上，於是八萬天人聽了都很高興。

此時帝釋天王把情節一轉，用“如果不出生死，就難免還是要出紕漏”的疑慮，引出大家心裡的問題：為什麼野干的前世，阿逸多王，每天持十善法戒，持了一百六十多年，結果來了一百個美女，就忘失善法，還是墮入地獄？由此帶出修習出離生死之法的重要。

《經文》　白野干曰：‘修何功德，常得不死，不令魔王所惑亂也？’

野干答曰：‘曾聞師說，發菩提心，修菩薩業，魔王波旬不能沮壞。心不惑故，在在所生，智慧明了。慧明了故，常識宿命。識宿命故，不起惡業。心清淨故，得無生法忍。無生忍故，於道不退，遠離生死，憂惱苦患。’

<u>白話講解</u>　　想到這裡，帝釋天王就問野干說：‘我們該修習什麼功德，能夠常得不死，[因為只要常得不死，就不怕生死輪迴。]不讓天魔波旬來困惑、擾亂我們呢？’

野干回答說：‘我聽我師父說過，要發菩提心、要修習菩薩道

中的種種善業，如果能夠這樣，天魔波旬就沒有辦法來擾亂、破壞我們了。[因為以發菩提心為因，攀菩薩道為緣，得心不迷惑的果。]以不惑的心為因，攀受生五道為緣，則不論受生到哪兒，[即使受生地獄，]也得智慧明了的果。以智慧明了為因，得常識宿命的果。以攀宿命通智為因，得不起惡業的果。不起惡業，心就清淨，以清淨心為因，再攀菩薩行為緣，得無生法忍的果。既得無生法忍，不僅於道業不退，還能遠離生死和憂惱苦患。'

經法研探：降魔了生死 ▶

這一段對話，不僅道出了為什麼發菩提心、修菩薩業，就能不被天魔波旬所傾動的因緣果報，也道出了如果不發菩提心、不修菩薩業，必定仍被天魔波旬所傾動的因緣果報。

以持十善法戒為資糧，便能實發菩提心，如說修行菩薩業，就可稱作是菩薩。

菩薩有兩個不能傾動、不能沮壞、不能惑亂。一個是爭取入五地，就是"難勝地"。難勝地的菩薩以修"禪定波羅蜜多"故，得"難勝定"。得此定故，雖然還降伏不了天魔波旬，但天魔波旬也難能傾動、沮壞、惑亂他，所以叫"難勝地"。另一個是繼續精進，到七地菩薩位時，得無生法忍，再以無生法忍為因，修習"願波羅蜜多"，成就"悲無量心"，入八地。以成就悲無量心故，和一切眾生同體，這時"兵多將廣"，天魔波旬的魔軍魔將打不過他。例如《維摩詰所說經》中，當維摩詰大菩薩向天魔波旬要一萬二千個天女時，天魔波旬起先不給，維摩詰大菩薩就用定身術把天魔波旬定住，天魔波旬害怕了，只有趕緊給。所以八地以上的菩薩，任何時候都不會再退轉，不再被傾動，是真正的"不動"了。

這時八地以上的菩薩要準備入十地授記了，授了記，就準備入真常、真樂、真我、真淨的清淨無餘究竟大涅槃了。

經法研探：無生法忍 ▶

菩薩於第六地得具足般若智，以此智慧力修入第七地。在第七地主修方便波羅蜜多，六大神通齊現。這時了見一切法本自"無生"，以分別造作而"幻生"，既能幻生，亦能幻滅。

此時菩薩了見一切法無常、無我，一切法空，於一切法不生執著，便得無生法忍。

這個"無生法忍"是菩薩於未來將修習"寂滅法忍"的先決條件。有了無生法忍，即證入於"不生"之境界，再修"寂滅法忍"，則入於"不生不滅"之涅槃境界。

《經文》　天帝白曰：'修菩薩道，應行何法？'

野干答曰：'曾聞師說，求佛道[①]者，從原而起。先當廣學諸法因緣，解因緣故，信心堅固。信根力故，能起精進。精進力故，不起一切惡業因緣，純善之心，無放逸故，智慧成就，智慧力故，總攝一切三十七品助菩提道[②]。'

①　求佛道：菩薩道是為了要成佛才修習的，所以菩薩道是求佛道，也是成佛道。
②　三十七品助菩提道：小乘人稱之為三十七道品，大乘人稱之為三十七助菩提分，是大小二乘的共法。包括：四念處、四正斷行、四定斷行神足、五根、五力、七菩提分、八正道。

<u>白話講解</u>　　帝釋天王問：'那麼，怎麼修菩薩道呢？菩薩道應該修行哪些法呢？'

野干回答說：'我的師父曾經教導過我，如果要修習這個成佛之道，就要從最根源的東西學起，也就是要先廣泛地學習因緣法。能夠正確發露揭示諸法的因緣果報，就能使信心堅固。[信心堅固了，就能深立信根。]由信根發起信力，以信力為因，可以發起精進力，這樣的精進力是持續不懈的善力。有了持續不懈的精進力，則一切惡業因緣不起，出現了純善不雜心。純善不雜的心，就是不放逸的心。[心不放逸，是諸善根本，]從這兒可成就般若智慧力。般若智慧力，總攝了一切三十七助菩提道法。'

經法研探：智慧總攝 ▶

這段經文揭示了一個奧秘："怎麼修行正教"？

"正教"是大小二乘都必須修習的"共法"，包括四法印、四聖諦、十二因緣法和三十七道品。

經文裡說的"諸法因緣"，就是指四聖諦"苦集滅道"之間的因緣果報和其自身的因緣果報法，還有十二因緣法。

四聖諦法總攝一切佛法，除非學的不是正法，否則四聖諦法必是起手式。但如果想好好地掌握並正觀察、隨順觀察、順逆觀察十二因緣法，必須要好好地修習三十七道品的前十二品，即四念處、四正斷行、四定斷行神足，也就是在第十二品的"觀定斷行神足"時，有了慧觀，開啟了智慧力的大門，如是便能正觀察、隨順觀察、順逆觀察十二因緣法，深深種下道元功德母的"信"根。

有了"五根"之首的信根，其他的四根，進根、念根、定根、慧根接著建立。

在"五根"上成就"五力"，五力的最後一力，就是般若智慧力，也就是說，在修行三十七道品的第二十二品時，出現了般若智慧力，而這個般若智慧力的出現，是一個關鍵性的時刻，它既總攝三十七道品的前二十二品，又總攝了接下去的十五品，即七菩提分和八正道。

這好像車子在加速到一定程度時，就算不再轟油門，車子仍然可以按照一定的速度跑一陣。又好像在大乘菩薩道的修行次第"知苦、怖畏、厭離、慚愧、懺悔、發願、持戒、返照、認領、感激、迴向、總持"中，若能落實修行到慚愧、懺悔，就總攝了前後的次第，自心初步出現實力。也好像把十二因緣法濃縮成"顛倒、虛妄、欺誤、傷毀、苦"時，若能對治"欺誤"這一關，不僅可了了見"傷毀、苦"，在見"顛倒、虛妄"時，也容易了。

所以經文中說"智慧力故，總攝一切三十七品助菩提道。"

《經文》　天帝問曰："如尊教者，三十七品，其義弘深，非是粗懷卒①能得了，云何得入菩薩道行？"

野干答曰："曾聞師說，修菩薩道者，先以方便，調伏諸根。何謂方便？謂六波羅蜜②，四無量心，是名方便調伏諸根。"

① 卒：終於、終究的意思。
② 波羅蜜：梵文是 paramita，也有譯成波羅蜜多。

白話講解　帝釋天王問說："照您大善知識這樣的教誨，[這三十七品可難了。]三十七品的含義是那麼廣大深遠，而我們這些天人的心量是這麼粗淺，以粗淺的心量，怎麼能夠終於得其究竟義呢？在這種情況下，又怎麼去修行菩薩道呢？"

野干回答說："我的師父教過我，修行菩薩道的人可以先從方便法門入手，用這個方便法門，先調伏我們的眼、耳、鼻、

舌、身、意六根。什麼是這個方便法門呢？六波羅蜜和四無量心。六波羅蜜和四無量心，就是調伏六根的方便法門。'

經法研探：大乘方便 ▶

這段經文給修行菩薩道的大乘修行人指出"如來方便"法門。

大小二乘的修行方法很不一樣。小乘以三十七道品來調伏六根，從四念處開始，一步一個腳印，最後於八正道得"正定"。但三十七道品的整個過程都是修"定"的功夫，坐起來可不得了，得塚間坐、樹下坐、野地坐……一坐就是二、三柱香，很辛苦。

像帝釋天王，在天道享樂；波斯匿王是世間主，佛陀請他坐著聽法，他都不肯，說"習樂久矣，不堪苦坐"；其他的世間主，例如做總統的、當皇帝的、當王的，平日營世務，料理很多事，有時還得打仗，除了害怕盤腿的辛苦，也實在沒有時間。

於是帝釋天王又代表一切不能直接修三十七道品的眾生請法。佛陀慈悲，體察眾生的難處，既然修三十七道品那麼難，那我們暫時不碰，從修習十波羅蜜，即六波羅蜜和四無量心著手，這就是此段經文指的"方便"。

以持十善法戒為資糧，並實發無上菩提心和滅度一切眾生願，在入初地菩薩位前後，主修第一布施波羅蜜，其他九波羅蜜，餘非不修，隨力隨分，此時兼修十二因緣法。

入二地菩薩位時，主修第二持戒波羅蜜，其他九波羅蜜，餘非不修，隨力隨分，再兼修十二因緣法。

到四地菩薩位時，主修第四精進波羅蜜，其他九波羅蜜，餘非不修，隨力隨分。因為各波羅蜜之間的次第嚴謹，前一個波羅蜜是後一個波羅蜜的資糧，後一個波羅蜜又鞏固了、增上了前一個波羅蜜。此時的四地菩薩，累積足夠了資糧，得以從四念處到八正道，一口氣修完三十七道品，總結在八正道的"正定"上，進入五地菩薩位。

在五地菩薩位，主修第五禪定波羅蜜，其他九波羅蜜，餘非不修，隨力隨分。於大禪定中，隨順觀察、正觀察、順逆觀十二因緣法，把十二因緣法再究竟一次，這時爭取到了菩薩的第一個"定"，能初步降伏十二種魔軍眾，雖然降伏不了天魔波旬，但天魔波旬也動不了他。

至於為什麼要在四地菩薩位時，一口氣修完三十七道品呢？因為入五地修禪定波羅蜜，必須要有八正道的"正定"作資糧。

這裡須要了解，為什麼帝釋天王要對野干說："三十七品其義弘深，非是粗懷卒能得了"。

原來帝釋天王是由第三地菩薩兼領。三地菩薩主修"忍辱波羅蜜多"，雖然也兼修其餘各波羅蜜多，但功力還淺，直到進入第四地菩薩位，因主修精進波羅蜜多，乃有足夠資糧一口氣把三十七品從頭到尾修完。

這一法在《華嚴經‧十地品》有詳細描述，故初地、二地、三地菩薩都不修"三十七品"，只有四地菩薩才修這一法，難怪帝釋天王面對此法感到無力；不問明師"三十七品"，只問"六波羅蜜"了。

如是從"方便"入手，於五地菩薩位時，達到調伏六根的效果，所以野干就直接提出，大乘菩薩道修行的"如來方便"，是從十波羅蜜著手。

至於十波羅蜜的基本精神和內容，將在接下來的經文中，陸續揭示。

《經文》　天帝白曰：'六波羅蜜其義云何？唯願說之。'

野干答曰：'第一布施，破慳貪心，無遺惜故。二者守善，不行惡故。三者遭逢惡事心能堪忍，不懷報故。四者精進修行，道業不懈退故。五者收攝其心，不邪念[1]故。六者修習智慧，照除煩惱無明闇故。是則名為六波羅蜜。六波羅蜜方便之力。調伏諸根。

[1]　邪念：在五惡見（身見、邊見、邪見、見取見、戒禁取見）的基礎上，念念開眾生知見。

<u>白話講解</u>　帝釋天王問道：'六波羅蜜的真實義是什麼？我們一心只要聽你解說六波羅蜜的真實義。'

野干回答：'第一是布施波羅蜜，它的基本精神是為了破除慳貪心，為了對世間再沒有殘餘的眷戀和糾纏；第二是持戒波羅蜜，它的基本精神是為了護念住善，護念住了善，就不會行惡；第三是忍辱波羅蜜，它的基本精神是即使碰到惡事，心也能清淨明了包容一切，不拿惡來答報，堅持護念善，拿善來答報惡；第四是精進波羅蜜，它的基本精神是要求更嚴格、更有效率地來修行布施、持戒、忍辱波羅蜜，保證道業不退轉；第五是禪定波羅蜜，它的基本精神是收攝心神，常在正念中，邪念不起；第六是般若波羅蜜，它的基本精神是開啟般若智慧，用這個般若智慧來照亮、除滅煩惱和無明黑暗。這就叫做六波羅蜜。修習六波羅蜜所產生的方便力，能調伏我們的眼、耳、鼻、舌、身、意六根。

經法研探：波羅蜜多——達於彼岸 ▶

六波羅蜜有無量義，例如《華嚴經》裡，用整整一品來說一個波羅蜜，大概有上萬字，但在本經中，每個波羅蜜只用幾個字來解釋，這麼簡單，這麼明了，卻沒有損失原有的基本精神，不得不讚嘆佛經的偉大。

佛說法有兩種說法，一是廣說，一是略說。如果要我們具體修行到某個階段，就要廣說，把次第說得很詳細，每一個細節都不遺漏；如果只是讓我們對一個法有初步的認識和概念，就用略說。但不論是廣說或略說，都不能把法的精神抓偏了，不能因為要簡單，就掛一漏萬。所以真正難，難在略說，越略說的法，就越必須要"總持"，即總一切法，持一切義。

第一布施波羅蜜：在修行時，常把有形有相的東西放下了，卻因為沒有完全滅度慳貪心，自心對三不堅法的慳貪不捨，讓我們不能達彼岸。試想，如果既要達彼岸，又對此岸攀緣，那怎麼能到彼岸呢？所以布施波羅蜜，不只要放下對身體的糾纏，還要放下心裡對身命財三不堅法的糾纏。

第二持戒波羅蜜：持戒有兩種持法，一種是為了護念善而持戒，一種是為了怕更大的傷毀而持戒；一種是為了光明快樂幸福而持戒，一種是怕懲罰被定罪而持戒；一種是害怕善的走失而持戒，一種是害怕更惡的果報來臨而持戒。例如世間善人，用善來要求自己，因為如果行惡，會毀掉我的善，所以為了守住我的善而不行惡。世間惡人怎麼持戒？這件事被抓到要坐十年牢，那件事被抓到要被挑腳筋，那件事被抓到要給砍胳臂，因怕更惡的果報來不行惡。而修行菩薩道者，必須是已能持上十善法戒的善男子、善女人，要求和一切人、事、物良性互動，為了守住這個良性互動，必須持好十善法戒，不行惡。如同本經前段說"不瞋戒者，先須方便行於慈心，然後能得成不瞋戒也。"

第三忍辱波羅蜜：這裡就可以看出前三個波羅蜜之間

的次第，首先必須要能夠對不傷自傷、不毀自毀的三不堅法不再眷戀糾纏，能捨掉這些惡法，才能護念住善法。又因為能夠護念住善法，即使惡事來了，還可以堅持用善來答報。所以修習忍辱波羅蜜，必須有布施波羅蜜和持戒波羅蜜的資糧。

第四精進波羅蜜：同樣的，能夠修習精進波羅蜜，表示已經有了布施、持戒、忍辱波羅蜜的基礎，不會把已經看破放下的東西又重新撿起來，不會行惡，還能"忍惡"，並以善報應，"但有所作皆不唐捐"。這樣嚴絲合縫、無漏的精進修行，保證沒有抵銷、沒有退轉，給修習禪定波羅蜜奠下了基礎。

第五禪定波羅蜜：有了前四個波羅蜜的基礎，就能收攝其心，不起邪念，不在五惡見上開眾生知見，念念行在念佛、念法、念僧、念戒、念施、念天的"六念處"上。否則只是當盤著腿入定時的一、二柱香內，心裡沒有邪念，一出了定，又大開眾生知見，怎麼辦？禪定波羅蜜多，要把禪定的功夫變成全天候，乃至沒有亂夢。如同《華嚴經》裡提到，菩薩修到四地以後，沒有亂夢、沒有惡夢，連睡覺時都能收攝其心，隨時隨地都在聽法說法。這也是能堅持修習更嚴格、更有效率的精進波羅蜜功德的體現。

第六般若波羅蜜：無明是"於行不了"，於行不了，則妄起我見，這個我見就是煩惱。有了禪定波羅蜜的基礎，能收攝其心，不起邪念，常生正念，如是智慧力開啟，能正確揭示一切因緣果報。智慧力的體現，則能了於行。了於行，即是照破無明。破無明，則無煩惱。

六根不調伏，必定貪著色、聲、香、味、觸、法，五欲之樂；貪著五欲之樂，必定貪著世間、貪著三不堅法；必定於相住相、念上生念、生有所住心。用修習六波羅蜜的方便，破慳貪、除惡心、以善報惡、精進不退轉、收攝其心、不起邪見、開啟智慧力，如是能正見隱藏在事相後的因緣果報，即能於相離相、於念無念、生無所住心，常在"般若三昧"中。故說以"六波羅蜜方便之力，調伏諸根"。

《經文》　復有四事，調伏諸根。何謂為四？一者慈心，二者悲心，三者喜心，四者捨心。是為四事，名無量心①。'

　　天帝問曰：'云何行慈？'

　　野干答曰：'見苦厄人，當起慈心，為作救護，皆令得所②。'

① 無量心：口念心行在慈、悲、喜、捨四事時，心可以行入無量遠處，行往無邊無際之處。

② 皆令得所：皆令，是全部都要。得所，是回歸到最究竟圓滿的依止處。即是《金剛經》上所說："所有一切眾生之類，若卵生、若胎生、若濕生、若化生、若有色、若無色、若有想、若無想、若非有想、非無想，我皆令入無餘涅槃而滅度之，如是滅度無量無數無邊眾生。"

<u>白話講解</u>　　還有四件事，也可以調伏諸根，是哪四樣呢？一是慈心；二是悲心；三是喜心；四是捨心。這四種心加起來叫四無量心。'

　　帝釋天王問：'如何開始發啟慈無量心呢？'

　　野干回答說：'看到受苦難的人，為了要救護他，就要發起惠利之心，使每一個受苦的眾生，都得到究竟徹底的救度，這就是修行慈無量心。'

經法研探：慈無量心 ▶

　　所謂的慈無量心，與世間俗解的慈善心是不同的。當然，施錢施身想惠利他人，也能助長施者的知捨心。但所施的三不堅法，本身是有限量而不能持久，不但如此，還會造成更加攀緣繫縛三不堅法的副作用。將一切苦厄眾生救度到究竟安隱快樂之處，也就是皆入真常、真樂、真我、真淨之無餘涅槃，才是真實的救度，方名行慈無量。

　　正如《華嚴經・十地品》中說：“菩薩見諸眾生於如是苦聚，不得出離，是故即生大悲智慧。復作是念，此諸眾生我應救拔，置於究竟安樂之處，是故即生大慈光明智。”

《經文》‘何謂為悲？’

　　‘見諸眾生，無明愛故，造生死業，五道受苦，不能自免。是故我今不應懈怠，當勤精進，修習智慧，速成佛道。得佛道已，當以智慧光明，照除眾生無明黑闇，令見大明，免眾苦縛。雖未成佛，凡所施為，一切善業，迴施眾生，令得安樂。眾生有罪，我當代受，是名悲心。’

<u>白話講解</u>　　‘什麼叫行悲無量呢？’

　　‘就是見到一切眾生受苦的原因，是因為顛倒愚痴，執著無明貪愛，不能停止地造生死業，以致在五道中受八苦的煎熬，不能出離。因此我們不應懈怠，要勤精進，修習智慧，儘快使智慧具足，有了究竟圓滿的智慧後，才能以智慧的光明，照破並掃除百劫千生的無明黑暗，撥開烏雲，重見佛性大光明，免除攀緣二十五有所帶來的一切苦厄。菩薩雖未成佛，但無論作什麼功德善業，毫無慳吝

地布施迴向給一切眾生，讓眾生得到究竟安隱快樂。對眾生因無明造業而受的罪苦，如同己受。對眾生造下的無明罪業，猶如己造，亟思開解之道，令得消業滅罪，這就叫悲無量心。'

經法研探：悲無量心 ▶

　　世人也有悲心，但不外是自悲心與小悲心。自悲心，就是為自己或身邊的幾個親人所受的苦而悲哀。小悲心，就是見人窮苦、受凍、挨餓或其他的不舒適，而傷感落淚。如此之悲愍心，皆非大悲心。修行人要出離、否定自悲心和小悲心，要提煉昇華，超越這些凡夫情操，以智慧光明力，引領一切眾生究竟出離生死大河，不再輪迴五道受苦；以平等心感同身受地，認領一切眾生的苦行苦受以及一切痴迷罪業，並且依佛法開解之、度脫之；以所作一切善業功德，平等布施迴向一切眾生，即生悲無量心。

《經文》'何謂為喜？'

　　'若見世人，修行善業，求三乘果，勸助①隨喜。見受樂人，心亦隨喜，見端正人，見勇健人，見富貴人，見智慧人，見慈心人，見孝順人，以要言之，一切善人，勸助隨喜，是為喜心。'

① 勸助隨喜：勸導助長，隨緣歡喜讚歎，提升擴大。

<u>白話講解</u>　　'什麼是喜心呢？'

　　'如果見到世人修行善業，發願證得小乘、中乘或大乘果位，不只要滿心歡喜地讚許他的善，還要勸導、助長增上他的行善功德；

　　見到求四賢果位的小乘修行人，除了讚許他所修行的善業外，還要勸導他修大乘菩薩道；

　　見到修大乘法的人，要勸導他發無上菩提心，以終究成佛為大願，行上菩薩道；

　　見到有世間福報的人，非但不起嫉妒心反生歡喜，並且還要提升他的善業福報；

　　見到快樂的人，除了要他珍惜、感激已有的世間樂外，還要提醒他這些樂，終究還是苦因。要修正道才能得真正的樂果；

　　見到相貌端正的人，除了讚美他長得好看外，還要提醒他相好的無常，當求佛的三十二相八十種好；

　　見到身體健康的人，除了認可他先世善業而得今世的善報外，還要讓他相信四大如毒蛇，老境難逃，有生必有死的因緣果報，勇健的身體正是學法精進的好本錢，弘揚正法的好資糧；

　　見到富貴的人，要告訴他，雖然他因前世的善業，今世得富貴的果報，但是如果今世不肯布施，則福盡還墮，來世必因慳吝而得墮下三趣的果報；

　　見到有智慧的人，在肯定他的世間智慧之餘，還要讓他知道，人的智慧都是有限的，要去開啟那放諸一切時、一切處都不變易的佛智；

　　見到人有善心想惠利他人時，要將他的惠利心提升成慈悲心，救護一切三世有情，令一切眾生皆入真常、真樂、真我、真淨之地；

　　見到孝順父母的人，除了讚美他於父母所不生惡心，得世間善業根本，還要勸導他要信順佛陀，與佛同見同行，才能真正答報父母及一切眾生的恩情。

　　總而言之，見到一切行善的人，除了要歡喜讚美他所行的善業外，還要勸導助長他所行的善法，讓他的善心提升擴大，方名喜無量心。』

　　見人行善，自心不喜反而起惡，是嫉妒心的外現，是名以惡對善。若見到他人行善而能隨喜，能破除自心的嫉妒。但光是停止了自己的嫉妒心，雖名止惡，不名為善，亦不是四無量心中所說的喜無量。要做到喜無量，除了要以喜對善外，還要將隨喜的功德，提升發揮到無量處，才名喜無量心。

　　《維摩詰所說經‧菩薩品第四》中，記載了一段維摩詰居士勸助隨喜長者子善德的事跡：長者子善德於其父舍，設大施會，供養一切沙門、婆羅門、及諸外道、貧窮、下賤、孤獨、乞人，期滿七日。時維摩詰去到會中，對善德說："長者子，夫大施會不當如汝所設，當為法施之會，何用是財施會為？"長者子說："居士，何謂法施之會？"維摩詰說："法施會者，無前無後，一時供養一切眾生，是名法施之會。"維摩詰在詳細解說了何謂法施之義後，又說："若菩薩住是法施會者，為大施主，亦為一切世間福田。"

　　善德聽完，心得清淨，歎未曾有，稽首禮維摩詰足，會上二百婆羅門眾立即皆發無上菩提心。

　　這是一個最佳的勸助隨喜的例子，維摩詰居士當然不會嫉妒長者子善德的世間福報，因見他大造世間善業，已累積了修道資糧，方才現身為他說法。正是在肯定善德能作大食施的善業後，再說法將善德財布施的善意，提升到法布施的無量無邊處。

　　修習"喜無量心"，保證我們於一切時、一切處，對人對己都能體現善意樂觀的耐心；修習"喜無量心"，讓我們在布施、持戒、忍辱、精進、禪定時，歡喜無量。

《經文》'何謂為捨？'

'凡所施為，一切功德，行恩於人，不望現報，不望生報，不望後報，是名為捨。'

<u>白話講解</u>　　'什麼叫捨無量呢？'

'但有所布施，包括一切善業功德或有恩惠予人，不期望立刻得到回報，不期望今生得到回報，不期望來生得到回報，就是真正的捨。'

經法研探：捨無量心 ▶

菩薩修捨無量心，凡所施為不求現報、生報、後報。因為一有希求要得回報的心，捨了又後悔，又想收回來，即已毀壞了捨的功德，等於沒捨。是以菩薩不受福德，更不為名聞利養而行施。

一切所作的功德，如要求回報，就只能報於己身。菩薩所作一切功德，不能回報己身，因為己身不但不能鞏固增上，反而正是修行人要否定滅度的對象。那麼，一切善業功德該如何答報呢？該迴向何處呢？

一切功德善業，一、答報佛恩，回報阿耨多羅三藐三菩提心，因為無上菩提心是至高無量的。菩薩感激能有布施的機緣，於布施中擴大心量，開啟覺性，在加倍精進不懈的布施中，使菩提覺性的光芒，愈燃愈亮。二、迴向大乘本願，迴向一切眾生，眾生無量無邊，是菩薩佛土，在自覺覺人、自度度他的過程中，為一切眾生研製大乘法藥，一心成就無量心。

為什麼在修習"四無量心"時，捨無量心放在最後？因為菩薩修習大乘法，其基本精神就是"一切盡捨"，捨乾淨了，就叫清淨無餘；捨乾淨了，就是純善不離；捨乾淨了，得第一義空；捨乾淨了，佛性現前；捨乾淨了，淨智開啟；捨乾淨了，真空妙有，六大神通。

是故，捨無量心又名"淨智波羅蜜多"，是第十波羅蜜多，也是第十地菩薩的主修功課。

菩薩從初地開始，為成就捨故，主修第一布施波羅蜜；等修到了十地菩薩位，又主修第十淨智波羅蜜，就是主修捨無量心，還是迴向於"捨"。於此圓滿成就，進入佛位。

如是發起捨心，方名捨無量心。

《經文》'成就四事，名四無量心。眾生無量故，慈心無量。眾生無量故，悲亦無量。眾生無量故，喜亦無量。眾生無量故，捨亦無量。是故名為四無量心。連前六度，名十波羅蜜。十波羅蜜，總攝一切菩薩道行。'

<u>白話講解</u>　'如能照著這樣去做，就能成就四無量心。所作一切為惠利無量無邊眾生故，慈心無量；所作一切為救拔無量無邊眾生故，悲心無量；所作一切為提升無量無邊眾生故，喜心無量；所作一切為滅度無量無邊眾生故，捨心無量；所以稱為四無量心。連同前面六波羅蜜多，共稱十波羅蜜多，此十波羅蜜多，統率引領一切菩薩成佛之行。'

經法研探：無量心與波羅蜜多 ▶

為什麼六波羅蜜多，連同四無量心就是十波羅蜜多？四無量心與後第七、八、九、十波羅蜜多為什麼是相等的呢？而《華嚴經》上又將四個波羅蜜多稱為方便、願、力、淨智波羅蜜多。這四個波羅蜜多和四無量心講的是一回事嗎？

我們先從慈無量心與第七波羅蜜多——方便波羅蜜多的關係來看：從字面上看“慈”與“方便”是完全不同的兩個名詞。但如能於相離相“依義不依語”地，透過語言音聲相來看本質，就能看出此二者的真實義是相同的。

慈無量心，是真實惠利一切苦厄眾生，令無量無邊的眾生入於究竟安隱快樂之處。

要行如此之慈心，必須要有方便，否則如何能達成此大願？

何謂方便？方是方法、方式、方術。便是便利、便宜。有方則便，有方便才能行至無量處。

總持就是方便，能總一切法，持一切義就是最方便。例如大乘法藥，同一付藥能治好一切眾生的病，大乘法藥就是方便。

六地菩薩主修第六波羅蜜多，般若智慧現前；以般若智慧力故，能令菩薩入不二法門；以入不二法門故，一與一切通，一切與一通，證入一真一切真之修行地。一即一切就是方便，有此方便才能真行慈無量心。

七地菩薩名遠行地，主修慈無量心，對慈心的內容及功德做了“無量”的要求，故必須有方便，才能將諸法實相現前的功德，“遠行”擴大到無量無邊處。故方便波羅蜜多即是慈無量心。

再看悲無量心與第八波羅蜜多——願波羅蜜多的關係：悲是願的動力。我們為什麼進佛門，因為我們自悲，悲於自己這一生毫無意義。但此自悲的願力太小，只是為自己而悲，若修無量大悲心時，願力就大，能產生無量的力。依同理，要發大願才能修習悲無量心。故二者是一，修無量悲心則成就願波羅蜜多，修願波羅蜜多則成就無量悲心。

喜無量心與第九波羅蜜多——力波羅蜜多的關係：何謂為喜樂？有力則樂，無力則苦。遇到任何困難，若有力去面對解決時則無苦，非但無苦反而增加力感——歡喜。修行力波羅蜜多，以前所修習的智慧解脫力，還有大悲大願力，再加上大法苑樂之力，將一切眾生究竟度到彼岸，就得歡喜無量心，同理如有歡喜無量的心，力就能一直達到彼岸，故喜無量心與力波羅蜜亦是一不是二。

捨無量心與第十波羅蜜多——淨智波羅蜜多的關係：菩薩在六地時，已主修般若波羅蜜，般若智現前，雖具般若智但還有不淨之處。何謂不淨？但有名字則不淨。十地菩薩主修淨智波羅蜜，即是捨一切不淨，捨一切惡，捨一切眾生故能入於第一義空，入於清淨無餘究竟大涅槃。

《金剛經》上說："所有一切眾生之類……我皆令入無餘涅槃而滅度之。如是滅度無量無邊眾生，實無眾生得滅度者。何以故？須菩提，若菩薩有我相、人相、眾生相、壽者相，即非菩薩。"即是指入法雲地的菩薩，修滅度一切眾生，得一切智，故實無有法名為眾生，實無有法名為菩薩，捨我相、人相、眾生相、壽者相。

修淨智波羅蜜多即得捨四相的果；若能一切盡捨，生無所住心，則得淨智的果。故捨無量心與淨智波羅蜜多是一不是二。

菩薩所修的一切法，都是為了成就十波羅蜜多，成就十波羅蜜多為了成就佛道。菩薩信受奉持十善法戒，為了累積發無上菩提心的資糧，發無上菩提心則有願力修行六波羅蜜多，乃至十波羅蜜多。一切菩薩法式，皆迴向修行十波羅蜜多，以十波羅蜜多為方便，引領一切眾生度過生死大河，到究竟解脫的彼岸。故十波羅蜜多即是一切菩薩成佛之道行。

《經文》 時，天帝釋聞野干說十善行法功德因緣，復聞菩薩行菩提道因緣義趣，疑網結解，歡喜踊躍，充遍其身。即與八萬侍從諸天，更起修敬，叉手合掌，白野干曰：'弟子今日，八萬諸天，一心同時，發菩提心，如和上說。菩薩道行，當具奉行，唯願和上，隨喜聽許①。'野干答曰：'宜知是時②，斯則是其本心所望。'

① 聽許：裁奪、衡量、印可、支持。
② 是時：因緣具足、條件成熟、不失次第。

<u>白話講解</u>　那時，帝釋天王聽完野干先說十善法行的功德因緣，又聽了十波羅蜜多菩薩行與成就無上正等正覺的因緣要趣後，解開了疑網的繫縛，大受法樂，身心快然，立刻率領他的侍從八萬天人，一齊起身，重新向野干禮拜，叉手合掌恭敬地問野干說：'現在，我和八萬天人，願同心一起發阿耨多羅三藐三菩提心，並依照您尊者所開示的十波羅蜜，全部具足地信受奉行。只希望您和尚尊者允許我們並加持我們去這樣作。'野干回答說：'當下你們發菩提心的因緣已成熟，也正是諸位真心所期望的。'

相期兜率天品第五之八

《經文》 於是，天帝白野干曰：'和上飲食，法用云何？唯願教示，當設供養。'野干答曰：'其所食法，不中人聞。何以故？罪業因緣所食之物，極是不淨①，形似畜生，不異餓鬼②，幸可不須問其所食物。』

天帝白曰：『和上飲食，好亦當示，惡亦當語，弟子今當隨所便宜施設供養。』

野干答曰：『常食師子虎狼屎尿，及食塚間死屍骸骨。弊衣皮革③不能脫，得如斯之食，飢窮所逼，亦食泥土。罪苦果報，從生至死，雖食不淨，未曾充飽。』

時，天帝釋及諸天眾聞野干說飲食之相，悲哀感結，涕淚傷心。白野干曰：『弟子現欲施設供養，如師言者，所願不果，非可如何，今還天宮，當作何方報師重恩？』

① 不淨：這裡指的是所食之物，非眼耳鼻舌身五根所堪接受。

② 餓鬼：餓鬼道現相有很多種；有的是找不到食物；有的是能吃的食物很偏狹；有的是喉嚨很窄，食物難以下嚥；有的吃什麼都成火炭，喝什麼都成流火。野干因體型較小屬於貓類，很難捕捉到能讓他吃飽的野獸，只有跟隨著獅子，吃獅子吃剩下來的殘餘，也不敢和獅子爭食。但獅子只為解決當下的饑餓而捕食，不會多殺，故野干常吃不飽。

③ 弊衣皮革：野干又名疥癩野干，身上皮毛的斑點不但難看，且長短不齊，全身像長滿了癩瘡一般。故以破爛的壞衣服來作譬喻。

<u>白話講解</u>　　於是帝釋天王對野干說：『現在要為您準備食物供養了，請問和尚尊師您有何指示？該準備些什麼？』

野干回答說：『我們的吃法，聽起來不堪入耳，為什麼呢？因為罪業深重，是以所食之物極為不淨，十分醜惡難聞。我們長得雖是畜生的樣子，但吃法和餓鬼一樣，請別再問我以何食物充饑了罷！』

帝釋天王說：『和尚尊師，不管您吃的東西好或是不好，都請告訴我們，弟子現在要儘可能為您準備好食物供養。』

野干回答說：'常吃獅子、老虎、狼的屎尿，以及他們吃完屍肉後剩下的殘餘皮骨。生為如此醜陋不堪的畜生，褪不下這張醜惡的畜生皮，脫身不得，即使吃如此下劣的東西，還經常填不飽肚子，為饑餓所逼迫，得以泥土充饑。因為過去惡業深重，今生得此苦果。從受此身至死亡那刻，雖以不淨之食充飢，也不曾吃飽。[直到死後才能脫身。]'

這時，帝釋天王及天人們，聽了野干的飲食之法，傷心地流下眼淚，對野干說：'弟子本想以最好的食物來供養尊師，但照您這麼說，供養您食物的願望是達不到了。真不知如何是好！我們回到天宮後，要用什麼方法來報答您的重恩呢？'

經法研探：野干所啟示 ▶

佛陀為什麼要以野干之食法來教化眾生，他的深心何在？

因為一切的野干都不知道自己的身形是醜陋的，所吃的食物是不淨的，除了和尚野干外，因為他開過智慧，得知宿命，故能自見自慚。

天道眾生看人道眾生所食、所穿，亦是醜惡不堪。但無智之人亦不見自身之不淨穢惡，心甘情願在五濁惡世攀緣八苦，不思出離。

人樂於耽湎沉醉於人道，做人做得很得意，常常忘記佛陀所教敕"世間皆苦"的真理。如是豈不類似一般野干，不知自己"弊衣皮革不能脫"。因此佛陀提醒，在人中要做"人中和尚"，站在一個更高大正的立場，以更高的覺性，來看自己現在受的是什麼身？做的是什麼事？攀緣不捨的東西是什麼品質？如不能建立起這樣一個新的觀念，就是一般野干，就是凡夫。

凡夫和修行人的差別就在於此，"野干"和"和尚野干"的差別亦在於此。這就是佛陀以野干之身來為我們說法的深心。

《經文》　野干答曰：'汝等今者，從我聞法，還於天上，展轉教化，開悟諸天，不問男女乃至一人，令信受行，非但報我，亦報一切諸佛之恩。隨所教化，而自增長諸天福德，何況教化，開悟多人，功報無量。'

<u>白話講解</u>　野干就說：'你們今天在此，聽聞了我所開示的正法，回到天上後，去輾轉教化天道中的天人們，儘你最好的能力去教化，不要管他是男是女，哪怕只有一個人，讓他建立正信之根，信受奉持正法。[再同樣要求他將聽聞的正法，繼續去教化別人。]如此非但答報了我，也同時答報了三世諸佛之恩。在以正法教化他人的同時，不但你們天人自己的善根福報增長，更何況不斷地教化令多人開悟，[開悟的人又再輾轉教化，如是不斷的輾轉答報，]功德無量無盡。'

經法研探：輾轉教化 ▶

　　佛法輾轉教化的觀念，是能量變化的思惟方式，不是從一個增加到兩個的數量累積觀念。勉強可以譬喻成，核子反應爐中的核子加速器作用。當核子彈中第一個原子核被打破時，該原子核所釋放出來的能量，可以引起其他原子核分裂的連鎖反應，原子一連串地被打破，同時釋放出能量，故氫彈爆炸時，產生的威力是披天蓋日的、山搖地動的，大地都要變色，湖水都會抽乾。

　　數字的累積是虛幻不實的，最不可靠的，傳授正法最忌諱用"數人頭"的方式，看起來人多熱鬧，但沒有正確堅實的共識理念。若有個風吹草動，樹倒猢猻散，一下子就垮光了。修行人不要迷信數字，要有正信正願，正心誠意地口念心行，降伏自心，以一心的實力，就能產生原子核連鎖爆破的反應。只要有一個"種子細胞"，只要有一個原子核被打破，釋放出來的能量，就可以產生不可計量的變化。

經法研探：答報師恩 ▶

這段經文還有一個重點，就是如何報答師恩，如何令佛恩功德無量的問題。

印度一向有供養修行人的傳統。尤其對於自己的恩師，供養時不能行有餘力地供養，要將全部的財產甚至破家來供養。當然盡捨身命家財來供養師，是感激心的體現，並能破慳貪心，但也會發生像阿逸多王堅持以財供養師，因此繼承王位，乃至入地獄的示現。

佛陀開示我們，最上最殊勝的供養是法供養。發最堅實的滅度一切眾生願，弘揚正法，開悟多人，就是最真實、最殊勝的供養。以法布施作為最上味的供養，也就是把明師傳授給我們的正法輾轉教化，就是答報佛恩，就是不忘師恩。

佛陀把真理的覺悟開示給我們，使我們受到惠利，就是佛恩。當我們把受到的惠利，迴向布施給更多的眾生，就把這個惠利的恩典擴大了，這就叫答報佛恩。若將此功德擴大乃至到無量處，就是做到無量的答報佛恩，亦名功德無量。

《經文》 諸天起立，白野干曰：'弟子之徒，今還天宮，未審和上何時當捨此罪報身，得生天堂共相見也？'

野干答曰：'限至七日，當捨罪身生兜率天。汝等便可願生彼天。何以故？兜率天中，多有菩薩，說法教化，為諸天人求佛道故。'

　　天帝白曰：「如尊教者，弟子眷屬於忉利天福盡命
終，皆應生彼兜率陀天，與師相見，奉侍教授，誓如今
也。』說是語已，以天花香散野干上，於是別去。

　　諸天去已，於時野干不離本座，一心專念十善行
法，不行求食，七日命終，生兜率天，為天王子。復識
宿命，復以十善教化諸天。」

<u>白話講解</u>　　這時候，諸天人起立，對野干和尚說：『弟子們現在
要回忉利天去了，不知尊者您什麼時候能擺脫掉野干身，到天宮
中和我們相見呢？』

　　野干回答說：『最多七天，就能捨掉罪業深重的野干身，生到
兜率天。你們可發願往生兜率天。為什麼要在兜率天相見呢？因
為那裡的菩薩，都經常不斷地說法，以正法教化、引導發願要成
佛的天人。』

　　帝釋天王回答說：『遵從您的教導，我和隨從的八萬天人，回
到忉利天福報用盡壽命終結後，都將往生到兜率天和尊師相見，
實現今天所發的隨侍左右、受持教化的誓願。』說完後，就把天
花的香撒散在野干身上，告別而去。

　　天人們離去後，野干即不離本座入於禪定，不吃任何食物，一
心不亂地專念十善法行。七天後身亡，生兜率天，成為兜率天王
的王子，再度認識自己為何來兜率天受生的全部因緣果報，同時
仍繼續以十善法，教化那裡的天人。」

經法研探：生兜率天因緣 ▶

　　為什麼和尚野干要天人們，往生兜率天與他相見呢？
　　一、因為兜率天內，常有菩薩為諸求佛道的天人們說

法，此天的天人不講究五欲之樂，只愛聽聞佛法。故諸天的菩薩，特別是受記作佛的菩薩，像是彌勒菩薩，以及釋迦文佛在未示現降生前，都在此為諸天菩薩說法。

二、和尚野干在入禪定後，一心專念十善法行，因為他是二地菩薩失行跌入下三趣的。二地菩薩主修持戒波羅蜜，故在禪定中，野干專念溫習持戒波羅蜜恢復其二地菩薩的功德。但是他在地獄餓鬼畜生道中，已主修忍辱波羅蜜，故往生時跳過三地，直升四地菩薩——兜率天天王之子。

經法研探：一心樂死 ▶

此段經文還有一個重點，那就是善人樂死，惡人樂生的差別。和尚野干為了往生兜率天，繼續以十善法，教化諸天人，故修“一心樂死”之法，七天後命終。

讓我們看看這末法時期，所謂科學昌明時代的人們，如果不能修習“一心樂死”，就非常可憐；如果能修“一心樂死”，則晚年活得幸福快樂。

為什麼？因為善人樂死，惡人樂生。我們姑且不論究竟善或惡的問題，就以“大”就是善，就是解脫；“小”就是惡，就是繫縛來看。如果人老了，認為自己的生命已毫無意義價值，除了攀緣自己在漸漸衰老敗壞的身子外，沒有其他的事可做，就已掉入惡性循環的陷阱中，只會愈陷愈深了。因為這個已衰老的臭皮囊，的確是在分分秒秒地土崩瓦解中。如此能關心的事情，就只剩下吃藥看病了，當藥吃不上躺在死榻上時，仍舊可以靠著各種科學助生儀器，攀緣著下一次呼吸。如是關心的事愈來愈小，心量也愈來愈小，因此也愈來愈惡，愈來愈苦。對色身不斷地攀緣，就是不斷地為自己佈置刀山油鍋的折磨，真是太可悲了。

反之，如果能往大處想，相信因果不斷，死此生彼，擺脫掉對今生來日無多的逼迫，就能擴大心量，以"一心樂死"的理念來安排好來生。當下全力做好今生的總結，將此生如何邪迷造業受苦的心得，布施給下一代人，若能這樣去做，保證能在老境上解脫，今世餘年不但不苦，反得惠利，來世也將受生高處，繼續受諸佛的護念。

當然能做到這一步非常不簡單。這要從修行人本身要求起，緊緊歸依三寶，練好"一心樂死"的功夫，發實大乘願，生生世世為佛陀辦事，堅守荷擔"自覺覺人、自度度他"的永無止境的使命，如此自知去處，則能"一心樂死"。修行人自心實力的外現，能以身教感動勸助老年人，如此才能救拔一切苦厄眾生，若自己作不到，則勸不動任何人。

累世互為善友品第五之九

《經文》　佛告王曰："爾時野干即我身是。時天帝釋舍利弗是。時阿逸多教授大師，憂波達者彌勒是也。八萬諸天者，今娑婆國土八萬菩薩不退者是。"

佛言："大王，憶念往昔，從初發意，修菩提行，乃至無生，於其中間，常與彌勒、舍利弗等，為求法故，勤加精進，不顧軀命，追逐明師，親近奉侍，研精學問，成就智慧[1]。

智慧力故，於五道中，隨所生處，教化成就，無量眾生，令得度苦，至今成佛，皆由般若智慧方便，斷除一切結習^②因緣，成等正覺。復以智慧，於娑婆國土，教化眾生，度三有苦。是故我說般若智慧^③有四名義。"

① 智慧：智是正知正見；慧是正受正用，所謂智體慧用也。
② 結習："結"乃五結十使之縮稱。"習"乃因果相似相續生之慣性。五結指貪、瞋、痴、慢、疑五項。十使是指五種惡見（身見、邊見、邪見、見取見、戒禁取見）及五疑（疑佛、疑法、疑僧、疑戒、疑不放逸）。

   "結"是打結，繫縛。五結就是被五種枷鎖所捆綁桎梏。"使"是使命、指令。十使是指魔對眾生發出的十種指令，眾生受此十種指令則五毒攻心，顛倒邪迷，恒造諸業，果報無數。五結十使即是十惡法的功曹 —— 嫉妒、瞋恚、憍慢邪見。眾生行在必然的因緣法上，浸淫沉淪在五結十使相似相續生的定律軌道中，不斷地展開著一連串的因果循環。因無明覆翳，愚迷闇鈍，依著結習因緣，得違佛遠法，行入地獄之果報。只有般若智慧力的方便，才能斷除一切結習因緣，然後成就無上正等正覺。
③ 般若智慧，有四名義：所謂甘露、良藥、橋樑、大船。使一切眾生能除熱惱逼迫，能得清涼安隱，故名甘露；使一切眾生能離八苦病害，故名良藥；使一切眾生能安度煩惱大河，踏上夷坦道，故名橋樑；能救度一切眾生永離生死苦海，到達究竟解脫的彼岸，故名大船。這就是般若智慧的四大功德。

<u>白話講解</u>　　佛對波斯匿王說："那時的野干，就是我的前世；帝釋天王是我座下智慧第一的舍利弗；當時阿逸多王的教授大師，名字叫憂波達，就是彌勒菩薩；那些跟著帝釋天王的八萬天人，正是如今娑婆世界中，八萬個[入了不動定的第八地]不退轉菩薩。"

　　世尊進一步向波斯匿王解釋："大王，回想以往的日子裡，從我最早開始發心求菩提，也就是從初發心的地前菩薩，依菩薩道修行至第七地，證得無生法忍的這段期間裡，我經常與彌勒、舍利弗等，[互為師友，]為求真理正法，勇猛精進，不顧一切乃至連身命都不珍惜，追尋明師，親近尊奉並隨侍在明師的左右，研究

學問，精益求精，成就智慧。

依智慧力，乘願再來受生五道，不論受生在哪裡，都以正教方便度化成就無量的眾生，令一切眾生出離生死苦海。如是從初發心到今日成佛，都是以般若智慧方便力，降伏滅度了百劫千生的煩惱習性業力，成就了無上正等正覺。[在我作了佛以後，]以此智慧方便力，在娑婆國土中，教導度化一切眾生，使一切眾生脫離欲界、色界、無色界中所有的八苦，所以我說般若智慧，有甘露、良藥、橋樑、大船的四種名稱及意義。”

經法研探：覺有情 ▶

一切眾生，因無明的覆翳，邪見邪受因緣果報，故莫名其妙地隨著五使十結，於五道中，不斷地受生受死，在惑業苦的惡性循環中，違佛遠法，造業受苦不止。而菩薩卻能自覺地在五道受生，不苦反樂，並能於所生處，教化成就無量眾生，並增長智慧，這是為什麼呢？

因為菩薩持十善法戒及清淨戒，開啟了般若智慧，有正知正見，得識宿命，故能正受正用。菩薩能關閉一切諸惡趣門，受生五道，無論在何處受生，即使在地獄中皆能正見正受，也就是返照認領眾生的苦行苦受，以自覺覺人、自度度他的菩薩法式，斷除百劫千生的五結十使，增上智慧，也同時度化一切眾生，令一切眾生亦發大乘願，荷擔一切眾生，亦得智慧方便力，成就無上正等正覺。

凡夫和菩薩都叫有情，但根本的不同在於有沒有般若智慧。有正知正見正覺的“有情”，方名“覺有情”，亦名“大有情”、“大士”，即是菩薩。

三時持戒品第六

《經文》　時，波斯匿王及其眷屬，聞佛說已，心意開解[1]，更起作禮，歡喜踊躍，侍立合掌，而白佛言：“世尊，今來見佛，快得善利，聽佛說法，不知疲懈，所以者何？

世尊先說四真諦法，十二因緣，出世間道，情根[2]鈍故，慌慌[3]不解。以不解故，身體疲懈。今聞佛說菩薩行法，雖未全解，心甚愛樂，渴仰欲聞，情無厭足。弟子今欲發菩提心[4]，求無上道，唯願世尊，哀愍聽許，教示菩薩所行法度，當如說行。”

[1] 心意開解：有二義，一、從五結十使的繫縛中解脫出來；二、從業力習性定律中解脫出來。如果我們的心，還繫縛運作於過去果因相似相續的慣性定律中，則心不開意不解。

[2] 情根：情指眼、耳、鼻、舌、身、意六識。根指眼、耳、鼻、舌、身、意六根。

[3] 慌慌：不辨東南西北，無所適從，無所立足，無所歸宿，無所奔向叫慌慌。

[4] 發菩提心：發是發動、啟發、開啟、發明。菩提心是覺悟心。發菩提心就是發明覺悟的心地，將自心的覺性，開啟出來。未經發明的心是被無明覆翳、愛水滋潤、貪瞋痴三毒、身口意三業逼迫促動的心，自心光明的覺性正是被這些黑暗所障蔽遮蓋。故須依佛的智慧光茫來照破這些黑暗，將原本光明的覺性發動開啟出來，是名發明心地，也就是發菩提心。

白話講解　這時，波斯匿王和他的隨從眷屬，聽聞了佛陀的開示後，心裏豁然開朗，頓感紓解，馬上站起來向佛陀頂禮，高興得不得了，恭敬侍立合掌對佛陀說：“世尊，今天的相見，得到如此的惠利，真是太痛快了。在聽您說法的時候，一心專注，也沒有疲勞懈怠。為什麼呢？　因為您從前跟我們講四聖諦行，十二因緣法以及三十七出世間道行時，我們的心地粗糙膚淺，應不上您說的法，摸不著頭緒，因為聽不懂，所以身心疲憊不想再聽。可是剛才聽您講六波羅蜜、四無量心之菩薩行，雖然不能全部了解，但是心中充滿了歡喜，如饑似渴，愈聽愈想聽，怎麼也聽不夠。此時，我們想立刻發無上菩提心，踏上成佛之道，[而菩薩行是發明覺悟心的唯一途徑，]故希望世尊悲愍我們，允許我們這樣做並教誨開示一切菩薩行的法式，我們一定會遵照您的開示好好學習，如說修行。"

經法研探：大乘根器 ▶

佛陀有一切智智，為三種不同的根器者，以三乘道依根而教。

對聲聞乘及根器低下者，就要從十二因緣法、四聖諦，以及三十七品按部就班，依次第教授，令其修行。

對有資糧修中乘（緣覺乘）者，不須傳授四真諦，直接開示十二因緣法，三十七道品。

像波斯匿王之輩世間大福報者，心量大，站得高、眼光遠，有資糧直接聽十善行，六波羅蜜，四無量心等菩薩大法。因為轉輪聖王以及世間主，本是入地菩薩，前世曾行過菩薩道，故一聽十波羅蜜菩薩行，似曾相識，特別對胃口，雖然沒有完全聽懂，但"心甚愛樂，渴仰欲聞，情無厭足"。又因為世間福報大者，多數耽著五欲之樂，不容易修定，對於從十二因緣法、四聖諦、三十七品按部就班學起有些排斥，因此感到"慌慌不解，以不解故，身體疲懈"，但一聽六波羅蜜，四無量心等大法，心開意解，立刻歡喜奉行。

《經文》　佛告王曰：“菩薩法行[1]，如上所說：身口意業十善道行，十波羅蜜，總攝一切助佛道法。汝能行乎[2]？”

王曰：“如世尊說，十善行法，心道三法，難得護持，當云何受，令不漏失[3]？”

佛告王曰：“世人心粗，譬如猿猴，為諸煩惱風所動轉[4]，是故欲行十善道者，不得遲久[5]。欲修十善，當限[6]三時。

何謂‘三時’？從晨[7]至食[8]，名為上時[9]。經一食頃，名為中時[10]。行百步時，名為下時[11]。受十善法，隨其所堪[12]，於一時中，將[13]護其心，堅持三戒，無令漏失，是則名為修行十善。”

(1) 菩薩法行：即是“發菩提心”，發菩提心即是“發明心地”。發，啟發；明，照明。發明覺悟的心地，用佛的智慧光芒來照亮無明的心地。

(2) 汝能行乎：發不發菩提心不是佛聽不聽許，准不准，問題還是在自己要不要，想不想。

(3) 漏失：遺漏、失誤、過失。

(4) 煩惱風所動轉：煩惱，就是指我痴、我見、我愛、我慢等四煩惱。風，就是八風：苦樂、利衰、毀譽、稱譏。因為有四煩惱所以常常為這八風所吹，一吹就被傾動，一傾動後十善法戒就持不上、受不住了。平常挺好的，只要有點兒不如意就要抱怨，覺得有什麼利益被損壞了，有人說自己不好，名聞利養該得沒得到的……等等就馬上被煩惱風所轉。

(5) 遲久：遲就是延遲、延長；久就是長久。

(6) 限：時限。

(7) 晨：早晨起來的時候。

(8) 食：到中午吃飯的時候大約中午十二點左右。因為出家人過午不食，所以當時只有一個吃飯的時間。

⑨ 上時：大約一次持六到八個小時，這是最高、最上、最殊勝的限。

⑩ 中時：吃一頓飯的時間，大約三十到四十五分鐘。這是第二殊勝。

⑪ 下時：經行一百步的時間，大約一次持五分鐘。

⑫ 堪：堪忍、包容。於經中佛說眾生只要"隨其所堪"來持十善，由此可以體會到佛陀的寬恕、寬大、平等、方便、慈悲，為不同根器的眾生大開慈悲方便之門。他不管是什麼根器、什麼福報，只要隨著心所能包容、能堪忍的極限，願意受持十善法戒，堅持心道三戒，乃至每一次只用五分鐘來受持不要漏失，就算是開始修行十善法了。

⑬ 將："把"或"去把"的意思。

<u>白話講解</u>　佛告波斯匿王說："行菩薩行就如前面所說的，於身口意業時時修行十善法戒，在修行十善法戒的基礎上，修行十波羅蜜。這不只是全部的菩薩行，一切成佛道亦總持收攝其中。你能做得到嗎？"

波斯匿王回答佛說："像世尊您剛才所講的，十善法戒中的心道三戒很難護念奉持，我們要怎樣才能護持得住，而不會有漏失呢？"

佛告波斯匿王說："世人的心粗暴像猴一樣瞎蹦亂跳，時時被各種煩惱的力量所逼迫促動轉變，雖然想持十善戒法，但不能延長持久，一下就漏失掉了。要想好好的修十善法行，〔有一個方便的辦法，〕就是先把它訂三個時限來行。

什麼叫‘三時’？又如何定這三個時限呢？從早晨起床到吃午飯的時候，叫上時，是最殊勝；吃一頓飯的時間，名為中時，是次殊勝；經行一百步的時間，名為下時。想要正受十善法戒，就要隨著心所能包容、能堪忍的極限，選一個時限，來開始受持。在這個時限裡，把持好心道三戒，護念住，堅持這三戒，不要漏失，就算是修行十善法了。"

是不是說在一百步內，不犯殺、盜、淫等十戒，就是行上了"百步持戒法"？不。如果這樣來認識行百步持十善法戒，就不正確了。

因為行百步時，一心念佛號也能不犯殺盜淫，那何不就念佛號好了？何必要學習或傳授十善戒法？還可以更"方便"的不犯戒，像是一瓶老酒灌下去，睡個八小時，也算持八個小時的戒，不是比念佛號還更容易？

正確的行"百步持戒"，就是說我們在行百步時，檢查自己從上次犯戒慚愧懺悔後，到現在為止，有沒有再犯？為什麼又犯了？能不能找到原因？有什麼疑惑？如果發覺自己犯了戒，就到善知識、善友面前，再慚愧懺悔，再重新發願，重新受持十善法戒，就算是持戒，而不算犯戒。

這樣從一次"百步持戒"開始練習，確實作到，然後慢慢增加次數，每天多經行幾次，如果能把九次百步連成一次，就成了"一食頃持戒"，終究能做到"半日"、"全日"持戒。

諸佛菩薩是何等的慈悲，體諒我們持戒的困難，將犯戒後的慚愧，還算作持戒的一部份，所以，修行人一定要正受諸佛的護念，要受得起疼愛，要知道慚愧和感激。

《經文》 王曰："如世尊說，限三時持十善行者，其功蓋①微，云何生福？"

佛告王曰："人修十善，時節雖促②，功報彌③廣，何以故？心道三戒，難守護故，雖少時持，果報無量。

譬如有人於百年中積聚薪草，以火焚之，須臾滅盡。是故當知，少時修善，能滅無量惡業重罪。

又如攢火④，加勤用力，須臾得火。火之功力，能燒天下草木叢林，須盡乃息。

大王當知，人修十善，亦復如是。須臾之功，能滅無量惡業重罪，能令行者起菩提芽。萌芽成故，漸漸增長，至成佛果。"

① 功蓋：功，功效、功德。蓋，實在。
② 促：短促。
③ 彌：擴散、充沛。
④ 攢火：古代沒有火柴，也沒有打火機，那點火怎麼辦呢？一個是用火鑽去鑽火，讓火星點著乾草、乾樹葉等，再拿這來點著枯枝，再拿枯枝燒木頭、燒木柴、燒煤。另一個辦法就是印度人用發火珠，那是一個凸透的水晶鏡，放在太陽底下對著太陽，用焦點聚光，把乾草、乾葉放在凸透鏡下，燒著後，引燃枯枝，再用枯枝引燃木柴……還可以引燃牛馬驢騾駱駝狼或人糞。

<u>白話講解</u>　　波斯匿王又說："照佛陀您那麼講，在限定的三時裡受持十善法戒，那個功效實在太小了。怎麼能夠生起福報資糧、開啟福田呢？"

佛告訴波斯匿王說："受持十善法戒的時候雖然很短促，但功德福報卻很廣大充沛。為什麼這麼說呢？正是因為心道三戒難守難護故，所以才說只要少少時守住，它的果報就無量。

好比有人以一生的時間，把柴火儲存起來，一旦把火點著，不要多久，柴火就都燒光了。所以你應當要知道，用少少時限持十善法戒，就好像點這把火一樣，能燒百劫千生的無量重罪。

又好像鑽木起火一樣，猛使一陣勁兒，火一燒起來，就越燒越大，只要火勢一起來就不得了，甚至可以把天下草木叢林都燒光。等草木叢林都燒光了，火才會熄。

大王你應當知道，人持十善法戒就好像點火那樣，[不要小看了那少少時間的持戒，]剛點起的火雖小，一旦燒起來，火力就越燒越大，越燒越猛，能滅無量惡業重罪。能行十善法戒者，[就開始發明心地，開始用那點兒剛起的亮光來照明心地，]心地就長菩提芽。菩提種只要出了芽，就能長大，[長成菩提樹，開菩提花，結菩提果，]一直到圓滿成就佛果。”

經法研探：三時持戒法 ▶

我們百劫千生中所累積的惡業，如同積聚薪草，如果沒有火，薪草只是堆積在那裡的障礙物，就是“業障”。但如果有火點燃了薪草，使薪草化作能量釋放出來，這個能量可以用來照明、取暖、煮食。持十善法戒，就是要護持這堆薪草的火苗，而唯一能點燃薪草，使薪草化腐朽為神奇的火，就是“慚愧懺悔”。

人道中福薄善淺，苦多樂少，煩惱心重，慚愧懺悔又不是凡夫習慣的思惟方式。佛陀悲愍眾生，知道心道三戒難持，所以才幫我們分三個時限——“百步”、“一食頃”、“從晨到食時的半日”來持，而且持十善法戒的功德是可以增上累積的。

剛開始時，心力很弱，但總是有起步的意願，一天如能在行百步時的五分鐘，作一次慚愧懺悔，時間雖然非常短，但已經開始學著點火。動作雖很緩慢，但經驗的累積是不會消失的，一次生二次熟，開始看到的只是一個小火苗，但一直護念它，它就越來越大，就越容易檢視到自己持不上戒的因緣果報。

慢慢地，就可以一次持上“一食頃”的三十分鐘到四十五分鐘的受持法，每天一次、兩次，乃至早、午、晚三次，再晉級到“半日”受持。

這時，就不會故意去放逸其心，偶有犯戒，警戒心會馬上提起。直到練出“前念妄起，後念即覺”的功夫，就像熊熊大火的火勢一樣，把全部草木叢林都燒光才會停，也就是把全部惡業重罪都滅度了為止。

為什麼我們會在末法時期才來開始修學“十善戒法”？這說明了我們於過去累世之中未立善根，也沒有好好地受持過此戒法。

對初學的人而言，感覺到特別地艱難，往往會懷疑自己到底有無此能力修持此戒法？

有人初嚐即“知難而退”，乃至有人望而卻步，心裡對自己說：“我才沒那麼偉大呢！”

其實“十善戒法”的修持，只要有善知識護念引導，在開頭最難，也就是慚愧懺悔最難，因為勇敢誠實的慚愧懺悔是我們從來沒有嚐試過的經驗，這使我們猜疑、恐怖。一旦提起勇氣開了個頭，當時即得很大的開解，那種輕鬆、解脫的歡喜，使我們發起更大的努力去修持。以後的路，就愈來愈好走。但這一點，對那些還沒開過頭的人來說，是難以想像的。

為此，佛陀以最大的方便善巧勸告我們：“別急，別怕，先試著‘百步持戒’，只要能堅持五分鐘就行！”

如果我們聽佛陀的勸告，試個頭五分鐘，把自心所設的第一重恐怖障礙給拆除，“噢！原來並沒有先前想像的那樣可怕！”這樣就取得了一個前所未有的經驗。當然，這時仍有猜疑：“到底我能堅持多久？”

佛陀說：“再試一個五分鐘看看！”就這樣又往前走了一步。有了這個經驗，就不懷疑自己是否能再試幾個五分鐘。這樣就由"百步持戒"晉級到"一食頃持戒"。

　　再多試幾個"一食頃"，就晉級到"從晨到食時的半日持戒"。有了半日，還怕不能持到全日？

　　就這樣愈堅持，愈有力；愈有力，就愈易持，如是進入了持戒的良性循環。

　　這就是"三時持戒法"的殊勝性！

《經文》　王聞是已，更起作禮，甚大欣慶，得未曾有，白世尊曰："弟子今者，大得善利。所以者何？聞世尊說，修十善道功德因緣，能令眾生成菩提芽。弟子今者，志樂菩提，當勤修行，心不退卻①。"

　　王說是時，隨從王者，群臣吏民，後宮夫人，四部弟子，天龍鬼神，人非人②等五千餘人，皆發無上菩提道意③。

① 心不退卻：心無疑悔，心無怯懦，心無疲厭。
② 非人：指餓鬼或其他鬼道眾生。
③ 無上菩提道意：就是無上菩提心；就是阿耨多羅三藐三菩提心；就是無上正等正覺心。五千多人一起發無上菩提心的壯觀，只有佛在世時才有可能發生的。可是事實上若有一人，能實發無上菩提心時，就能使魔宮震動了。

白話講解　　波斯匿王聽了後，再度起身作禮感激佛陀的開示，得法喜法樂後甚大欣喜慶幸，從來沒有聽過這麼高深的妙法。於是他就對世尊說："弟子我今天已經得到了善法的極大惠利。為什麼呢？因為聽世尊說十善業道的因緣果報所樹立的功德，能夠讓一切眾生在心中長出菩提的根芽，[從八苦中覺悟，]弟子我要至心發願求無上菩提，好好的精勤修行十善行、十波羅蜜，心不疑怯退轉。"

　　當波斯匿王再度表態時，所有隨從，群臣吏民、後宮夫人和當時在場的比丘、比丘尼、優婆塞、優婆夷等四部眾和諸天鬼神、人和非人等，一共有五千多人跟隨波斯匿王一起發無上菩提心。

經法研探：戰鬥精神 ▸

　　為什麼學佛要用"心不退卻"的字眼？

　　波斯匿王在此回答佛說："……當勤修行，心不退卻……"。他用"退卻"的原因是，他預見到在往後學佛、降魔的路途中還會有障礙，還會有魔擾。把降魔當成作戰來看，所以在學法上就應該拿出戰鬥的精神來學，直到戰勝為止，因此他才用"退卻"這兩個字。

　　學佛法的目的是要見業消業，要想達到見業消業的目的就必須要勇敢誠實，這"勇敢"二字也是作戰常用的術語，不止是退卻而已。在佛法中我們也常用勇猛精進，只往前衝，不往後退。這個"勇"和"作戰"是一個修行人基本應具有的心態，也是個很健康的心態。

　　很多人喜歡佛教的莊嚴肅穆，安靜祥和，希望在修行佛法中能和風細雨。這是一個很錯謬的想法。要想成為一個真正的佛子就必須要拿出戰鬥的精神來，一定要有打仗的心理準備。為什麼呢？首先讓我們來看悉達多太子身教的示現。他從擺脫淨飯王的軟禁，騎白馬逾牆而走，一直到苦行六年，到樹下降魔。這一路行來的過程中沒有一處是和風細雨，都是疾風驟雨，每每示現出的都是在一個高度英勇戰鬥中。

　　佛陀在《大般涅槃經》中讚美光明遍照高貴德王菩薩說："善男子，汝能枯十二因緣大樹，堪與天魔共戰，摧其勝幢……"。在此"共戰"指的是與魔對打，"摧其勝幢"就是把魔的勝利旗幟給摧毀。佛陀用這些字眼也都是戰鬥術語。由此可見如果學佛能和風細雨的話，佛陀也不會再用這麼多戰鬥的術語來警示後人。

許多人到目前為止還是希望學佛能和風細雨，但這是不可能的。佛教的修行向來是疾風驟雨乃至槍林彈雨，絕沒有和風細雨的時候，要跟魔戰鬥只有他勝或我們勝以外，沒有第三個可能性，所以經上才會用"心不退卻"。

讓我們面對現實地想想看，在樹欲靜而風不止，在四大毒蛇不停地咬的情況下，我們卻想要和平，牠們會肯嗎？又五持刀旃陀羅也饒不過我們，他無時不砍，無時不殺；四惡獵人的三毒之箭也不饒人；還有六大賊，更不要說中間還有一個怨詐親者和一個內奸。這一切的一切都在告訴我們，處在險惡道上是絕不可能有和風細雨。我們要放棄幻想準備與魔勇猛奮戰到底，正如《佛說四十二章經》中說："夫為道者，譬如一人與萬人戰，掛鎧出門，意或怯弱，或半路而退，或格鬥而死，或得勝而還。沙門學道，應當堅持其心，精進勇銳，不畏前境，破滅眾魔，而得道果。"心要抱著：一、要嘛就作戰戰死；二、要嘛得勝而歸。

如果我們在學法的時候，心裡還在想著，我要發精進心，我不要懈怠、不要懶惰，那就是還沒有掌握到基本精神，還沒有看到真的修行是怎麼回事。

一個真正的修行人，一個想當佛子的人從發願的那一刻開始就得拿出戰鬥的精神，一直到得勝為止。所謂戰鬥的精神就是要破釜沉舟。如果口說發了願，但不肯破釜沉舟的話，那這個願就變成口念心不行，口善心不善，是假願，不是真願便不能成道，只是自欺欺人。

因此我們知道佛門弟子是應該要具備戰鬥精神，要與天魔共戰直到戰勝為止。

經法研探：天龍鬼神 ▶

天龍鬼神是佛的侍者，他們也是要來聽法，但他們的主要任務是來護法，所以許多部經中都提到有他們出席。

因此只要有人在宣說正法的時候，不管是佛陀、菩薩、法師，只要此人宣說的是正法，天龍八部都會來聽，來護法。

聽法、講法是我們對真理負責，是百劫千生要作的事情，不可馬虎。我們從沒想到跟一個人講錯法時會誤導對方下地獄；同理，說法說對時可以導向上天堂乃至成菩薩、成佛；聽法也是一樣的，為什麼會有這麼厲害的後續動作？這個力量我們就叫他是鬼神力。

鬼神有一個很奇妙的連鎖反應力，也可以說是一個很厲害的相似相續生的延續力。這個力量像是回響、像是擴音器、像是核子反應爐的連鎖反應的作用——你若為善它隨緣助喜，你若為惡它就大大地惡作劇。

例如我們認為為惡只是害他人，但錯了，為惡時它是要加害自己的。譬如以前作惡，應該事過境遷，但為什麼還有餘業餘報呢？還要報到百劫千生呢？這就是靠鬼神力的加持，才會起連鎖反應一直反應到百劫千生。因此《大般涅槃經》上才說："……一人起愛無量無邊……"。試想如果這個愛是菩薩大愛就無量無邊，保你成佛；若是餓鬼愛的話也是無量無邊，保證死墮地獄。不然的話母子恩愛至于下地獄嗎？母子恩愛有那麼大的錯嗎？就是因為鬼神的連鎖反應力的關係。因此我們暫且不管它是有形有相或無形無相，是善是惡都無關緊要，但這個力是絕對不可忽視的。

就好像說，電我們是看不到，但當我們看到燈光我們知道有電存在。鬼神力就像我們看不見的電，但有連鎖反應力我們就知道他是存在。

當然啦，我們也常對鬼神起疑惑，心想這世上到底有沒有鬼神呢？若有鬼神為什麼我從沒親眼看過一個呢？而多數的人也都沒親眼看過。那些說曾見過鬼神的人中許多是人微言輕的人，可採信度也不大。更何況只有極少數人敢公開自稱自己見過鬼神的，而說的多半是吹牛、神志不清或神志錯亂的，或喜歡胡說八道，其身份都非常可疑的。那我們就更懷疑鬼神是有是無耶？

其實不要懷疑，鬼神力保證存在，若我們懷疑他的存在就好像懷疑亮著燈後面有沒有電一樣。除非燈不亮我們就不知道有沒有電，只好打開燈後看到燈不亮，就保證是沒有電，如果燈亮了那就絕對有電。鬼神力就像電一樣，只要老實觀察我們自心善業及惡業力的相續和增長，就知道他們在起著作用，所以我們不要再猶豫他們存不存在了。

石女見佛品第七

《經文》　爾時[1]，波斯匿王，國大夫人，出入行來，常使四人，名扇提羅(扇提羅者，漢言石女[2]，無男女根，故名石女)，最大筋力，令此四人，擔皇后輿[3]。

皇后所乘，七寶輦輿，留在祇洹精舍[4]門外，敕諸黃門[5]，令守護之。黃門轉令四扇提羅，守夫人輿，其身自往佛邊聽法。扇提羅等，各於輿下，睡眠不識[6]。時有凶人，偷取夫人珍寶輦輿一摩尼珠。

爾時，黃門暫出看輿，不見寶珠，心中惶怖，懼夫人責。問石女言：「使汝守輿，何故偷珠？」

各各答言：「實不偷也。」

黃門大怒，鞭打石女，苦痛徹骨。

時，有一石女，自審不偷橫受楚毒，奔走逃突入精舍中，稱怨大喚，眾皆聞之，莫知所由。

① 爾時：是說在波斯匿王在位的那個時候。
② 石女：大概中國與外國都有這個傳統，最起碼中國和印度的傳統是一樣的，在宮裡給皇族作事的人，男的都要閹掉，女的通常不閹，但用石女的機會很多。因為他們不會懷孕生孩子，麻煩比較少，用石女的目的是他們體力較強可以作粗活和難作的事情。
③ 輿：轎子。
④ 祇洹精舍：即指祇樹給孤獨花園，是佛陀最早的固定道場之一。
⑤ 黃門：太監；不男不女的男人；天生下來不具生殖器官的男人。黃門在這裡指的是宦官、太監。
⑥ 不識：沒有意識。

<u>白話講解</u>　　波斯匿王在位的那個時候，與他的夫人出出入入都是

坐轎子。經常抬轎子的這四個人叫做扇提羅（扇提羅，漢文的意思是石女，因沒有男女根，所以叫石女），他們的勁兒最大，所以抬轎子抬得比較穩，就負責給皇后抬轎子。

皇后所坐的轎子非常豪華，用了許多珠寶作裝飾。皇后的轎子到了祇洹精舍的門口後，把轎子留在外面，命令太監、宦官們好好守住這七寶嚴飾的轎子。因為黃門也想聽佛說法，於是把守轎子的責任交待給四個石女，黃門們就跑去聽佛陀說法了，留下扇提羅四人看守轎子。石女們坐在轎邊居然睡著了，也就什麼都不知道了。這時來了一個凶人膽子很大，把末利夫人的坐轎上裝飾的最寶貴的摩尼寶珠給偷走了。

那時，黃門[雖然在聽佛陀說法，但心中還是]惦記著轎子，於是出來查巡一下，看到四個石女躺在地下睡著了，一看寶珠不見了，這下子嚇壞了，寶珠不見了，皇后怪罪下來，責任擔不起。

這一急，就大發脾氣的對扇提羅們說：「叫你們好好看轎子，怎麼把寶珠給丟了，是不是你們偷的？」

扇提羅們說：「保證沒有偷。」

黃門大怒，於是拿起鞭子鞭打四石女，手下得很重，石女們被打得徹骨銘心地疼痛。

在四人中有一個受不起，委曲地說：「我根本就沒有偷，為什麼要受這麼重的處罰？」挨不住鞭打，於是衝到祇洹精舍裡，大喊大叫，大聲呼冤，聲音驚動了四座。於是大家都聽到了，但不知是發生了什麼事。

《經文》　佛語阿難：「汝可出往彼黃門所，無令橫鞭無過[1]之人。何以故？此四石女者，乃是皇后前世之師，自無過罪，何以橫[2]鞭？自造後世惡業因緣。」

是時，皇后聞佛此語，即起恭敬，合掌白佛：「如世尊說，四擔輿石女，乃是皇后前世時師，迷意不解，惟願世尊，說其因緣，令諸會眾普得聞知。"

① 無過：沒有犯過、無辜。
② 橫：沒有正式的理由而硬要，沒有足夠的因緣而硬幹。例如經上說："於無常無樂無我無淨之中，橫計常樂我淨"；"本來無我，橫計有我"。

<u>白話講解</u>　　佛陀告訴阿難尊者說："你到宦官那裡去，叫他們沒事不要亂打沒犯過的人。為什麼呢？因為這四個挨了鞭子在那邊吵的石女，是皇后前世的老師，他們並沒有犯偷寶珠的罪過，為什麼沒事要鞭打他們呢？如果再這樣沒有理由的硬打石女們的話，宦官們將自造後世的惡業因緣。"

　　此時末利夫人聽了佛說了這些後，即刻站起來，恭敬合掌對佛說："世尊您剛說，為我抬轎子的石女們是我皇后前世的老師？我心中很迷惑，不能理解這件事，希望世尊能把這個因緣講給我聽，也讓今天參加這次法會的所有大眾也普遍都能得知得解。"

《經文》　佛告皇后："喚石女來，於世尊前，驗其虛實。"

　　皇后奉命，即遣黃門，攝①之將來。

　　時，四石女，見佛叩頭啼哭，長跪合掌白世尊曰："實不偷珠，有何因緣，橫罹此罪，鞭打楚痛，身體破壞？"

　　世尊告言："罪業②因緣，自身所造，非父母為，非從天墮。人行善惡，受苦樂報，如響③應聲。貪現前利，心行邪諂，不知後世累劫受殃。夫惡從心生，反以自賊④。如鐵生垢，消毀其形。"

① 攝：捉住、收取、帶領、引導。
② 罪業：造罪作業，以及受苦得報。
③ 響：山谷的回響，就像我們對山谷大喊一聲，會有無數的回響。
④ 賊：音同則，當動詞用；被偷了，也就是受損傷了的意思。反以自賊：現在出土文物裡面，在器物方面，屬於漢朝和漢朝以前的青銅器出得很多。因為那個時候是在青銅器時代，主要的金屬都是青銅器，特別是以銅器為主。在春秋戰國後期時，就進入是鐵器時代，有的用銅有的用鐵，比較厲害的兵器和農具就用鐵，但容器方面還是用銅的多，所以還留下一部分銅器來，可是鐵器方面都不存在了。因為鐵氧化後會繼續溶蝕鐵本身，也就是鐵受了氧化的賊伐，這就叫"反自賊"。我們的心就像鐵，自我造垢，起惡後反回頭來傷毀自己。

<u>白話講解</u>　　佛就對皇后講："妳派人去把石女們叫到我面前來，看看是不是真有其事。"

皇后聽了佛陀的命令，馬上派宦官去把四個石女給押來。

那時，四個石女一見到佛陀就跪地磕頭，又哭又鬧，合掌跪著跟世尊說："我們實在沒有偷寶珠，以什麼理由要我們硬遭這樣的罪？用鞭子打我們，打得這麼狠，把全身都打得皮開肉綻。"

世尊就對這四個石女說："造罪作業受苦得報都是有因有緣的，這些都是自身所造，不可以賴到父母的身上；也不是老天爺硬派給你的。[是什麼罪業因緣呢？]人行善行惡所受到的果報之分是，行善則受樂，行惡則受苦，這果報就像迴響應聲一樣跟隨著。為了貪現前利，去攀緣邪諂的道路和方法，卻不知道這是非常惡的因緣。到了後世受了很多苦，而且不是受一次就可以了，還要累劫受報不停。這個惡因是由心造出來的，果報是使自己受到損傷。這種情形就像鐵被氧化生銹一樣，鐵一生銹後鐵本身就慢慢地被鐵銹腐蝕掉了。我們造惡後結果反而回頭來毀傷自己。"

《經文》　王叉手[1]白佛：“前後說法，皆有因緣，今四石女先世本業，有何因緣，願佛為說，開悟盲冥[2]，多所利益，眾人蒙祐。”

佛告王曰：“欲聞者善，著心諦聽，吾今說之。”

① 叉手：印度古時作禮的一種姿態。
② 盲冥：不知不見不覺。

白話講解　　[佛說完後，]波斯匿王就站起來，兩手叉在胸前向佛作禮說：“您說法的時候，都有說前因後果，您說前世後世的時候也一定會講前因後果的因緣果報法。今天這四個石女受到挨打的果報，到底他們過去世造業的前因前緣是什麼？請您把這個因緣開示給我們聽。經過您的開示後使我們能從不知不覺中覺悟，為了獲得廣大深厚的利益，讓一切眾人都能得到佛的智慧力的庇佑，受到它的惠利。”

佛告波斯匿王說：“你們想聽受因緣果報法是件好事，好好地、專心地聽清楚了，我現在為你們說。”

經法研探：念念不離因緣法 ▶

佛所說法就是說因緣果報法，所以我們讀佛經時，本本、段段、句句都要從因緣果報法的觀點來讀、來解答，不然就不知佛到底要跟我們講什麼。

石女宿世品第八
勸教燒身品第八之一

《經文》　佛復惟曰：“今我法中，有諸比丘，言行不同，心口相違。或為利養，錢財飲食；或為名譽，要集眷屬①；或有厭惡王法役使，出家為道，都無有心向三脫門②，度三有苦。

　　以不淨心，貪受信施，不知後世，彌劫受殃，償其宿債。為是等故，豈得不說？”

① 要集眷屬：例如佛陀的弟子提婆達多，率領五百弟子脫離僧團，自稱大師，制定五法，以此為速得涅槃之道，破壞了修行共同體的團結和六和敬。

② 三脫門：即空解脫門、無相解脫門、無願(無作)解脫門。

白話講解　　佛想了想說：“現在，在歸依了我正法的比丘眾中，有些人的言行不一致，甚至嚴重到心裡想的和嘴裡說的互相抵觸。[嘴裡說為了求佛道、求真理、度眾生、為解脫而出家，]實際上是為了求利養，得到錢財、飲食和生態；或是為了求名譽，聚集自己的群眾勢力；或是為了逃避國家法律，怕被徵兵、怕服勞役，才躲到正法隊伍中來出家。像這些人，根本沒有誠心想得到空解脫、無相解脫、無願解脫，也不想出離三界火宅，度脫欲界、色界、無色界的苦。

　　這些人懷著不淨心，貪圖享受眾生對僧團的信任和布施，卻不知道這樣做，[就欠了眾生的債，]將於後世無量劫中受苦遭殃，一直不停地連本帶利償還欠下的債務。為了救拔這些人，我哪能不說呢？”

《經文》 佛告王曰："憶念過去，無數劫時，有一大國，名裴扇闍。有一女人，名曰提違，婆羅門種。夫喪守寡，其家大富，都無兒息，又無父母，守孤抱窮，無所恃怙。

婆羅門法，若不如意，便生自燒身。

諸婆羅門時時共往到提違所，教化之曰：'今身之厄，莫不由汝前身罪故。何謂為罪？不敬奉事諸婆羅門，又不孝順父母夫婿，復無慈心，養育兒子。有是罪故，致令今身抱孤守厄。汝今若不修福滅罪，後世轉劇，墮地獄中。當爾之時，悔無所及。'

提違問曰：'當作何福，得滅罪耶？'

婆羅門曰：'滅罪二種，其罪輕者，手自髡頭，香湯洗浴，入天廟[1]中，懺悔辭謝那羅延天[2]，請婆羅門，足一百人，施設飲食。設飲食已，以乳牛百頭從犢子者[3]，嚫[4]婆羅門，然後罪滅。

所以者何？諸婆羅門修淨梵行，不食酒肉五辛[5]蔥蒜，唯仰牛乳，以為食資，令施主檀越[6]滅罪生福。世世所生，所願從心。

[1] 天廟：即婆羅門教的神廟，廟裡供奉各天天神。

[2] 那羅延天：那羅延是梵文的音譯。意譯是說那羅延天天王身體強健有力，代表的力量，如金剛般堅固而不壞。

[3] 從犢子者：指正在給小牛餵奶的母牛，而不是普通的乳牛。因為婆羅門教士只吃牛奶及奶製品，所以特別指定要布施哺乳中的母牛，這樣的母牛，奶水充足，除了可提供新鮮牛奶外，還可用來製造各種酪、生酥、熟酥、醍醐等可以儲存起來的乳製品。

[4] 嚫：音（趁）。意為對出家人布施財物。

[5] 五辛：蔥、蒜、韭菜、洋蔥、胡蔥五種辛味。

[6] 檀越：施主。

<u>白話講解</u>　　佛向波斯匿王說："回憶過去不知多少劫以前，有一個大國，名斐扇闍。國中有一個女人，名叫提違，出身豪貴，屬婆羅門種姓。她丈夫死後，就守寡沒有再嫁。家中雖富於錢財珍寶，卻下無子孫，[窮於對未來生命的展望和現實生活的意義，又沒有人脈人氣，]上無父母，孤獨寂寞，沒有依怙。

依照婆羅門的教法，一個人如果活得如此不如意，表示因造了大罪業，才受到這麼大的苦。所以要用自焚的方法，活活地把自己燒死[，若能燒掉肉身，即可連罪業苦難一起消滅]。

當時有許多婆羅門教士常常到提違家裡，不斷地以此法教化她說：'你今世所受的苦難，都是因為前世造了罪。造了什麼罪呢？不恭敬奉養服侍婆羅門僧人，又不孝順父母及夫婿，連養育子女的慈心都沒有。造了如是的罪，才導致今天形影孤單、獨守苦厄、無有依怙的果報。你如果不趁著今世趕緊修福滅罪，來世所受的苦將轉加劇烈，並墮於地獄。等到那個時候，再後悔就來不及了！'

提違問婆羅門教士：'[你們一直說我的罪業有這麼重，那麼，]我應當修什麼樣的福，才能把罪滅掉，後世不再受苦、不墮地獄呢？'

婆羅門教士回答：'[罪分兩種，有輕罪和重罪，因此]滅罪的方法亦有兩種。滅輕罪的辦法，是自己把頭髮剃光，再用放了香水的水洗澡，把身體洗乾淨後，到天廟裡去，在那羅延天天王像前懺悔謝罪。然後請滿一百名婆羅門的神職人員，以最好的食物供養他們。供養完後，還要以一百頭正在給小牛餵奶的乳牛布施給他們，就可以滅罪。

為什麼供養這樣的乳牛呢？因為婆羅門神職人員們是修淨行、梵行的，不飲酒、不吃肉、不沾五辛蔥蒜味，只吃牛奶及乳製品作為食物的來源。如果能夠以此供養他們，功德甚大，能使施主把所有的罪業都除滅掉，還能得福，於未來生生世世的受生，都心想事成，萬事如意。[這是對輕罪者的滅罪方法。]

　　印度社會分四個種姓階級：最高階級是婆羅門種姓，在宗教和精神領域上領導人民，具有最高的權威；依次為剎帝利，是受人尊敬的王公貴族、官員武士；其次為吠舍，即一般工、農、商階級；最下者為首陀羅，是被人役使的奴隸和賤民。

　　婆羅門種姓分兩種人：一種為出家人，即是以祭神，做天人溝通、祈禱、祝願儀式等為專業的神職人員，有資格接受民眾的供養，如此段經文中提到的一百名婆羅門。另一種，是不一定要以出家為專職的在家人。如提達即出身婆羅門種姓。

　　婆羅門教規定，只有生為婆羅門種姓者，才具有資格擔任神職人員的工作。若不是婆羅門種姓，一般說來是不行的，除非自動剃度出家，行沙門行，修得一定功德，能體現神通時，才會被接受。若生來即屬婆羅門種姓，則不必經此考驗，只須讀熟四吠陀書和奧義書，學會宗教儀軌，便可從事神職工作。

　　經中“諸婆羅門修淨梵行”，即是說若奉持淨居天天王為淨居天天人所訂的戒律而修行，謂為“修淨行”；若奉持大梵天天王為大梵天天人所訂的戒律而修行，謂為“修梵行”。佛教徒也修“淨行”、“梵行”，卻是依照佛陀所訂的清淨戒來修行，如《大般涅槃經》中的“梵行品”和“菩薩清淨戒”等。二者名詞雖同，修行內容卻毫無關係。

　　須知，佛陀是以婆羅門僧人的形像出家的，他的老師如跋伽婆仙人、阿羅邏仙人、優陀羅等，也都是婆羅門僧人，因為當時沒有佛教，只有婆羅門教。為歡喜隨順當時的情況，佛教大多沿襲了婆羅門教的文字、語言和用詞等。除了許多用詞雷同外，大乘佛經是用梵文記載下來的，而梵文是婆羅門神職人員祭祀大梵天王時，所用的文字語言。它屬於當時印度一種莊重嚴謹的正式語言，一般老百姓是不用的。

可見佛教與婆羅門教（亦即今之印度教）之間，有一定的關係，彼此常分不清。也由於這個分不清的關係，佛教最後被婆羅門教侵噬掉，導致於九百年前在印度滅法，只剩下了婆羅門教。

印度佛法滅在阿底峽尊者入藏的時期。當時，他看到佛法在印度已回天乏術，如果繼續待下去，不但性命不保，也護持不了佛法，所以把手中管理的一百多個寺廟和佛法的中心——那爛陀寺的鑰匙掛起來，以逃亡的方式，離開印度，進入西藏。從此開創了西藏後弘期的佛教，再也沒有回過印度。

《經文》　汝今罪重，應以家中一切所有諸珍寶物，布施五百大婆羅門。諸婆羅門得布施已，當為咒願，令汝後生常得大富。欲滅罪者，於恒水邊，積薪自燒。諸婆羅門當復咒願，令汝前身所造一切輕重過罪，一時滅盡，後世更生，無復餘殃。父母兄弟夫婿兒子，壽命無量，快樂無極。’

於是提違便許可之，決定開心，當自燒身。便敕家奴，將十乘車，入山伐樵，規以自燒。

<u>白話講解</u>　但是很不幸，你今日的罪太重了[，不能以輕罪看待]。你要滅罪的話，應當把家中所有的貴重財寶，全都拿出來布施給五百位大婆羅門。他們接受了你的布施，便會為你念咒祈禱，

讓你於後世常生在大富人家。[但這樣做，只能為你祈福，還不能滅罪。]若要滅罪，就要在恒河邊堆起木柴，把自己活活地燒死。這時，五百大婆羅門將再為你念咒祈禱，一次洗清你前世所造的一切輕重罪業和過失，再受生時，就不再帶著這麼沉重的業力包袱，不再繼續受尚未受完的苦厄磨難。你的父母、兄弟、夫婿、子女，都可得享無量的壽命和無盡的快樂。’

於是提違同意了這番話，就決定開心分死，燒死自己[，不再與臭皮囊糾纏]。便命令家中的奴婢，駕十輛大車，到山中去砍木頭，然後把木頭整齊地堆積在恒河邊，準備自焚。

經法研探：外道之身見 ▶

此段經文，有五個重點——

一、為什麼“諸婆羅門修淨梵行，不食酒肉五辛蔥蒜”？

因為他們認為這些食物，能使自己的身體變得不淨；如果不吃他們，就能保持身體的潔淨。所有的外道，都抱持這樣的想法，不講齋戒則已，一講到齋戒，都是為了求得自身的清淨。

這根本就違背了佛陀所說“觀身不淨”的真理。佛陀說，這個身體是由三十六種不淨穢臭之物合成，是“八萬蟲中舍”，是“四大毒蛇篋”，是“四百四病惱”，所以，不論吃什麼東西，都無有淨，終究都將化為白骨一堆。

二、婆羅門為什麼要鼓勵提違“積薪自燒”呢？

婆羅門教鼓勵提違“積薪自燒”，因為他們也相信“觀身不淨”，但卻是“於相住相”之說，大異於佛陀所說的“觀身不淨”的真理。他們認為：人若造罪，罪就會附在身體上，身子就不淨了。若能在活著的時候把身體燒掉，就能把一切的罪業一起燒掉，便有純淨的靈魂出竅。若死後再燒，就沒有用，靈魂還是帶著不淨的罪業走的。

所有的外道都有相同的看法，一方面相信“靈魂說”；一方面又非常執著於肉體的功用。

譬如基督教、伊斯蘭教和中國道教，都相信死後的臭皮囊還有用，還和過去的業力有關係。所以人死後，身體雖已腐爛，心裡還放捨不掉屍體，和它糾纏不清。基督教相信在最後的審判時，還得依此屍身來受審。在南傳佛教的盛行地斯里蘭卡，許多貧窮的人死後，花不起錢來荼毗（火葬），只能土葬。這時，親人就會把死者的眼珠子挖出來，因為他們害怕若不把眼珠子挖出來的話，邪惡的力量會通過眼珠子進入死屍，讓死者被魔鬼附身和做怪。

既然相信“靈魂說”，認為靈魂能出竅，則不論是活著的臭皮囊或死屍應該就沒有用了啊？何必藉燒身來滅罪呢？另一方面來說，既然燒身能把罪業同時燒掉，又何必有“靈魂出竅”之說呢？

這個自相矛盾的論點，正好證明了一切外道無法克服“身見”的問題和悲劇。

三、外道除了不能破除“身見”的問題外，總還免不了“名聞利養”之心，和信眾進行交易——“我為你念咒祈禱以消災祈福，你給我名聞利養”。這種做法，難免有“欺誑眾生”之實。

四、如經中所說：婆羅門為提違“滅罪生福”而“咒願”，提違則以“諸珍寶物”布施供養婆羅門。婆羅門如此教導提違，純屬大騙局，因為口稱為她消業，其實根本作不到。《地藏本願經·利益存亡品》中，佛陀分明言道，生者若做佛事超度死者，死者最多得七分之一的功德，其餘六分，由生者獲得。依正法而行，死者才得七分之一惠利，婆羅門教士怎麼可能為人念咒祈禱，就能幫人消業呢？

要能救拔眾生，真正幫助眾生消業除障，唯有真菩薩，像地藏菩薩一樣，披上菩薩大願甲冑、慚愧鎧甲、慈悲鎧甲，陪眾生的心下地獄，才作得到啊！外道邪師無有慈悲、無有智慧，只能邪說因緣果報欺騙眾生，實屬騙術！

五、外道的騙術，手法高明，常常看起來和佛門正法相似，都先把若犯重罪，死後定墮地獄的因緣果報講給眾生聽。但兩者的立場和心態是截然不同的。佛教希望眾生知苦、怖畏，便能起慚愧心，發願離苦得樂。而外道是用因緣果報先嚇住人，就容易受他擺佈。

婆羅門就是掌握住提違女人雖然家財萬貫，但自覺孤苦不堪，又不清楚自己將往何處受生的罪惡感和恐怖心，將她的罪說得極為嚴重可怕，先嚇住她。接下來就要她布施。但人總是吝於布施，於是便利用燒身一法，指明了說只有活著燒身才能滅罪。既然身都肯燒掉，還吝惜什麼財物，何況婆羅門又說，把所有財物布施給他們，後世就能得福。

這個手法非常厲害，用"罪"來嚇人，用"福"來誘人，難怪提違被說服了！

經法研探：下錯藥 ▶

婆羅門教認為"提違因為造了罪業才受苦"，並沒有講錯因緣果報。但和許多高明的世間法一樣，對病情雖有正確的批判和診斷，並不表示拿得出真藥。

更何況婆羅門教智慧微淺，無法揭示更深遠的因緣果報。其一，只提出提違造的罪，是"不敬奉事諸婆羅門，又不孝順父母夫婿，復無慈心養育兒子"。但是，為什麼提違會造這些罪？這個更前面的因緣，就說不出來。其二，只能說出提違死後將受地獄果報，但是，怎樣才能免下地獄？怎樣才能究竟消除罪業因緣？這個該如何正確答報惡果的因緣，也講不清。唯一的辦法，是要提違活活地燒死自己。這就下錯了藥！

故知，任何世間之"藥"，皆屬假藥，皆屬惡藥，不但解決不了問題，還帶來無窮的副作用。唯有佛陀正法，才能提出究竟正確的診斷，開出真正的法藥 —— 大乘法藥。服下大乘法藥，一切眾生病，方能得癒。

辯才開解品第八之二

《經文》 爾時，國中有一道人，名缽底婆(辯才)[1]，精進持戒，多聞智慧，常以慈心，教化天下，令改邪就[2]正，捨惡修善。

傳聞提違欲自燒身，心生憐愍，往詣其所，問提違言：'辦具薪火，欲何所為？'

[1] 缽底婆：是梵文音譯。意譯為辯才，即辯才無礙之意。
[2] 就：成就、達成、回歸依止的意思。

<u>白話講解</u> 那個時候，在他們國家裡有一個修道的人，名叫缽底婆(又名辯才)，非常精進修行，持戒甚嚴，於所聞正法牢記不忘，因此能[思惟佛義，如說修行，]開啟智慧，並常以廣大惠利之心，去教化天下，希望眾生放棄邪魔外道，出離過去的邪知、邪見、邪覺，而成就正知、正見、正覺，捨離十惡，修習十善法行。

他聽聞提違女人將於恒河邊自焚，便興起悲愍之心，來到他的住所拜訪他，並問提違道：「你採辦了這麼多柴火準備作何用途？」

經法研探：何謂多聞 ▶

"多聞"二字，在佛經中常常引起疑慮。《佛說四十二章經》中說："博聞愛道，道必難會，守志奉道，其道甚大"，似乎是不贊同"多聞"的。又於同經中說："廣學博究難"，似乎又贊同"多聞"。看來好像前後相互矛盾，其實不然。

佛教本來就講究五明之學（因明、內明、聲明、工巧明、醫方明）。《華嚴經》中記載，四地菩薩的修行，便可以開始學習一切世間之法，包括圖書、經懺、誦咒、語言、文字、藝術、技巧、醫術、音樂等學識。這算不算是"多聞"呢？"多聞"必須在一定的條件下進行，也就是說，四地菩薩功德善根具足，已能披上布施、持戒、忍辱、精進及慚愧、大願等鎧甲，不易被魔傾動、被魔所傷，或被四惡獵人的三毒之箭所中。而且為度眾故，為增益智慧故，為方便善巧故，而去學習一切世間之法。甚至為了能強而有力的降伏眾魔外道，還要去研究外道邪術。在這種情形之下，"多聞"是好的。但四地以前的菩薩或修行人，功德善根不足，"博聞愛道"則為佛所不許。

那麼，是不是四地以前的菩薩就不要"多聞"？佛陀稱譽十大尊者之一阿難為"多聞第一"，顯然"多聞"是一大功德。到底這個"多聞"是什麼意思呢？佛陀說阿難"多聞第一"，指的不是他對世間學問很嫻熟，因修聲聞乘者應遠離世間，而是指他"能聽法"。阿難是佛陀的近身弟子，長期照顧佛陀的生活起居，所以不管佛陀為誰說法，阿難都能聽到。阿難不但聽得多，而且無有忘失，故名為 "多聞第一"，也因此成為日後協助大迦葉尊者集結經典的主力。

這裡，辯才以能近善知識，能聽法，故名 "多聞"。又因多聞，進而能思惟義，如說行，便開啟自心智慧實力，便可常以廣大惠利之心教化天下。

《經文》　提違答言：'欲自燒身，滅除殃罪①。'

辯才答曰：'汝身罪業，隨逐精神②，不與身合，徒苦燒身，安能滅罪？

夫人禍福，隨心而起，心念善故，受報亦善。心念惡故，受惡果報。心念苦樂，受報亦爾。

如人餓死，則作餓鬼。苦惱死者，受苦惱報。歡喜死者，受歡喜報。安隱快樂，果報亦爾。

汝今云何於苦惱中，求欲滅罪，望善報也？幸可不須，於理不通。

① 殃罪：殃，即現在和未來的痛苦折磨。罪，即過去造下的惡業。
② 隨逐精神：佛教裡講 "精神"，指的是 "五蘊幻身"——色、受、想、行、識，或指 "心意識"。五蘊幻身雖念念生，又念念死，變化不止，卻又是相似相續生。所謂 "罪業隨逐精神"，是說五蘊幻身既是念念相似相續生，罪業亦復如是，也是相似相續生，不斷增上，愈來愈重。當我們的心愈惡，罪就愈大；罪愈大，禍殃也愈大。換句話說，會因小惡墮三惡趣，再由三惡趣墮大地獄，再由大地獄墮無間地獄，正是因為罪業相似相續生，不斷增上的緣故。

<u>白話講解</u>　提違回答：'這些柴火是為了自焚燒身，以消除[現在和未來將受到的痛苦折磨，以及]過去曾造下的罪業。'

辯才回答：'[因為造罪才導致受苦是對的，但是]罪業是由心

造，亦是由心受，是跟著心走的，不是跟著肉身走的，所以就這樣痛苦的自焚燒身哪能滅罪呢？[只能白白地忍受燒身的大苦痛，既滅不掉罪業，禍殃也滅不掉。]

人之所以受禍受福，是根據心而定的[；換句話說，心起什麼念，將決定受禍或受福]。心若念善，攀緣善，依善而立，則受無傷毀而有惠利的果報。心若念惡，攀緣惡，依惡而立，必將受到傷毀的惡果報。同樣，心若念樂，攀緣樂，依樂而立，則不找苦吃，必得樂果。心若念苦，攀緣苦，依苦而立，則自討苦吃，必得苦果。

假若一個人找不到食物而餓死，死後定墮餓鬼道。假若一個人死的時候，帶著極大的憂悲苦惱，那麼受生的地方一定是充滿憂悲苦惱的地方。假若能感激因所受的苦而開啟我們的覺悟，歡喜地死去，則受生於安隱快樂之處，這是必然的果報。

按照這個道理來看，你今天怎麼可能於大苦惱之中，要求滅罪，而希望得到善果報呢？實屬顛倒。千萬千萬不要認為非這麼做不可，因為這麼做實在是於理說不通的啊！

經法研探：苦因樂因 ▶

辯才告訴提違："罪業是由心造，亦是由心受"、"禍福是由心起什麼樣的惡念或善念，來決定受禍或受福的"，所以只有發大願改變惡因（心）、苦因（心）為善因（心）、樂因（心），才能得到善果、樂果。這樣就點破了婆羅門教邪說 ——"罪業是附在肉體上的，燒掉肉身，即能滅罪"的要害。

辯才接下來說："心念善故，受報亦善。心念惡故，受惡果報。心念苦樂，受報亦爾。"

　　天人依善而立，依樂而立，一心攀緣善與樂，認為“我善故我在，我樂故我在”，所以樂多苦少，如前面經中所述，容易持上心道三戒。

　　而人道中，苦多樂少，心道三戒難持。因為人道眾生許多依惡而立，依苦而立，認為“我惡故我在，我苦故我在”。也就是說，人道好攀緣惡和苦，做為“我”的存在的依據，這樣定然受到惡果報。

　　譬如，黑道的朋友們，就怕自己不夠“狠”，常自詡自己是“頭等狠人”，只要腳踩一踩，乃至眼橫一橫，誰都怕他。因為自我認定“狠人”就是“我”，“我”就是“狠人”，那麼“惡”就是“我”，“我”就是“惡”。而惡即是傷毀，傷毀即是地獄。作惡多端的果報，即是活在地獄中，心中永遠得不到安適，雖然不想再行惡，但以習性業力故，常無法自拔。這個惡果報，就受得重了。

　　又如，好累積委屈感的女人，經常以淚洗面，總覺得她最苦，所有的人包括老天爺都對不起她，都在傷害她。雖然她們不是黑道的朋友，但攀緣傷毀，以能被“傷毀”做為“我”的依據的心態，則是如出一轍。既然“我”是這樣被認定了，召感來的定然是傷毀，定然是苦，定然墮入地獄中。

　　辯才又說：“如人餓死，則作餓鬼”。說的也是“造業受報”的道理。好比向人伸手要錢的“乞丐”，如果他的自“我”認同就是“乞丐”，“伸手要錢”就是我的職業，那麼“乞丐”就是他未來的命運。當他飢餓討不到食物時，一定就會放棄任何其他機會，這樣“餓死”就成為他的果報，“餓鬼道”也就是他必然受生之處。假如這個“乞丐”是被老闆炒了魷魚，在找不到下一個工作之前，家中孩子餓了，沒辦法只有找親戚朋友，或向陌生人伸手借錢或要錢，這樣的人雖做“乞丐”，卻不會淪為“乞丐”的果報。因為他不以“乞丐”為自我認同，而是希望能活到明天，找到下一份工作。當然就不一定得“餓死”和“受生餓鬼道”的果報。

至於“苦惱死者”，為何會“受苦惱報”呢？通常我們認為，一個人死的時候，如果現大苦惱，應該去找快樂的地方受生，為何會再去找憂悲苦惱的地方受生呢？因為苦惱是我們自心攀緣來的，攀緣來了，就得受報。

到底什麼是苦？什麼是樂？還是由我們心起一念善，或一念惡來決定的。如果我們受了別人的冤屈，我們可以把它當成一件大苦惱，一輩子都恨這個給我們冤屈的人。而瞋恨是地獄因，果報就是使自己下輩子活在地獄中。相反地，我們也可以把它當成來教育我們的機緣，當我們充分領受到它的啟示時，我們就將一件原本是大苦惱的事，轉成一件值得感激的大樂事，譬如韓信當年所受的胯下之辱。

每個人的一生，都是八苦不斷的。面對喪失一切既有的青春、社會關係、名譽、地位、財產、親情、前途等事，是在苦惱中呢？還是在歡喜中呢？決定了我們往何處受生？受何報？對一般人來說，這定是一件大苦惱的事，即受苦惱報。但是，同樣的事，對修行人而言，則是一件充滿了幸福和快樂的事，即受歡喜報。

為什麼修行人能把別人都以為的大苦變成大樂呢？因為他自願自覺地去捨掉一切世間身、命、財三不堅法，就捨掉一切苦因和惡因，得到的是安隱，是解脫。因此，他是以極大的歡喜心和幸福感而出家修道的。

故知，福禍是自造自受，心攀緣什麼，就受什麼報。所以，辯才肯定地告訴提違，她絕對不可能在苦惱中自焚而死，卻希望得到善報、福報。唯有發願改變這個“苦惱的心”，才可能滅罪生福。

《經文》　復次提違，如困病人，為苦所逼，若有惡人來至其所，呵罵病人，以手搏耳。於意云何？爾時，病人寧有善心，無忿惱不？’

提違答言：‘其人困病，未見人時，常懷忿惱，況被搏耳，而當無忿！’

辯才告曰：‘汝今如是，先身罪故，守窮抱厄，常懷憂惱。復欲燒身，欲離憂惱，當可得不？

如困病人，得人呵罵，尚增苦惱，百千萬倍，況自燒身，猛炎起時，身體焦爛，氣息未絕，心未壞故。當爾之時，身心被煮，神識未離，故受苦毒，煩悶心惱，從是命終，生地獄中。地獄苦惱，尤轉增劇，百千萬倍，求免甚難，況欲燒身求離苦也！

復次提違，譬如車牛厭患車故，欲使車壞，前車若壞，續得後車，扼其項領，罪未畢故。

人亦如是，假令燒壞，百千萬身，罪業因緣相續不滅。如阿鼻獄燒諸罪人，一日之中，八萬過死，八萬更生，過一劫已，其罪方畢。況復汝今，一過燒身，欲求滅罪，何有得理？’

<u>白話講解</u>　還有，提違！請你再想想看，假如有一個人為重病所困，為病苦所逼迫。這時來了一個兇惡的人，走到他面前，大聲責罵他，並以手搏他的耳朵。你想想看，這個病人會怎麼樣呢？會起一點善心嗎？能不忿恨苦惱嗎？’

提違回答：‘假如一個人為重病所困，即使沒有人前來罵他，

這個病人已常在忿恨苦惱中了，況且還被罵，被擰耳朵，怎麼可能不惱怒忿恨呢！'

　　辯才於是告訴提違：'你呀，今日也跟這個病人一樣，因先世罪業深重，[今世才依苦而立、依惡而立，]常處傷毀災難之中，受到孤獨寂寞，憂悲苦惱的果報。已經這麼苦了，還認為可以藉燒身來離開傷毀和痛苦，能夠作得到嗎？

　　好比那個重病的人，被人責罵後，苦惱都會比原來增加百千萬倍，何況以烈火燒身！當身體受到烈火燃燒，轉為焦爛，但還無法斷氣，神識也沒有離散，那個時候身心將一起受到煎熬。因為神識尚在，所受全然是苦是惡，一定煩躁氣悶、心神惱亂，以這樣的心態去死，死後定墮地獄。而地獄中的苦，更是劇烈地轉加增上，到百千萬倍，要想能免於這樣的苦果，可太難太難了！你還認為燒身可以離苦免罪？[實在太顛倒了。]

　　又，提違呀！好比拉車的牛，拉不動時，就討厭埋怨車，希望車壞了，就不用再拉了。但是一輛車壞了，又換來另一輛車，還是套在脖子上，[跑得掉嗎？唯一的辦法，就是不當牛，才有可能消除今世受生為牛的罪業因緣。假如堅持當牛，就是]堅持不捨受生為牛的罪業，只好繼續拉車了！

　　人也是一樣，[想燒掉這個肉身滅罪是沒有用的，因為]即使燒掉百千萬個身體，罪業因緣還是相似相續生，不可能滅掉。正如阿鼻地獄中飽受燒身之苦的罪業眾生，每天要被火燒死八萬次之多，再八萬次重生地獄之中，這樣生生死死超過一劫，罪業才能消除完畢。何況你現在只燒一次身，就想滅掉罪業，這算是什麼道理呢！'

經法研探：罪與罰 ▶

　　我們的心經常徘徊在罪惡感和委屈感之間，這是非常危險的兩個邊見。在慚愧、懺悔，發露自己造惡的因緣果報時，我們的心就常跌入這兩大陷阱中。提違女人雖然承認了自己的罪業，不再感到"守孤抱窮、無所依怙"的委屈感，但是婆羅門卻沒有依正法來開解、導引她，反而調發起她內心的罪惡感。她所示現的——"欲自燒身，滅除殃罪"，正是心中罪惡感對外的具足體現。

為什麼提違的心，會陷入罪惡感中呢？

因為提違和一切眾生一樣，百劫千生以來，都造了一個惡業——相信"罪與罰"的遊戲規則，也就是說，相信：一、如果自己的父母、夫婿、子女先死了，表示自己沒有盡到照顧的責任，就有罪。如提違落到孤身寡人的地步，罪就更大了。二、有了罪，怎麼辦呢？就一定要罰，罰了就沒罪。

我們的心如是行在"罪與罰"中，在"罪"與"罰"之間，虛妄造作無數惡業。就好比是最嚴苛的酷吏，訂下最嚴酷的法律，來懲治處罰罪人。對於"十惡不赦"的罪人，如果不施以最嚴酷的懲罰，則事無天理，似乎是罰得愈重，愈能天理昭然，才能讓人覺得"公平"。

殊不知，這套"罪與罰"的遊戲，是非常可怕的，原先訂下的嚴刑峻法，是要懲罰別人用的，可是發覺自己也有罪時，這套嚴刑峻法就定然回頭來修理自己，把自己推入罪惡感的深淵。

所以，當婆羅門告訴提違"你有罪，該燒身罰自己，罰完了，來世就沒有罪了"，提違就如是相信，乖乖掉入婆羅門的圈套。其實，她本來就相信這套"罪與罰"的遊戲規則，是她為自己早就佈好的圈套啊！因為如果我們不信這套遊戲規則，那麼，誰也套不住我們。

這就解開了我們心中的疑惑：為什麼提違要攀緣"燒

身"之法呢？

　　提違女人的苦行苦受，即是為我們印証這個"自造自受"的真理。所以不能把錯誤都歸咎到婆羅門身上，顯然，婆羅門自己也於"罪與罰"中仍未解脫，才會用如此之惡法，來教導提違。婆羅門終將也要承受自造自受的惡果。

　　佛法是慈悲大法，不是"罪與罰"的法，不處罰眾生，只希望眾生經由正確的慚愧、懺悔，覺悟自己罪業全部的因緣果報，然後依持戒，永不再犯，就能滅罪除障而離苦得樂。惠能大師在《法寶壇經》中說得好："但向心中除罪緣，各自性中真懺悔，忽悟大乘真懺悔，除邪行正即無罪"！

問除罪法品第八之三

《經文》　爾時，辯才種種因緣，為說正法。提違女人心開意解，改志易操①。燒身意息，白辯才言：'當設何意，令得滅罪？'

①　改志易操：志，志願。易，改變。操，操守、行為原則、做法。

白話講解　　那時，辯才以種種因緣譬喻，善巧方便地為提違開示正確的和錯誤的兩套因緣果報，讓她明白什麼是對的？什麼是錯的？提違女人因此心開意解，不但解開了邪迷顛倒的繫縛，而且改變了原先的意願，熄滅掉燒身的意圖，並請問辯才：'[我知道了我的苦，是從過去生和今生所造的罪業而來]我應該如何調整我的心，做好心理建設，才能消滅掉我的罪業呢？'

經法研探：正見邪見 ▶

　　《妙法蓮華經・方便品第二》中，佛說：“我以無數方便，種種因緣譬喻言辭，演說諸法”，目的是為一切眾生“開佛知見”，“示佛知見”，希望一切眾生都能“悟佛知見”，“入佛知見道”。

　　“譬喻”的功德無量，可以幫助我們正確地“對號入座”如是因、如是緣、如是果、如是報。“譬喻”好比是一張電影票，票本身不是座位，但是根據票面上印的座位號碼，可以找到位子對號入座。

　　辯才即是如佛所說而行，以種種因緣譬喻，從不同的角度切入，為提違開示正法，讓她自己一一“對號入座”，見到正確的因緣果報，終於有所悟入，捨邪就正。

　　何謂正法？即是全面、正確、深刻地揭示因緣果報。何謂邪法？即是扭曲、割裂、錯謬、欺誤地邪說因緣果報。

　　如婆羅門說，提違必須散盡家財、積薪自燒來答報眼前的苦果，如是即可消滅罪業，並得來世快樂的果報。這即是邪法。

　　婆羅門雖然正確地指出，提違“抱孤守厄”是苦果，它的因是“先世惡業加今世罪業”，但在最重要的關鍵上——如何正確地來答報苦果，卻說應該以“燒身”來答報，這就犯了理論上的大錯謬，並於正法上動了手腳。所以，辯才便以種種因緣譬喻，告訴提違這樣的“報”法，不但適得其反，還要得到直墮地獄的苦果。

　　因為在“報”上，是一個轉法輪的關鍵點，將引出兩套不同的因緣果報。“正報”則引出另一輪正的、善的因緣果報；“邪報”則引出另一輪邪的、惡的因緣果報。辯才就是把這兩套因緣果報擺在提違面前，讓她知道什麼是對的，什麼是錯的。有了正確的選擇，提違才能有機會捨邪就正。

我們或許會問：為什麼提違一開始會這麼邪迷顛倒？做這麼愚蠢的選擇呢？

人在最無力、痛苦的時候，總會想辦法解決掉眼前的苦。這時，踫到什麼，就"吃"什麼，而世間法賣的儘是"假藥"，所以只有吃"假藥"了。好比一個在沙漠中迷失多日的人，到處找水源，終於找到了水。這時就算是毒水，駱駝喝過，已死了兩隻，但渴得太厲害，也找不到無毒的清水，就只有喝了，因為不喝還是得渴死。

邪法，即是假藥、毒水；唯有正法，才是真藥、甘露水。如果辯才不及時拿出真藥和甘露水，恐怕提違非得走上燒身之途了。

《經文》　辯才答言：'前心作惡[1]，如雲覆月[2]；後心起善，如炬消闇。汝今幸有欲滅罪意，自有方便[3]，我能令汝不費一錢，乃至不經毫分之苦，滅除殃罪，現世安隱，後更生處善願從心。'

[1]　前心作惡：心，指意業，即嫉妒、瞋恚、憍慢邪見。一切的惡，皆由意業造作而來，意業造作，才會產生身、口二業。所以身、口二業，是沒有自性，以心來決定的。譬如外科醫生用手術刀"殺"人，凶手拿刀殺人，兩種不同的心態來"殺"，醫生不造殺業，凶手就造了殺業。佛陀慈悲度人時，有時愛語，但不造綺語的業；有時粗語，但不造惡口的業。所以惡由心造作，而不是由身口來衡量的。

[2]　如雲覆月：覆，是遮蔽，即欺誤覆藏之意。雲，指心作惡時，就一定要欺誤覆藏。月，比喻眾生心中本有追求快樂、善良、光明、真實的佛性，就像月亮一樣，本來自在，縱然被雲遮住，但

還是一直在那兒。如雲覆月，就是說當意業造作時，就遮蔽覆藏
了心中本來自在自明的佛性，開始造作顛倒、虛妄、欺誑、傷
毀、苦的種種惡業。使光明變成黑暗，使智慧變成愚癡，使善良
變成邪惡，使快樂變成痛苦。

③ 自有方便：意指大善知識自然就會出現。

<u>白話講解</u>　　辯才回答：'前一念，心起惡時，即造下惡業，[遮蔽
了我們的善根、覺性，]就好比雲遮住了月亮。但是，下一念，心
起善時，就好像點起了火把，驅散掉黑暗。你今天幸好還有欲望和
心思要熄滅罪業，所以我就出現了。我能讓你一毛錢都不花，也不
讓你受一絲一毫的苦，就能將你所受的苦果和造罪的因緣，通通除
滅掉。今世活得安隱快樂，死了以後，再去受生的地方，一定是依
照你所發的善良意願去受生的，並且是善良如意的。'

經法研探：正因得遇正緣 ▶

　　辯才在此段讚美提違發願要除滅自己的罪業，所以他才
適時出現。如果提違不發這個願，是否辯才就不出現？

　　是的。大善知識要想救拔眾生，也只能和眾生要求止
惡行善的願望合作，以接引眾生的善根，不可能無緣無故地
去救拔每一個人。辯才因為見到提違的因緣成熟了，所以才
"心生憐憫，往詣其所"。換句話說，我們一定要發出求救訊
號，才會得三寶加持。

　　那麼，提違是如何成熟值遇大善知識的因緣呢？

　　第一，許多人不願意承認自己有苦，但提違承認了自己
的苦，並且願意面對，不想再用任何打壓、麻痺或轉移的方
法去逃避苦。

　　第二，提違承認自己無力對治苦，願意求救，並發出求

救的訊號。

第三，經由婆羅門的開解，提違知道自己的苦，是由自己過去生和今生所造的罪業而來，願意接受"因為我惡，所以我苦"的真理，不怨天尤人，也不自憐自艾。

第四，走完前面三步，提違已能知苦、怖畏，並要求厭離，也想發起慚愧、懺悔，把惡業消滅掉。只是未逢真正大善知識，無法幫助她正確發露因緣果報，正確地去消業除障。至此，提違雖然成熟了四個因緣，但也還是走不通。

第五，但是由於提違願力真實，而且勇敢誠實，真心想慚愧、懺悔，雖然誤信婆羅門的邪法，也沒關係，終究得遇辯才。如果提違自己不累積第一到第四步的資糧福報，就算辯才出現在她面前，也定然會失之交臂。

《經文》　提違聞已，心大歡喜，憂怖即除，如重罪囚，蒙赦欲出。即起修敬，禮拜問訊。即敕婢使，為敷高座，氍毹氀毬[1]，錦繡[2]綩綖，嚴飾第一。散花燒香，勸請辯才，令登高座。

辯才受請，即昇高座，提違女人即率家內奴婢眷屬五百餘人，圍繞辯才，叩頭恭敬，合掌而立。

[1]　氍毹氀毬：音（曲輸他登），即毛織品。
[2]　錦繡：即花飾美麗的絲織品。

<u>白話講解</u>　　提違聽了，心中大為歡喜，憂慮和恐怖一下子煙消雲散，好像一個被判了重刑的囚犯，突然接到特赦令，等著離開監牢。於是，立刻起身，再度恭敬禮拜辯才。並命令婢女，用最寬大柔軟美麗的毛織品和絲織品，一層層把座位墊得厚厚高高的，

修飾莊嚴，然後散花燒香，懇請辯才昇座說法。

辯才接受請求，登上高座。提違女人就率領了家中奴婢眷屬等五百多人，圍繞辯才，一起恭敬頂禮，合掌站立。

《經文》　提違女人白辯才言：'尊向所說，滅罪事由，雖懷欣慶，猶有微疑，惟願為說除罪之法，當如法行。'
　　辯才答曰：'起罪之由[I]，出身口意。身業不善，殺盜邪婬。口業不善，妄言兩舌惡口綺語。意業不善，嫉妒瞋恚憍慢邪見。是為十惡，受惡果報。

[I] 起罪之由：提違問辯才"除罪之法"，為何辯才卻從"起罪之由"回答起？因為要想"除罪"，必須先知道"除罪"的因緣；要知道"除罪"的因緣，先要知道"起罪"的因緣。也就是說，要知道自己造了什麼罪？怎麼樣造的罪？為什麼當時會造罪？看清楚了這些，就知道"除罪"因緣，自然知道如何除罪；看不見，就不知有何罪可除，當然除不了罪了。所謂"歸程"即是"迷途"，如果能知道怎麼迷的路，就能找到回家的路了。

<u>白話講解</u>　　提違女人再度提問：'尊師，您剛才為我們開示如何滅罪的因緣果報。我們聽了，雖然心中非常歡喜慶幸，但是仍然有一些疑問。希望您更詳細地解說具體除滅罪業的方法，我們一定會照著正法去修行。'

辯才回答：'[要想知道滅罪的因緣，先要知道起罪的因緣，]我們的罪，是由造作身、口、意三業而起。身業的不善，即起殺、盜、邪淫；口業的不善，即起妄言、兩舌、惡口、綺語；意業的不善，即起嫉妒、瞋恚、憍慢邪見。這樣的身、口、意三業，加在一起，就是'十惡'。造作這'十惡'的罪業，一定會受惡果報的。

　　佛經是由梵文翻譯過來的，往往同一個名詞，當梵文的意思比漢文廣博，找不到能正相應的漢文時，就會出現不同的漢文翻譯。

　　基本上，譯經師大致可分為兩派：一是"鳩派"，以鳩摩羅什為代表，選擇妥協，找到最相近的漢文就是了，但是簡單明瞭，朗朗上口，鏗鏘有聲，便於記憶。一是"玄派"，以玄奘為代表，為了要求真理的準確性和完整性，寧可繞嘴，或是創造出新的名詞，也不妥協原經文的意思。

　　十惡行，在不同的經典裡，就有不同的翻譯。

身惡業 —— 殺、盜、淫

　　殺，是統一的翻譯。指殺生，由自保心起傷害心、殺心（教唆），以瞋恨心而殺。

　　盜，是一般的翻法，通常指偷、搶、騙，有時會拿棍、拿刀、拿槍進行。但是如果不偷、不搶、不騙，就沒有別的"盜"了嗎？

　　就嚴格的意義上來講，不該拿的拿了；別人沒有給，就自己拿了；別人沒有表明給的意思，就自己拿了，都算"盜"，所以也有翻成"不與取"的。

　　"不與取"的盜，普遍發生在隨意將公家的東西，譬如文具、紙張等拿回家用。如果拿回去用，或拿去轉賣牟利，雖然不能同意，但可以理解。最難理解的一種心態是，即使用不著的東西，也要拿回去故意糟蹋，好像不拿白不拿，不拿會對不起自己和祖宗八代。

　　這種現象，反應了人心真是已黑暗到善惡不分的地步了。居然在"大家都這麼做，我這麼做有什麼不可以"的心態下，還自以為"我沒有為惡，我是善人"。

最嚴重的盜，是盜取佛或僧伽的供養物，會犯下墮入五無間地獄的重罪。

淫，是統一的翻譯。分正淫和邪淫。與不是自己的配偶性交，算是邪淫；若以放逸心、傷害心發洩性欲，即使是與自己的配偶性交，仍屬邪淫。

口惡業 —— 妄言、兩舌、惡口、綺語

妄言，或翻成"妄語"。但"妄"是統一的翻譯。自誇渲染、以不實之語誇讚自己、所謂"善意的謊言"、騙人、違背契約、遊戲真理邪說正法（能把眾生從正路上邪導出去）、毀謗正法、偽裝正法，都是妄言。

兩舌，是鳩摩羅什派的翻法。兩舌，是跟兩種人說兩番不同的話。但是佛陀依根而教，次第接引，為根器低下的人，說聲聞乘，說化城之喻；為大福報的人，則說一佛乘，這樣佛陀不就兩舌了嗎？所以玄奘派翻成"離間語"，是較精確的翻譯。"離間語"，除了兩舌外，還有故意破壞和諧、挑起雙方爭鬥的意思。譬如在僧團中說"離間語"，即是破和合僧，犯五逆重罪，會下五無間地獄的。

人心以邊見（對立二分的思維方式）故，經常會自己對自己說兩番話，內心交戰、拉扯，以至精神錯亂，這也是兩舌。

惡口，是統一的翻譯。說出傷害人的話，抹黑對方，希望對方倒霉，受到傷害。

綺語，又叫"諂媚語"，這是一派的翻譯。玄奘翻成"無義語"，比"綺語"、"諂媚語"精確。但最究竟的翻法，似乎應該是"毀義語"或"遮義語"。

譬如對一個胖女人說："你瘦了好多，變得好苗條啊！"，或是說："你愈來愈福相了！"這可以說是"綺語"、"諂媚語"。雖然兩種說法彼此相反，但都沒有說出真實義，所以是"無義語"。而且，說的人還想抹殺、遮蔽真實義，所以用"毀義語"或"遮義語"，似乎應當是最究竟的翻譯。

意惡業 —— 貪、瞋、癡

意業三戒，最普遍常用的翻譯是"貪、瞋、癡"；鳩摩羅什翻成"淫、怒、癡"；本經翻成"嫉妒、瞋恚、憍慢邪見"。這些翻譯之間有什麼關係？各有什麼考量呢？

貪，翻成"淫"，因為"淫"就是"貪"。"淫"不光指兩性的性行為，而是"浸淫"的意思，描寫我們的貪心，就像水一樣不斷地流散滲透，擴大地盤。

貪，又翻成慳貪、貪吝、貪惜、貪愛等，都是"愛"的表現。凡夫貪愛吝惜身、命、財；小乘人，絕對戒貪；大乘人，貪愛吝惜法身、法財、慧命。所以，"貪"是沒有好壞自性的，重要的是"貪"的內容和品質。

翻成"嫉妒"，是有特別的深心。因為嫉妒是由慳貪、貪吝、貪惜、貪愛而起，例如你有我沒有，你樂我不樂，你好我不好時，就會引起嫉妒；如果沒有這些貪心，就不會引起嫉妒。而我們最吝惜貪愛的，就是我們認為自己最獨特的優點，因此，只要任何人威脅到自己的優點時，就產生"嫉妒"。"嫉妒"是貪心中，最惡、最具傷毀的力量和絕對的惡法，足以將人導入爭鬥、瞋恨、仇害的地獄之旅。

瞋，有瞋恚、瞋恨、瞋惱、瞋忿、瞋怒等不同的翻譯，但"瞋"字是統一的翻譯。

癡，可翻成"愚癡"、"愚迷"、"執迷"等詞。有愚蠢、愚笨、執著、冥頑不靈、黑暗愚鈍、心力薄弱、剛強難化、為魔所困等諸多的意思。

翻成"憍慢邪見"，則有特殊的考量。因為我們最癡迷、最執著、最剛強難化的，就是這個"我"。憍，指恣意矯揉造作出來的這個"我"；慢，指粗暴對待這個"我"，錯認這個"我"為"真我"。其實"本來無我，橫計有我"，從嬰兒的這個"我"、青少年的這個"我"、成年的這個"我"、老年的這個"我"、乃至到天人的這個"我"、阿羅漢的這個"我"、辟支佛的這個"我"、菩薩的這個"我"，都無有實性，沒有一個是真的"我"，直到回歸依止到"諸佛大我，佛性真我"，"我"的問題，才算究竟解決。

但是做為眾生，我們不但迷於"真我"，還癡迷、執著、冥頑不靈地去塑造、增益、保護這個"假我"。不僅如此，更認定這個"我"的眼耳鼻舌身意所能召感的色聲香味觸法是唯一的"真實"。這正是對"我"及"我所"的邪見，而起的憍慢；若能正見這個"我"，即是"諸佛大我，佛性真我"，即無有憍慢，亦無有憍慢邪見，即得究竟解脫。

經法研探：善惡報應 ▶

辯才說完"起罪之由"後，在此處總結道："是為十惡，受惡果報"。為什麼作惡，就一定要受惡果報呢？從現代人的眼中看來，這世界充滿了惡人。但惡人好像愈惡愈有力，愈拉風，愈是吃香的、喝辣的，怎麼可能是"惡有惡報"呢？讓我們舉例來說明。

就以"殺"來說。

　　小孩看大人殺魚、殺雞時，會問：“為什麼殺牠們？”大人回答：“不殺的話，魚長大了會吃人，雞多了也會吃人。”雖然這是一套邪說的因緣果報，但也透露了我們心中時時相信“生存競爭”這個法。

　　既然我們認為“生存競爭”是合情、合理、合法的，那麼，只要感覺到可能是我們生存競爭的對象時，就可以合情、合理、合法地把他殺掉，譬如殺魚、雞、蟑螂、螞蟻、蚊子、老鼠、毛毛蟲、蛇……等。於是，根據這個我們相信的法，如果別人認為我們是他的生存競爭對象時，即使只是可能的對象，他應該也可以合情、合理、合法地殺掉我們罷！所以，我們就必須小小心心地活著。

　　為什麼大人有那麼大的傷害心，要隨時隨處叮嚀小孩“小心”、“危險”？為什麼明明知道蟑螂、老鼠、毛毛蟲、蛇無害人命，但是非怕不可？正是因為我們累世以來造了無數的殺業，讓我們傷害心止不了，見到外面都是會傷害我們的敵人。

　　如是活在處處是敵人的恐怖中，基本上是到了地獄。因為在地獄中碰上的一切眾生，都是會傷害我們的。

　　盜，亦復如是；造盜業，必然受惡果報。

　　對外人進行“不與取”時，我們會以各種理由來說服自己，譬如“反正他有的是錢”、“反正不拿白不拿”、“反正他欠了我的”，根據這些自訂的惡法，於是合情、合理、合法地對別人做出不與取。既然是自訂的惡法，我們一定服從它，也相信別人會服從它，所以就成天防範著，怕別人也對我們以同樣的理由進行不與取，結果就出現家家戶戶裝鐵窗、鐵門，再裝上防盜鈴等怪現象。

如果我們對親人進行過不與取，那麼我們就親身證明了——"親人是會偷親人的"，這樣，能不提防著親人變成賊嗎？活在時時提防親人的恐怖中，的確太苦了。

總之，如果我們自己覺得活在一個遍地盜賊的世界裡，處處須要小心提防，而日日心神不寧的話，正是在承受著過去造了偷盜惡業的果報。

淫，亦復如是；造邪淫的業，就得受邪淫的報。

當我們犯邪淫時，一定也找出各種的理由來說服自己，譬如"反正這女人賤"、"反正這人好欺負"、"反正她先生（或他太太）不在乎"、"反正他老婆不是個好女人"、"反正是她自己送上門來的"等等。最後，這些我們自訂的合情、合理、合法的理由，都得回報到自己身上，無時無刻不防備著自己的伴侶、姐妹、女兒、兒子被別人邪淫。

口業，亦復如是。

為什麼我們見到別人說悄悄話，就懷疑別人在說我的壞話呢？因為，我們曾經在別人背後說悄悄話，隨意地譭謗、批評、謾罵別人。為什麼我們不能正受諸佛菩薩和善友的愛語呢？因為我們說過太多的諂媚語、無義語和毀義語，無法領受愛語中的真實義，這都是造了口業的惡報。

《維摩詰所說經》中說："是殺生，是殺生報。是不與取，是不與取報。是邪淫，是邪淫報。是妄語，是妄語報。是兩舌，是兩舌報。是惡口，是惡口報。是無義語，是無義語報。是貪嫉，是貪嫉報。是瞋惱，是瞋惱報。是邪見，是邪見報。"

相信了"造惡業定然受惡報"的真理，才知道怖畏，才能有資糧持上四重禁戒、五戒和十善法戒，開始止惡行善，離苦得樂。

可嘆的是，今天末法時期的我們，經常只求活在當下，追逐的都是愈來愈小的無常之物，既是無常，傷害心就愈大，心量就愈狹劣黑暗，無法看到深遠的因緣果報，即使連多一步的因緣果報，都看不見，所以實在太難相信"造惡業定然受惡報"的真理。不相信這個真理，就愈放逸其心地去作惡，愈作惡，就愈不信，結果陷入"不見善不作，唯見惡可作"（《大般涅槃經》）的惡性循環中。

雖然佛陀先說佛法有正法、像法、末法、滅法時期，可是佛臨涅槃前又說，佛法是不會滅的，因為它是不生不滅，不垢不淨，不增不減的，如何能滅呢？若說有滅法，是因為我們自心太黑暗了，自心把法滅掉，以至於連"造惡業定然受惡報"的真理，都無法相應。

既然知道是自心的問題，佛陀慈悲希望一切眾生都能持上十善法戒、五戒，或起碼的四重禁戒，將自心的黑暗驅走，以光明坦蕩的心，享受"善有善報"的樂果。

《經文》 今當一心丹誠懺悔[I]，若於過去，若於今身，有如是罪，今悉懺悔，出罪滅罪。當自立誓，從今已往，不敢復犯。

并為我等先人父母夫婿兄弟，所有過罪，我今一心，代其懺悔。我弟子提違以今懺悔，改惡修善，福德因緣，施與一切受苦眾生，令其得樂。眾生有罪，我當代受。

復立誓言，緣我今日改邪就正，悔罪修福，從是因緣，捨身受身，至成佛道，常遭明師，遇善知識，壽無量命[②]，常與父母夫婿兒子六親眷屬，常相保守[③]，不經苦患，莫如今也。'

於是辯才告提違言：「悔過滅罪法皆如是。」

①懺悔：懺，是懺其前愆，即是“若於過去，若於今身，有如是罪”，悉皆盡懺。悔，是悔其後過，即是“從今已往，不敢復犯”，悉皆永斷。

②壽無量命：壽無量，指無盡的生死；命，指使命。菩薩發大乘願，以“自覺覺人、自度度他”為唯一的使命；可是從發願到成佛，要經過十地菩薩的修行位，使命不斷地在增加改變，又因為在無盡的生死中，菩薩關閉諸惡趣門而受生五道，必須以千百億化身示現受生，就有無量的使命出現，所以說“壽無量命”。

③保守：保，是保護、護念；守，是守戒、持戒。

<u>白話講解</u>　　你今天必須一心一意、真實不虛地來懺其前愆，悔其後過，要見到過去無數生以及今生，造作這十種惡行的罪業，還要見到當時造作這些罪業的因緣果報，[在這個基礎上，徹底知苦、怖畏、厭離，]慚愧發露、深自訶責造作這些罪業的因緣和所受的果報，如是才能出罪滅罪。接著要再立下誓願：從今以後，永遠不敢再犯。

　　同時，還要一心一意地，為你的祖宗、父母、夫婿、兄弟等人所犯的所有罪業，做同樣的懺悔。然後，進一步地想到，我提違今天的懺悔，能令我止惡行善，我將以所作福德的因緣，布施迴向給一切受苦的眾生，讓他們也能止惡行善，離苦得樂。我從此發願：眾生有罪，我當代受。

　　再發下誓願：由於我今天止惡行善，懺悔掉過去的罪業，[開始受持十善法戒，]修整福田，累積福報，根據這個因緣，從我今生死後，再轉生受生，直到我成佛的那天，永遠都將值遇真正明師及大善知識。在這無量的生命中，將有無量的使命，我將永遠和父母、夫婿、兒子、親戚、眷屬等人互為善友，[堅守十善法戒，]護念彼此的法財、慧命，不造惡業，不受苦難，再不要像今天這樣造惡受苦了！」

於是辯才又告訴提違：‘這才是悔過滅罪真正唯一的途徑啊！’

經法研探：代受 ▶

辯才在這裡先傳提違十善法戒，要他自己先慚愧、懺悔；然後教導提違，要代先人、父母、夫婿、兄弟等親人懺悔；又要提違發願“眾生有罪，我當代受”，這不是違背了“自造自受”的真理嗎？

十善法戒，是三乘共法。雖是共法，持起來卻各有不同的因緣差別。以“十善法戒”為緣，其因如何？其果又如何？

一、以希求不墮三惡道為因，持“十善法戒”，則死後轉生人天兩道。

二、以希求人間福報為因，持“十善法戒”，則來世受生，為人豪貴多樂。

三、以希求生天受樂為因，持“十善法戒”，則得生天福樂。

四、以希求永遠出離生死苦海為因，持“十善法戒”，則能發起小乘菩提心，修聲聞乘，得阿羅漢果。

五、以希求永斷無明為因，持“十善法戒”，則得發起中乘菩提心，修獨覺乘，得辟支佛果。

六、以希求涅槃真常、真樂、真我、真淨為因，持“十善法戒”，則得發起大乘無上正等正覺的阿耨多羅三藐三菩提心，修菩薩道，得成佛之果。

辯才是大乘明師，傳授提違大乘法，要提違發起大乘無上正等正覺的菩提心，以此心願來持“十善法戒”。所以提違不只要代祖先及親人懺悔，而且還一定要發“眾生有罪，我當代受"的大乘願。

因此，雖說是"自造自受"，但是以不同的願，決定"自"的定義和範疇。為求免三惡道，求人天福樂的"自"，是自己一人，我某某人。小乘願的"自"，是我聲聞弟子某甲一人，只求一個人了生死，不管眼下眾生，也不管自己百劫千生業力是否滅掉。大乘願的"自"，就大了，大到與一切眾生同體。

大乘人，為一佛乘故；為"唯求作佛，不求餘物"故；為徹底滅度百劫千生的罪業故；為究竟純淨不雜故；為成就無上正等正覺故，所以慚愧懺悔時，必須從個人做起，到徹底與一切眾生同體，代一切眾生慚愧懺悔。

眾生者，即無量的眾生眾死；眼下的無量眾生，即是自己百劫千生的眾生眾死。所以，眼下眾生的罪業，正是自己百劫千生的罪業。大乘人既發願滅度一切眾生，那麼自己和一切眾生百劫千生的罪業，能不一一認領回來，一一慚愧懺悔嗎？也就是說，眾生有罪，能不代受嗎？

但是要行上"眾生有罪，我當代受"的菩薩道，是有次第的。因為提違福報資糧不足，腳力不夠，所以辯才在這裡為提違鋪了三道台階。

一、先和自己同體。慚愧懺悔自己過去生、現在生、未來生的一切罪業。

二、再和家人同體。因為家人，是我們受生的最近因緣，跟我們有最密切的互動，最能夠同體，感同身受，最容易見到家人都是"我"的一部分，因此容易直接認領回來我們的罪業，這也要在我們自己先發慚愧懺悔的基礎上，才能代家人慚愧懺悔。但是初發心的大乘人，還不是真菩薩，大悲心初長萌芽，最能夠認領的還是自己，所以代家人慚愧懺悔時，自己得六分功德，家人只能有一分功德。

　　三、在上述一和二的基礎上，方能和一切眾生同體。此時真正做到自度即是度人，度人即是自度，與眾生一起慚愧懺悔，是十分對十分的功德，如是菩薩成就具足同體大悲、平等大慈，方名為"眾生有罪，我當代受"。

《經文》　於是，提違及其眷屬於辯才前，長跪合掌白辯才言：'弟子之徒，奉尊教誨，如法懺已，願尊更賜餘善法教，當勤奉行，增本功德。'

　　辯才告曰：'今當誠心歸佛歸法歸比丘僧[I]。如是三說，今當盡形受十善道，我弟子某甲，從今盡形，不殺不盜不邪婬，是身善業。不妄言兩舌不惡口綺語，是口善業。不嫉妒瞋恚憍慢邪見，是意善業。是則名為十善戒法。'

[I]　歸比丘僧：一個出家人，叫沙門、比丘、比丘尼、沙彌、沙彌尼，不叫僧。僧，梵文 samgha，是僧團的意思，是由四個以上的出家人組成。在善知識的領導下，互為善友，依"六和敬"、依正法次第修行的一個共同體。

　　所以歸依僧，是歸依善知識、善友、修行共同體、六和敬、出家的願望和一切眾生。跟和尚野干一樣，辯才雖然不現出家相，也沒有僧團，應該是不能出來度人的，但他能傳授提違大乘佛法，可見他發願清淨，心中包容一切眾生，與佛菩薩及一切眾生同體，是清淨菩薩僧，本身就代表僧團，所以可以為提違受三皈依戒，故此處說"歸比丘僧"。

白話講解　　於是，提違和她的眷屬在辯才的面前，長跪合掌對辯才說：'我們這些弟子，一定尊奉您的教誨，依照您的方法來懺悔。現在我們已經懺悔了，希望您賜給我們更多止惡行善的方

法，我們一定會勤懇地奉持修行，以增上已有的善根功德。'

　　辯才回答：'你們現在應該誠心地皈依佛、皈依法、皈依僧，[還應該盡一切的努力去受持十善法戒]。連續說三遍：[皈依佛、皈依法、皈依僧。]我弟子某人，從今以後，當盡一切努力，不殺、不盜、不淫，以成就身善業；不妄言、不兩舌、不惡口、不綺語，以成就口善業；不嫉妒、不瞋恚、不憍慢邪見，以成就意善業。如是修行，就是行於十善戒法。'

經法研探：十與一 ▸

　　十惡中，只要犯一惡時，就能牽動其他九惡，很少只單犯一惡。從這個角度來看，要持上十善法戒，是非常困難的。

　　就身業來說，犯殺戒時，常常連帶犯盜、淫。有時原來只想盜，也可能犯淫，或一不做，二不休，犯了殺戒。

　　貶人自誇時，通常是惡口加上妄言；故意捧人貶己時，通常是綺語加妄言；"給人吃死貓"的話，通常是妄言、綺語加惡口；兩舌時，通常少不了妄言、惡口和綺語。

　　同樣，犯身業時，也會犯口業；身、口二業都犯時，意業早已犯了。

　　犯意業時，也很難只單犯一項，通常是配套的。沒有嫉妒，很難有瞋恚；沒有瞋恚，很難有嫉妒；沒有憍慢邪見，很難有嫉妒、瞋恚。

　　這麼說，要持上十善法戒，實在太難了！既然如此，乾脆就不持算了！這是"思量惡事"的想法。因為不持的話，難免得墮三惡道甚至下地獄的果報。

　　讓我們善意樂觀地來看待此事。想想：正是因為犯一戒時，會牽動九戒，所以只要持住心道三戒，就保證身、口二業不犯；持住憍慢邪見戒，就保證持住其他九戒；乃至每天持"百步十善法"戒，就可慢慢消滅一切罪業，起碼可得人天福報，乃至發三乘菩提心，能修道得道，了脫生死證得涅槃之樂，這是多麼好的事啊！

這樣又替惠能大師在《法寶壇經》中說："思量惡事，化為地獄；思量善事，化為天堂"，做了最有力的註解。

《經文》　爾時，辯才教授提違十善法已，提違眷屬歡喜踊躍，盡心奉行。提違女人為設種種百味飲食及諸珍寶，長跪叉手，白辯才言：'願尊留神[1]，垂愍教化，今當為尊造立宮室，隨所便宜，終身奉事。'

辯才答曰：'汝今已能捨邪就正，淨修十善，為正法子[2]。復以十善，教化天下[3]，則為已報師徒重恩。汝已得度，我不宜留，吾今復當往化餘處。'

[1]　留神：此處不是"小心"的意思。是留步，決心留在這裡的意思。

[2]　正法子：指學佛的人，當受到正法感化時，就不再認同自己是父精母血所生，故名為"正法子"。也就是說不再攀緣貪愛身、命、財三不堅法，而以法身、慧命、法財為回皈依止處。

[3]　教化天下：辯才要提違以十善法戒去教化天下，令一切眾生"知死有生，作善獲福，為惡受殃"，這樣她自己就開始"修道得道"，同時答報了師恩。但這裡有個前題，就是提違必須自己先持上戒，然後布施自己的心路歷程，才能開解別人的心，令別人也持上戒。否則自持不上，卻去傳授十善法戒，也不過是個留聲機，或學舌鸚鵡。結果教了人家，人家卻持不上，即是有教無化，無有功德，不是真教化也。

<u>白話講解</u>　　那時，辯才傳授了提違十善法戒後，提違和她的眷屬們，都歡喜踊躍，大受法喜法樂，覺得有路可行，發願要全心全

意地奉持修行。這時，提違女人把家中各種各樣的上味美食和珍寶，都拿出來供養辯才，跪下叉手對辯才說：'希望尊師不要有離去的意思，請悲憫我們，繼續留下來教化我們。現在，我立刻為您建造像皇宮一樣的上房，只要合適您用的，讓您順心的，通通為您辦到，一直到我死，都如是供奉您。'

辯才回答道：'你今天已經捨掉以前的邪知邪見邪行，皈依了三寶，以清淨心來修習十善法，你已經是正法佛子[，不再是父精母血所生，而是依正法所化而生]。你應該再以十善法，來教化天下，這樣做的話，就已經是答報了師父重生再造的恩惠。你今天既已從危險的此岸，到達了安隱的彼岸，我不該再留下來了。我現在應該再往別的地方，去度化其他的人了。'

經法研探：心戒難持 ▶

心道三戒，本來就難持上，對於末法時期的現代眾生而言，更是難上加難。為什麼呢？

正法時期，佛陀把重點放在"瞋恚"戒上，因為瞋恚心一起，就很不容易滅度，恨上了誰，通常是恨一輩子的。所謂"君子報仇十年不晚"。小說《基督山恩仇記》中的男主角等，都是以瞋恚心做為活下去的動力，積極地尋找報復的機會，或消極地等待報復的機會。所以佛陀說"瞋恚"一戒難持。

至於"嫉妒"和"憍慢"二戒，在正法時期，就比較容易持上。因為人心比較光明，習慣思量善事。就像我們有時候遇上了好天氣，或心情特別好時，看什麼都很順眼，比較容易對人起善心，就算該嫉妒的，也不嫉妒了；該憍慢的，也不憍慢了。因此通常必須有可嫉妒或憍慢的對象和時節出現時，才會起嫉妒心或憍慢心。

　　可是到了末法時期，情況改變了。不但"瞋恚"戒難持，連"嫉妒"、"憍慢"二戒，也都難持上了。

　　這是因為現代資本主義的社會發展太尖銳了，往往要求到"分秒必爭，錙銖必較"的地步才算"效益"，因此人的計較心不斷，什麼都要計較，不惜計較到雞毛蒜皮的小事，讓猜疑、嫉妒、爭鬥、瞋恨、仇害等惡心不止，簡直是鬆不了油門，踩不了剎車，更別談調轉車頭了。加上高科技的一日千里，突飛猛進，為了以"競爭和貪求"作為刺激和動力，大力宣傳"個人主義"，這就使"憍慢邪見"更加失控，嫉妒和瞋恚也跟著升級。這樣累積如山的惡業，就是我們持不上心道三戒的原因。

　　例如從前，如果我認為這個人比我強，頂多起嫉妒心就夠了；現在不但要嫉妒，還要起憍慢心。心中經常哼聲不斷，非要找個東西來憍慢一下。好比說："妳長得漂亮，又這麼有錢，有什麼用？我雖然又醜又窮，我老公對我，可比你老公對你好太多了！"或是"我兒子比你兒子孝順，你比我有錢有什麼用？"

　　又如從前，如果我認為這個人比我差，頂多起憍慢心就夠了；照理說，我看不起他，就不會嫉妒他。可是現在，非嫉妒不可。譬如，母親節、情人節時，看到有男人給她送花，即使她又醜又窮，自己比她有錢漂亮得多，還是要嫉妒她。自己穿了十年的貂皮大衣，看到別人第一次買了件新的，即使比自己遲了十年才穿上，還要嫉妒別人的是新的，我的是舊的；換個鑽石戒指來說，應該沒有新、舊的計較了，但是也要嫉妒別人是現在買的，我現在沒買。甚至別人做了壞事，也要嫉妒：他憑什麼可以不守規矩，不守法？他憑什麼可以放縱？他憑什麼可以懶惰？等等。

　　由此可見，我們的心已經失掉了安全閥門，不只"瞋恚"不除，連"嫉妒"、"憍慢"也不依時節、對象，任意發作。本來沒有嫉妒、憍慢對象的，也非得找到對象，甚至還常常鎖定某一個人或幾個人，對他們既嫉妒又憍慢。憍慢邪見、嫉妒、瞋恚甚至還經常變成我們"進取"、"向上"、"發憤圖強"的原動力，真是可怕！

　　要充分認識到末法時期持戒的難度，才會深起怖畏心，才會提高警惕心，也才有可能發大願力持上心道三戒，如是才能得到持十善法戒的惠利，得到六大保證（參閱同品經法研探之代受）。若不如是，我們還要重覆多少次、多少生、多少劫造惡業受惡報的苦啊！

《經文》　爾時，提違知師不住，運輦①庫藏諸珍寶物，以奉上師，冀得留意。辯才不受，辭退便去。

　　於是，提違心自念言：'今日之濟②，莫不由我尊師和上，開悟成就，教授重恩，苦請不留，又復不受珍寶之物，當如之何？'悲感傷心，涕淚交流，叩頭辭③謝，於是別去。

① 運輦：運，搬運；輦，音（年），動詞是抬的意思；名詞是車子或轎子的意思。
② 濟：救拔、惠利。
③ 辭：指用言辭來表達感激之心。

白話講解　　那時，提違知道留不住師父了，就把庫藏中各種最好的珍寶成車成車地搬運出來，供養師父，希望他改變心意會留下來。但是辯才不接受，轉身就要離去。

　　於是，提達在心中想到：‘今天我所得到救拔的惠利，沒有一點不是經由尊師和尚的開示，令我悟入正法而得到成就。尊師教授我正法的恩惠這麼重，我卻怎麼苦求，也留不住他，他又不肯接受這些珍寶，該怎麼辦才好呢？’愈想愈傷心難過，眼淚鼻涕流了一臉，不斷向辯才叩頭，以言辭表達感激之情，依依不捨地送走了辯才。

經法研探：供養福田 ▶

　　提達為什麼要如此“悲感傷心，涕淚交流”呢？

　　佛弟子聞佛說法深解義趣時，常會因感激而“歡喜踴躍”，或因慚愧而“涕淚悲泣”。提達得到正法的開解，面對自己過去的惡業，升起很大的慚愧心、懺悔心，從而得大解脫，大受法喜法樂，所以感動激發而“涕淚交流”。

　　因此，提達非常想以世間財來布施供養，以答報三寶重恩，而今辯才是她遇到最好的供養對象，代表著佛、法、僧。但提達卻留不住師父，喪失了最好的布施供養對象，對她而言，這是極大的傷害，所以又“悲感傷心”。

　　信眾供養僧，是希望在僧的身上“種福田”，累積自己的福報，增長自己的善根，所以雖然是以三不堅法來行布施，但布施的對象卻大有講究。所以《佛說四十二章經》中，佛說：“飯惡人百，不如飯一善人。飯善人千，不如飯一持五戒者。飯五戒者萬，不如飯一須陀洹……”講的就是這個道理。

　　“飯”是布施供養的意思。為什麼布施供養一百個惡人，還不如布施供養一個善人呢？因為布施供養的目的，是為了止惡行善，所以布施供養惡人，不但無益，反而有害，徒然使自心他心更加地善惡不分。為什麼布施供養一萬個持五戒的善人，還不如布施供養一個真正依正法修行的人呢？因為必須能夠分別清楚佛法和世間善之間的差異，否則混淆不清，劃不清界限，反而迷失了覺悟的正路。

所以，用三不堅法來行布施供養，是有次第、有對象的講究，為的是能善於分別好歹、善惡、是非、真假，以累積修行上的福報資糧。因此，布施供養時，一定要善於明了自己布施供養的因緣果報，查一查"投資效益"，否則盲目地依著人云亦云去做，不但對己對人毫無功德可言，而且是違佛遠法的做法。

只有大菩薩，因為已直入不二法門，心行平等，才能不作分別講究。如維摩詰所示現的，將瓔珞分成二分，一分布施供養城中最下乞人，一分布施供養難勝如來。所以在成就大菩薩位之前，在布施供養上一定要有所講究。

如今提違以三不堅法供養辯才，辯才以三堅法來教化提違。留不住這樣難得值遇的師父，就是提違依依不捨師父，傷心難過的原因。

施五比丘品第八之四

《經文》　辯才去後，提違女人與其眷屬五百餘人，常以十善法，展轉相化[1]，經於多時。

爾時，國中忽遇穀貴，人民飢餓。時有五比丘，懶惰懈怠，不修學問經書義理，又不專行持戒精進，世人輕慢，不供養之。貧窮困苦，無復生理。

五人議曰：'夫人生計，隨時形宜，人命至重，何宜

守死？’

　　各共乞索，辦具繩床，於曠野中，掃灑淨潔，華幡
莊嚴，依次而坐，外形似禪，內思邪濁。世人見之，謂
是聖人，齎持供養，百種飲食，雲集供養，於是五人飽
足有餘。

① 相化：相是有去有來的意思。相化是受了教化的人，又再去教化
他人。

<u>白話講解</u>　　辯才離去後，提違女人和她的眷屬們五百餘人，都持
上了十善法戒，並常常輾轉地將十善法傳授出去，受了教的人，
又再去教他人，如此相續不斷地傳授下去[，就像點無盡燈一樣]。
這樣，經過了好長一段時日。

　　那個時候，裴扇闍國內的糧食欠收，穀糧價格忽然上漲，老百
姓都吃不飽。這時，有五個比丘，很懶惰，什麼事都不做，不學
習問難經書的義理，又不精進持戒修福，世人都看不起他們，不
願意供養他們。於是他們處在貧窮困苦、活不下去的逼迫下。

　　五比丘共同商量道：‘人啊！為了求生存，應該要隨機應變地
來包裝自我形象。人命至為貴重，不能就這樣活活地餓死呀！’

　　他們各自出去乞討麻繩，編成椅墊座位，把曠野地方打掃得乾
乾淨淨，插起顏色鮮明的旗幟，然後整整齊齊地端坐在那裡。從
外表看起來，他們好像在坐禪修練，內心卻在打如何騙人的歪主
意。世人看見他們裝扮出來的形相，以為是[修阿羅漢道的]聖人，
一下子都來供養，拿來幾百種好吃好喝的。於是，五比丘吃喝有
餘。

《經文》　　爾時，提違聞是事已，遣人訪覓，信還報
曰：‘有五聖人，獨坐山澤，世人雲集，如事天神。’

提違歡喜，而自慶言：‘我願果矣。’明旦即敕嚴駕寶
車，香華伎樂，詣五比丘。提違到已，禮拜問訊，施設供
養。飲食畢已，提違眷屬，恭敬合掌，白比丘曰：

‘尊德至重　　無上福田　　眾生蒙祐　　不宜自輕
　弟子愚意　　欲請尊靈　　臨顧貧舍　　展釋微誠
　唯願慈哀　　濟度群生　　弟子亦有　　清淨園林
　流泉浴池　　嚴飾光榮。’

提違眷屬叩頭再三，時五比丘知其意至，便許可之。

<u>白話講解</u>　　那個時候，提違聽說有這麼一件事，馬上派手下的人
去打聽。屬下回來報告：‘有五個聖人，坐在曠野中，很多人都
去供養他們，好像奉事天神一樣。’

　　提違聽了很歡喜，很慶幸地對自己說：‘我想供養明師的願
望，終於可以實現了。’第二天一早，提違就命令下人，駕著以
七寶裝飾得莊嚴美麗的坐車，帶著香、花和樂隊，一路吹吹打打
地去謁見五比丘。提違一到，就向五比丘禮拜問安，擺上供養的
食物。吃完喝完之後，提違和她的眷屬，恭敬地合什再拜，一齊
對五比丘說：

‘您們的功德非常值得尊敬和貴重，
　您們是一切眾生無上的福田，
　能令一切眾生獲得庇佑，
　您們不應該這樣待慢自己。
　以弟子我愚笨的心意，
　想邀請如神靈一般尊貴的您們，

到貧舍來看看，
給我們一個機會表達我們小小的誠意，
希望您們慈悲哀愍我們。
也為了幫您們完成救度眾生的尊貴使命，
弟子家中擁有，
清潔安靜的花園樹林，
還有流泉浴池，
都莊嚴整齊，陽光充沛，花果繁盛。[願意都拿來供養您
　們。]'

　　提違和她的眷屬說完之後，再三叩頭禮拜[，對五比丘表達他們的真情實意]。五比丘知道他們的誠意，就答應了邀請。

《經文》 提違歡喜，辭還家中，即遣使人莊嚴寶車，迎五比丘，還家供養。

　　提違女人，有好園林，去舍不遠。其園縱廣，足滿十頃，流泉浴池，奇雜花果，鵁鶄[1]駕鴦，清淨嚴好。於其園中，造立堂舍，眾寶莊校[2]。其堂舍中，敷置床席，眾妙臥具，香潔第一，令五比丘止住其中。提違女人，終身奉事，隨時便宜，飲食湯藥，供給使令不失時節。

[1] 鵁鶄：音（驕經），又名丹頂鶴。是日本北海道及中國東北特有的飛禽，頭紅腳黑，身上全白，目前被列入稀有保護動物。

[2] 校：在細節上做最後的檢察和修飾，保證成品的完美。

<u>白話講解</u>　　提違[現在能有機會彌補過去不能供養恩師的遺憾，]非常高興，就告辭五比丘，回到家中。即刻下令將寶車裝飾起來，去迎接那五個比丘回來供養。

　　提違女人在住宅不遠的地方，有一片好園林。這園林又大又廣，至少有十頃之大。園內有流泉浴池，奇花異果，丹頂鶴和鴛鴦，佈置得非常清淨美麗。提違就在這個園子裡，建立堂舍，用各式各樣的珠寶來裝飾。堂舍裡面，坐具臥具不但齊備，而且都非常精緻講究，不只整潔，還燻上了香味。提違女人就請五比丘安居下來，終身侍奉他們，只要是他們需要的東西，以及合時令的飲食湯藥，都充份地供給他們使用，四季不缺。

重報因緣品第八之五

《經文》　　時五比丘既被主人恩厚供養，安隱快樂，而自慶言：‘何慰如之！夫人生世，種種方宜，求覓財利，以救貧乏，雖得如意，不如我等，都不勞身，而食福祿，此豈不由智慧力乎？’

　　其五比丘察見主人慇懃意重，而共議言：‘雖得主人隨宜供給，日富歲貧，不能濟人，歲寒富樂，我等今宜更施方便，求覓錢財，充為後時受五欲樂。’

　　作是論已，更相易代，差遣一人，遊諸聚落①，宣語諸人，唱如是言：‘彼四比丘，閑居寂靜②，護持禁戒，斷絕酒肉，不食蔥蒜，稱於梵行③，修禪止觀，證無漏業，不久修行成阿羅漢④，則為天下無上福田。’

　　眾人聞已，齎持種種錢財飲食，運集來詣，恭敬供養。

① 聚落：佛經上所謂六處聚落，即是六識、六門、六塵，三事因緣假和合而成的十八界。也就是眼、耳、鼻、舌、身、意六識，出

眼、耳、鼻、舌、身、意六門，與色、聲、香、味、觸、法六塵
接觸，三者互動時，所生成的"客觀世界"。在這裡指的是人多聚
居之處。

② 閑居寂靜：閑，無作解脫；寂，無願解脫；靜，無相解脫。五比
丘自誇功能，以自稱修"三解脫門"來欺騙眾生。

③ 梵行：發願依印度教出家修行的沙門，以升大梵天為最高目的，
所謂沙門梵志，則修梵行。"菩薩道"的修行中也有"七種梵
行"，但跟印度教的梵行完全不一樣。

④ 阿羅漢：是依印度梵文arhat音譯而來，是印度教中修行最高的
果位。含義有三：一、殺賊，殺盡煩惱之賊。二、無生，解脫生
死，不受後有。三、應供，應受天上人間的供養以及答報供養
者。在當時印度人民的眼中，阿羅漢是人間修行的最高成就者，
故佛陀亦被稱為大阿羅漢。阿羅漢體現出家莊嚴相好，是善男信
女心目中的最上福田，所以供養阿羅漢，做為累積來世福田的
因緣。

<u>白話講解</u>　　這個時候，五比丘既然被主人這麼恩重如山地供養
著，日子過得安隱快樂，就互相慶幸道：'怎麼會有這麼好的事
呢？人生在世呀，[怕窮怕苦怕無所住處，因此]想盡各種方便的辦
法，去找錢找利，來脫離貧窮困乏，就算是有幸得到了，還不如
我們，連動都不要動，就享受這麼好、這麼豐富的待遇，這難道
不是得自於我們智慧的高深嗎？'

　　這五比丘看見主人如此殷勤誠懇，一心一意地照顧他們，貪心
更起，互相商量道：'目前雖然主人任何時候，都給我們充分的
供養，從短期來看，我們日子過得富裕，可是從長遠看，沒有累
積財富，往後是沒有保證的。萬一情況不好時，主人就不能再供
養我們了。所以，我們現在應該再用點智慧，更善巧方便地去弄
點錢財，做為日後享受五欲之樂的本錢。'

　　大家討論後的決定是，五個人中推選出一個代表，化妝改變形
象，讓人認不出，然後到其他聚落去，看到人就說：'受提達夫

人供養的那四個比丘，不為事物所逼迫，護念堅持所有的戒律，不喝酒不吃肉，不吃蔥不吃蒜，所做都和梵行相稱，修習禪定止觀，努力在無漏業上取證，過不了多久，就要修成阿羅漢了，則能成就天下最上福田。[能供養這樣的修行人，能得最大的福報。]'

　　眾人聽到之後，就搬運來各式各樣的銀錢、食物，恭敬地供養五比丘。

《經文》　如是多年，提違女人直心敬信，隨宜供養，歡喜無厭，壽盡命終，生化樂天①。

　　其五比丘專行巧偽，邪濁心故，福盡命終，生地獄中，八千億劫，受大苦報。地獄罪畢，受餓鬼形，魑魅魍魎②，如是展轉，經八千劫。

　　餓鬼罪畢，受六畜身，償其主人。先世供養，業報因緣，或作駱駝驢騾牛馬，隨其主人所受福處，常以筋力，報償主人。如是展轉，復八千世，畜生罪畢。

　　雖獲人身，諸根闇鈍，無男女根，名為石女。自爾以來，八千世中，常以筋力，報償主人，於今不息。"

① 化樂天：欲界六天之一。欲界六天是他化自在天、化樂天、兜率陀天、須夜彌天、忉利天、四天王天。

② 魑魅魍魎：音（吃、妹、王、兩），在不同的受生中，所出現的四種形狀不同的鬼相。

<u>白話講解</u>　　這樣過了很多年，提違女人一點也沒懷疑五比丘，隨時隨地歡喜誠心地侍奉供養著他們，只要有需要的，從來沒有不樂意、不捨得的時候。提違死後，生化樂天。

　　那五比丘，專用最善巧欺騙的方法，騙吃、騙喝、騙財、騙

名，如此邪惡又污濁的心，當他們把福報都用完了，死後，生地
獄中，受八千億劫的大苦報；地獄罪受完之後，再受餓鬼罪報，
輾轉受生魑、魅、魍、魎四種餓鬼相，又經過八千劫。

　　餓鬼罪報受完之後，再受六種畜生身，償還主人前世的供養。
由於前世以邪濁心接受供養的因緣得的果報是：不管主人轉生成
什麼，他們都要轉做駱駝、驢、騾、牛、馬，跟隨在主人身旁，
並用勞力苦力，來答報主人。如是[帶著罪業一再轉生，]又過了八
千世，才受完畜生的罪。雖然得為人身，眼耳鼻舌身意都愚鈍不
靈，沒有男女根，[被社會排斥，作不成女人，] 被稱為石女，從此
以後的八千世裡，仍舊還要用勞動體力，去答報償還主人，直到
今天還沒答報完。"

經法研探：名聞利養之過患 ▶

　　提違女人以最好的園林，以及衣服、飲食、臥具、湯藥
四種供養，全心全意恭敬侍奉五比丘，雖然被五比丘利用行
騙，但提違自心善良，以思量善事，行十善法，並以十善法
教化他人，還兼作財布施故，死後生化樂天。

　　提違女人既已得遇大善知識，但未發菩提心，不開智
慧，所以不能全信師父的教導，不信法施功德最上，還執著
於財施積福。再加上無有慧眼，不識真假，只想"布施供養
福無邊"，所以被五比丘欺騙。雖然提違沒有惡心，但也間接
給惡人製造了行惡的條件，讓他們更容易造地獄重業協助作
惡，沒有做好佛子。故知，雖然持十善法戒，但若不發菩提
心修習正教和方便，即使大作布施，最多只得生天的福，而
不能出離三界火宅，同時還為惡人製造欺騙的機會，造成非
常惡的副效果。

　　如果提違女人已明白了五比丘欺騙的本意，明知其惡，還去供養他們，則不但不能生天，反造大罪。

　　五比丘造的是貪圖名聞利養的罪。名聞和利養是兩回事，五比丘以名聞來換取利養，重點在利養上。貪圖利養的人不護法，反而欺誑如來，欺誑眾生，故造地獄重業。

　　也有出家人，只求名聞，不要利養，貪圖名聞雖只是好名，不愛錢財，但欺騙性更大，迷惑性更強，犯的是邪說正法、扭曲真理的罪，亦造地獄重業。

　　修行人不要誤以為不好錢財，就已無名聞利養的業力。千萬要深切訶責名聞利養之心。

　　對於過去因貪圖名聞利養，不勞而獲，以至今世常以筋力，報償主人的福薄善淺者，我們應該採取什麼樣的態度呢？

　　首先，我們要知道有兩種錯誤對待的心態：

　　一、不相信自造自受的必然性，以假平等心，認為人人生而平等，人不當受苦報，否定造業受報的因果關係，因此不信果因相續、作善獲福以及為惡受殃的真理。

　　二、相信自造自受，但認為既然有先世罪業，就當受苦受罰。對牛馬或僕人不生悲心，反而虐待。

　　這兩種都不是正確的看法，修行人應當看懂今世福薄善淺、為人輕賤者，是因前世造惡業的果報。看懂了這必然的因緣果報後，要起救拔心，依正法自覺覺人、自度度他，使惡果轉成善因。止惡行善，除邪行正，究竟消業除障，離苦得樂。

《經文》　佛告王曰：“爾時提違者，皇后是也。爾時辯才者，目連是也。時五比丘，即今皇后隨從擔輿扇提羅等五人是也。”

　　王白佛言：“如世尊說五人起因[I]，今者唯見擔輿四人，其餘一人，為何所在？”

　　佛告王曰：“其一人者常在宮內，修治廁溷[2]除糞者是。”

　　皇后聞已，蕭然毛豎，心懷怖懼，更起禮佛，倚立合掌，而白佛言：“如世尊說，扇提羅等是我前世因緣師者，實懷憂怖，恐犯逆罪。所以者何？夫人師者應修恭敬，頂戴禮拜，是其宜也[3]。而反使擔車輿隨從，不異牛馬。以是因緣，甚懷怖懼，願佛垂哀，聽我懺悔。”

　　佛告之曰：“皇后福德，自無過罪，何故疑懼？眾生殊性，業行不同，善者受福，惡自受殃。

　　皇后本時[4]直心清淨，信樂修福，福德因緣[5]，自爾以來，世世所生，常遭明師，信受教誨。從善入善，從祿入祿，至於今日，食福自然[6]。

　　值佛出世，前身福德，因緣力故，復聞正法，如說修行，以是因緣，無罪咎也。

　　其扇提羅五人因緣，由其本時，邪濁[7]佞[8]諂[9]，無有慈心，受汝供養。罪業因緣，償其宿債。”

---

① 五人起因：五扇提羅前世所造之惡，乃在於欺誑如來，欺誑眾生，騙取名聞利養，以五邪命自活。

② 溷：音（混），讀第四聲，廁所中的糞便坑。

③ 是其宜也：是所應得之報，或是所應作之務。若不恭敬上師，還與之惡性互動，像是喜歡去說法師的過患，則下地獄。

④ 本時：那個時候。

⑤ 福德因緣：當時提違女人一心供養大善知識辯才，信受奉持十善法戒，並輾轉相教，故得此福德。

⑥ 食福自然：食即“吃”，“吃苦”、“吃香”，所以也就是“受”之

意。末利夫人以善業力故，自然能享有這一切的福，當然也會包
括有人給她抬轎子，用體力勞動來服侍她。

邪濁：邪，不開佛之知見，大開眾生知見。濁，出家人心不清
淨，貪圖名聞利養。

佞：音(濘)，此處是指違佛遠法。

諂：專說討好人的話。

<u>白話講解</u>　佛告訴波斯匿王說：「那個時候的提違就是現在的皇
后。那個時候的大善知識辯才即是目犍連尊者。那時的五比丘就
是今天服侍皇后，給皇后抬轎子的五個扇提羅。」

大王問佛說：「如世尊您說的，那五個比丘造了惡業，都成了
扇提羅，現在怎麼只見到四個抬轎子的，還有一個在哪裡呢？」

佛告訴大王說：「還有一個人在宮裡專門修理廁所，做清潔除
糞的工作。」

皇后聽完後，肅然起敬，全身汗毛豎立，心中非常恐怖，趕緊
起來頂禮佛，站著合掌而問佛說：「如世尊所說，這五個扇提羅
與我宿世有緣，曾是我前世的老師，那我實在是很擔心，恐怕自
己已犯下了虐待上師的重罪。為什麼呢？人啊!對老師應該恭敬，
見到了就叩頭禮拜才對。我卻要他們給我抬轎子、做我的跟班
兒，把他們當牛當馬來使喚。為了這個緣故，心裡非常害怕，請
佛可憐我！救救我！讓我來懺悔這個罪業。」

佛陀告訴皇后說：「皇后！您曾持戒修福，因此福德寬厚，本
來就沒有罪過，為什麼還要懷疑恐怖呢？眾生的善惡根性和他造
業受報的因緣果報各有不同，但總離不了作善獲福、為惡受殃這
鐵的軌律。

皇后那個時候[就已依正法修行，]心已誠直清淨無染，相信
種樂因必得樂果，[故而精進地持十善法戒，]由於修福修德的緣
故，[不但不墮三惡趣，]從那時開始，每世受生常遇明師，聽從明
師教誨，信受奉行。這讓原本善良的您變得更善，讓原有的福田

變得更加豐厚，一直到今天，自然能受到這樣的福，這是行善必然的果報。

　　現在更值佛出世，這是因為前世修善的福德力，讓您再聞正法，還能如說修行，[成真丈夫，]以您這個修福修德的善業力因緣，哪有什麼罪過可言。

　　這五個扇提羅造業受報的因緣，由於從那個時候他們就開始大開眾生知見，貪圖名聞利養，違佛遠法，諂媚欺誑眾生，並沒有想到要以慈心去惠利救拔眾生，反而[還以欺騙的心]虛受您和一切眾生的供養。這整個罪惡業的因緣，到現在還讓他們在還這個債。」

經法研探：依大破小 ▶

　　佛陀以"眾生殊性，業行不同，善者受福，惡自受殃"這個適用於一切時空、一切眾生的大法 —— 自造自受，來開解末利夫人心中所糾纏繫縛的小法 —— 恭敬老師。此乃以大法破解小法，正是四依四不依戒中的"依大不依小"。

　　本經中還有個"依大不依小"的例子，就是阿逸多王失行。

　　阿逸多王毀犯十善法戒，發起戰爭，害得幾百萬人身首異處，以是因緣墮三惡趣，但又以本所修習的般若智慧力，得識宿命，立刻慚愧懺悔，當下免苦。這正是依般若智慧力的大法以及慚愧懺悔的大法，來破解毀犯十善法戒的小法，因為，慚愧懺悔能盡銷前業故；而般若智慧力能破無明故。

　　在《大般涅槃經》中，也有個以大法破解小法的範例。

　　釋迦牟尼佛有個前世曾是位國王，名叫有德，當時有位比丘叫覺德。覺德比丘開示正法，引來惡比丘執刀持杖的迫害。當時，有德國王為了保護正法而且保護覺德，跟惡比丘們戰鬥，最後國王遍體鱗傷而身亡。有德國王殺了惡比丘，

不只不因毀犯殺戒而下地獄，反而以護持正法的因緣，受生
到有佛出世的阿閦佛國，為彼佛座下的第一弟子。

　　《大般涅槃經》云：「若有受持五戒之者，不得名為大
乘人也。不受五戒，為護正法，乃名大乘。護正法者，應當
執持刀劍器杖，侍說法者。」此處，毀犯殺戒是為了要護持正
法，這還是以護持正法的大法來破解毀犯殺戒的小法。

　　所謂「尊敬上師」、「五戒」、「十善法戒」都是如來針
對當時的情況，為了把不同根器的眾生，往更高、更大的境
界提鍊昇華的方便法。當我們執著這些法而不能再精進時，
如來會再以更大的法來破掉這些小法，因此《金剛經》云：
「無有定法如來可說」。

　　如來大法乃無量無邊，能破解掉我們心中所攀緣執著的
任何法，所謂地獄乃至人天之法，甚至是阿羅漢、辟支佛乃
至菩薩之法。如是一路以大破小，到最後「實無有法，名為
菩薩」（《金剛經》），連菩薩之法都破掉，如是則證得了真
常、真樂、真我、真淨的諸佛大法。

　　須知，愈小的法愈是嚴刑峻法，愈大的法愈是慈悲寬恕
之法。然而，我們的心量狹劣，不只常常歸依不上如來的大
法，還欲樂小法，老覺得自己手上的兩把刷子最溜，己意己
力最靠得住，光是這個原因，就讓我們綁在六道輪迴的法輪
上轉，出不來了，結果是十惡、八苦不斷。

　　那該怎麼辦呢？當跟末利夫人學習，直心地向佛陀求
救，勇敢誠實地慚愧發露。

　　這時，佛陀一定會「應供」，一定會以無量無邊的如來
大法，把我們從「小是繫縛」的泥坑，救拔到「大是解脫」的
安隱地。

欲救石女品第九

《經文》 皇后白曰：“今聞佛說本業因緣，弟子疑解，更無憂懼也。此扇提羅罪業果報，何當畢也[1]？弟子今者放扇提羅，不敢驅使，隨意東西，唯願世尊，說法開悟，令其心解，改惡修善，速得免苦。”

佛告之曰：“今欲令我開化其者，喚彼宮內除糞者來。”

皇后即時遣使令喚扇提羅來。使者受命，須臾將來[2]扇提羅等五人聚集，於佛前立。

世尊大慈，先以善言，慰勞之曰：“汝等諸子，體氣[3]康和，安隱快樂，無苦惱不？”

五人怒曰：“佛不知時[4]。所以者何？晝夜勤苦，鞭杖使役，不暇得息，有何樂哉？佛豈不知如是事乎，而反問人快樂以[5]不？”

佛告五人：“今身之苦，皆由前世邪濁諂曲[6]，懷不善心，受人供養，罪業因緣，展轉所生，至於今身，償罪因緣，猶故未畢。汝若欲求免惡果報者，今應至心丹誠悔過，改惡修善。從是因緣，可得免苦。”

① 何當畢也：末利夫人一方面以慈愍心，希望佛陀能救拔五扇提羅；另一方面想要厭離過去那段惡因緣，不要再跟五扇提羅這樣惡性糾纏下去，故有此問。

② 將來：將音（降），動詞。有帶來、請來、領來之意。

③ 體氣：體指身體，氣指精神。此處是指身心狀態。

④ 不知時：不適宜、不適當之意。

⑤ 以：是“把”、“拿”、“將”的意思。在古時的文法中，有時也可將助動詞或動詞放在最後。

⑥ 曲：心不直。那五比丘明明是活不下去，卻裝成修行人的模樣，
　　騙取利養自活。

<u>白話講解</u>　　皇后說道：“聽了您的開示，原來各人自有他造業受
報的因緣，這解開了弟子的疑惑，現在再也不擔心恐怖了。那麼
這五位扇提羅所受的罪業果報，要到什麼時候才能受完呢？弟子
現在想放掉曾是我師的五扇提羅，不敢再驅使他們，隨便他們愛
上哪兒都行，只是希望世尊為他們慈悲說法，讓他們覺悟，令他
們心開意解，改惡修善，趕快免苦。”

　　佛就告訴皇后說：“現在想要我來開示度化他們的話，就把宮
裡那個除糞的第五個石女也叫來。”

　　皇后馬上叫人去傳喚那個扇提羅來。侍者領了命，不一會兒的
功夫就把他給帶來，五個扇提羅湊齊，就在佛面前站著。

　　佛以大慈悲心，用最和善的愛語來慰勞他們說：“你們幾位
呀！身心健康祥和嗎？有沒有安隱快樂呢？有沒有苦惱啊？”

　　這五個人就發火說：“佛怎麼說這麼不適當的話。為什麼呢？
像我們這樣白天黑夜都得不停地幹這麼苦的差事，還經常要挨鞭
子棍子，被人使喚勞役，連喘息的時間都沒有，還有什麼可樂
的？您難道不知道我們是這樣的待遇，還反拿快不快樂這樣的問
題來問我們？”

　　佛告訴這五個人說：“你們今世的苦，都是因為前世[出家做
五比丘]的時候，大開眾生知見，貪圖名聞利養，以諂曲心去欺
誑眾生，帶著這些不善心受人供養。以這個罪業為因，再去攀更
多的惡緣，[結果一直在三惡趣]輪轉受生，好不容易轉到今世做
人，[卻還是生得很慘，以至於到今天]還沒把罪業的債給還清，把
罪業的因緣給滅掉。你們如果想免掉這所有惡果報的話，現在應
該至心的以赤膽忠心來懺悔過去的罪業，把專門思量惡事的心改

掉，開始全心思量善事[，持好十善法戒]。有了這些善因緣，[就能破解過去的罪業所引來的惡果報]，可以免除痛苦。"

經法研探：消業機緣 ▸

佛陀具足一切智，早就了見五扇提羅的罪業，更知其至今仍不能得度之因緣，卻仍答應末利夫人的請求，其因有四 —— 一、不違人所願；二、向與會大眾示現度眾無有疲厭心及不捨眾生大慈心、同體大悲心；三、反面示現願力法的重要，如這五位不願解脫的扇提羅，縱遇佛為之說法，終不得度；四、我們百劫千生的惡業，只要如法慚愧懺悔，就能盡消，否則，再來個百劫千生也償還不了。

因此，佛陀要這五扇提羅的親身示現，告訴末利夫人及與會大眾"罪業果報，何當畢也？"

這當中的關鍵正是《法寶壇經·懺悔第六》中云："自性起一念惡，滅萬劫善因；自性起一念善，得恒沙惡盡"以及同經云："思量惡事化為地獄，思量善事化為天堂"。

阿逸多王忘失菩薩本願，犯下十惡行，本該流迴三惡趣，但以迴一念善，雖墮三惡趣，卻蜻蜓點水，馬上免離，罪業果報立即償畢。並從原來的二地菩薩位，晉級至四地菩薩位，受生為兜率天王之子。

然而，五比丘卻得受八千億劫的地獄、八千劫的餓鬼、八千世的畜生、八千世的為人輕賤。到今天，好不容易有佛陀為之說法，卻仍繼續思量惡事，把佛陀的慈心慰問當成是故意作弄人的惡作劇。這正是"自性起一念惡，滅萬劫善因"、"思量惡事化為地獄"。

而這五扇提羅面對佛陀的召見，也可以思量善事：我們是什麼樣貧窮下賤的東西，連牛馬都不如的，今天竟能蒙佛陀召見，這麼親切的關懷、問候，我們實在是太幸福了，而且佛陀還開示了我們宿世的造惡因緣，還指了一條能夠慚愧懺悔、改惡修善的路，讓我們從無量的罪業中解脫出來，今天能跟佛陀結上緣，真是我們百劫千生以來沉淪三惡趣的大幸，真的是得救的開始！

若只起這一念思量善事，必能“自性起一念善，得恒沙惡盡”。

因此，無論我們的罪業如須彌山那般高，要想當下了斷罪業因緣，必須要做一個決定：我要迴一念善？還是繼續起惡？我要奔向光明？還是奔向黑暗？我要思量善事？還是思量惡事？

只要我們迴一念善，求救的手向諸佛菩薩伸去，依正法慚愧、懺悔，改惡修善，我們一切的罪業果報，隨時可畢！

《經文》　扇提羅等聞佛語已，忿怒隆盛，反背向佛，不欲聽聞。

佛以神力，令一化佛對其前立，方便慰喻，勸令懺悔。

扇提羅等又反面向東，復有化佛，對前而立。復反向西，復有化佛。四維[1]上下，皆有佛對。

扇提羅等見佛圍繞，五人即時稱怨大喚，而作是言：“我等今者，是弊惡罪人，佛今何為苦見逼耶？”

爾時[2]，世尊還攝化佛為一佛身。

佛告大眾：“國王太后，諸比丘等，汝等見是扇提羅不？”咸言唯然。“汝等當知，眾生罪業，有二種障：一者業障，二者煩惱障[3]。其罪輕者，有煩惱障；重罪

業障。扇提羅等，具有二障，重罪障故。不得受化，非
可如何。"

① 四維：東、西、南、北四個方位。
② 爾時：與會大眾都見到五扇提羅無法得度的事實，佛陀藉此因緣
再作開示。
③ 煩惱障：執迷於我及我所，念念由我及我所出發，所形成的障
礙。其內容即是我癡、我見、我慢、我愛。我癡，對"我"的執
著、癡迷；我見，五種惡見 —— 身見、邊見、邪見、見取見、
戒禁取見；我慢，對"我"的輕慢對待，故而拼命去塑造、增益、
保護"我"；我愛，鞏固攀緣我所。這全部加起來就是憍慢邪見。

<u>白話講解</u>　　這五個扇提羅聽完了佛開示後，瞋恨憤怒更加熾盛，
就把背轉向佛，表示排斥，不願意聽。

　　佛用大神通力，幻化出一個佛身站在他們面前，用各種方便的
愛語、軟語來勸慰他們，希望他們能懺悔滅罪、離苦得樂。

　　而這五扇提羅還是不聽，又轉面向東，佛又化一身，站在他們
面前。他們又轉面向西，佛又再化一身。直到上下四方，都有佛
的化身跟他們面對面。

　　五扇提羅見到自己被佛團團圍住，馬上大聲抱怨喊冤，罵著
說："我們今天不正是像您講的那樣壞的罪人嗎？那您現在還來
苦苦逼迫我們幹什麼？"

　　那時候，世尊收攝神通，把各個化佛還歸一身。

　　佛告訴大家說："大王、王后和各位比丘們，你們都看到了這
五個扇提羅的樣子了嗎？"大家都說，看見了。佛說："你們都
要知道呀！眾生造了惡業以後，就會產生兩種障礙：一是業障，
二是煩惱障。罪業造作得輕，則形成煩惱障；罪業造得重，就出
現煩惱障加業障。而這五個扇提羅，因為造下了深重罪業，所以
兩種障都有。結果受不到正法的教化，真是拿他們沒辦法！"

　　佛陀趁著五扇提羅不能得度的機會，跟與會大眾揭露了"諸佛菩薩欲救不得"的因緣果報。

　　五扇提羅見到了佛的三十二相八十種好，不只未起恭敬愛慕之心，還把佛以大慈心的軟語勸慰，當成調侃、挖苦；把佛開示造業受報的宿世因果，當成是來定罪的控訴書；把佛遣化身的諄諄教誨，當成苦苦相逼。

　　五扇提羅的這番示現，正教導了我們，什麼叫做放逸其心地思量惡事。這個結果是違佛遠法、背覺合塵，連佛陀的疼愛都受不到，真的是"不得受化，非可如何"。

　　以何因緣得此惡果呢？煩惱障重，業障深重。

　　煩惱障人人都有。

　　在原本"無常、無樂、無我、無淨"的世間，想要找到"常、樂、我、淨"，根本就是在"緣木求魚"、"彌猴撈水中月"。而一切眾生都把所謂的"常、樂、我、淨"寄託在這個"我"上，時時高舉這個"我"、執著這個"我"，依"我"去觀察一切、去領納一切，結果一定設下煩惱障。

　　煩惱障重的人，念念都從"我我我我我……"出發，非常自私、狹劣、黑暗，結果就止不住地要思量惡事，十惡行不斷，如是則造下重重業障。當自心被惡業障隔，縱遇明師教化正法，猶如盲聾，仍舊愚鈍昏暗，智慧很難開啟。煩惱障輕的人，就沒那麼思量惡事，惡業造得少，業障就比較輕。

　　天人心地廣大善良，沒那麼自私、狹劣、黑暗，不只不希望自己受到傷毀，也不希望別人受到傷毀，還會希望整個世界都是莊嚴清淨，希望所有人都快樂。因此，天人煩惱障輕，十善法戒持的好，造惡的機會少，因此業障也輕，故有"天人福德，苦少樂多，煩惱心輕"。

　　然而，"世人薄福，樂少苦多，煩惱心重"，滿心都是"我我我我我……"，為了要好好保護住這個"我"，不只很難為別人設想，還把別人當成是來傷害自己的嫌疑犯，難免要對外面一切的人、事、物思量惡事。另一方面，連"我"都是這麼自私，那別人會比我好嗎？終究要把別人想得比自己更自私，是個更不在乎去傷人的惡人。因此，世人煩惱障重，不只十善法戒難持，造惡的機會也特別多，因此業障也跟著重，處處所能召感的都是苦相，整個世界都是坎坷不平的穢惡國土。

　　不管煩惱障、業障是輕是重，一定會受苦。然而，一切眾生都有個選擇，就是如何去答報這個苦果？我們可以"求佛陀救我！"、"求大善知識救我！"。如是，就能以思量善事來答報這個苦果。只要一求救，雖有障礙，卻能化解。

　　因煩惱而起的障礙，在自心構成盲點，換句話說，堅持站在"我"的立場，就不能了解別人站的那個立場，以及從他的立場所必定會抱持的觀點，只能繼續堅持"我"的觀點，去受"我"該受的八苦。當大善知識指出"我"的盲點時，願意放棄原先所執著的立場，進一步把這個"我"擴大、提昇，如是所抱持的觀點比以前就更高、更大了。這時候就受化了。

　　因造惡業所起的障礙，要比煩惱障難化解。

　　我們在造諸惡業之前之後，都一定要障蔽自心。首先，要把自心的佛性跟智慧障蔽起來，也就是把良知良能給關閉起來，這才能去造諸惡業，這是第一重業障。造了惡業以後，又怕惡果回來修理、懲罰，因此要欺誤、覆藏所造的惡業，這是第二重障礙。

　　這一欺誤、覆藏，就得隨時擔心外面會有人來拆穿"謊言”，就會常見到惡人、惡事來傷毀自己，為了躲避傷毀，就更要欺誤、覆藏，結果把自己推進愈怕傷毀就愈造惡、愈造惡就愈苦的惡性循環。

如果陷入惡性循環，還不知回頭的話，正如五扇提羅，連諸佛菩薩都欲救不得。這就是“報障”——沒辦法用善法來正確答報這個苦果。

煩惱障加業障再加報障，就是佛陀在這裡為我們開示的“三種障”，這個名詞在多部經中出現。

這嚴重的報障正來自於習慣性的放逸其心，放肆地去思量惡事，再以虛妄分別和欺誤覆藏的手段，去造下了深重的煩惱障跟業障，更加堅信“真理有傷，謊言無傷”，結果擋住了佛陀的三十二相八十種好，擋住了佛陀的大慈悲、大神通的示現，見到的佛陀竟然是來迫害自己的惡人。

於此，我們當深心領受五扇提羅的苦行苦受，儘速擺脫放逸其心去思量惡事的惡性循環，打開心接受正法甘露，消除煩惱障及業障以及報障，做個能受到佛陀疼愛的正法之子。

《經文》　爾時，皇后見扇提羅不受佛化，哀感傷心，語五人曰：“自今以後，永解因緣，隨意東西，無憂快樂。”

扇提羅等長跪涕淚，白皇后言：“我等五人，奉事大家①，有何等愆，非意今日，被驅棄捐。若有不稱，惟願弘恕使役如前。”

於是，皇后辭讓再三，扇提羅等不欲離去。

① 大家：大，是尊稱，如大人、尊上、您。　家，是身份地位，如東家、老人家或自稱奴家。此處的“大家”是稱呼皇后“您這位尊貴的大人物”。

<u>白話講解</u>　　那時，皇后看到五扇提羅[如此思量惡事]，佛陀親自一再教化，都不接受，真是十分的哀憫他們，[但也怖畏這段數萬劫來結下的惡因緣，不敢再續下去，]就向五人說：“從今以後，永遠了斷解除這段因緣，你們可以自由自在、任意到哪兒，去作想作的事，希望你們今後能快樂，不再憂惱。”

不料扇提羅們，跪下不起，痛哭流涕，向皇后說：“我們五人，小心謹慎地服侍您，哪曾有過什麼錯失過惡呢？沒想到今天反遭您嫌棄，被趕出門去。如果有什麼地方不稱職，但求您寬宏大量，饒恕我們，我們一定改過，請讓我們還像從前一樣地服侍您。”

皇后再三地重申好意，希望好離好散，無奈扇提羅等，就是不肯離去。

經法研探：善良與智慧 ▶

心量廣大、心地光明，原本是世間善的體現，但若不拿來和正法相應，不開智慧，但有所作，亦皆唐捐。

當皇后還是提違女人時，為求人天福報，先迷信於婆羅門的“滅罪生福”之道，寧燒身以求後世大富、父母兄弟夫婿兒子圍繞、壽命無量等世間福報。後雖經辯才開導，不再自焚，卻沒把法學得更深一點，不開智慧。因此辯才臨別時要她以十善法教化天下，來答報師徒重恩，但她偏要財施，見不到供養五比丘是惡因緣。

經過近億萬劫後，提違女人受生為末利夫人，五比丘也受生為扇提羅。經佛陀開示，末利夫人見到這段惡因緣，害怕了，自作主張地要五扇提羅離去，只想趕快了結這段惡因緣。卻不知這時候已見到佛陀，若立刻向佛陀求救，這惡因緣就不再是惡的了。

　　所以世間善，不開智慧，是不能“善分別”善與不善
法的。

經法研探：思量惡事 ❯

　　五扇提羅的不肯離去，為一切眾生做了“思量惡事”的
示現，也告訴我們，怎麼會受生地獄？怎麼會在地獄待八千
億劫？

　　白居易說：“大塊假我以文章”，意思是：對我們這些
有文學天賦的人來說，整個大自然界，沒有不是我們文章靈
感的泉源。

　　對一個真正的佛子來說，整個三世六道，沒有不是領
受啟示、啟發覺悟的對象，可以說是“大塊假我以啟示和
覺悟”。

　　而對習慣思量惡事的人來說，隨時隨地沒有不是他思量
惡事、累積委屈感的內容和材料，真是“大塊假我以委屈”。

　　一個習慣思量惡事的人，絕不相信有好人好事好物，總
認為一切都是惡人惡事惡物。所以要當一個真正的佛子，就要
保證把所有的壞事變好事、所有的惡人變善人；習慣思量惡事
的人，則要保證把所有的好事變壞事、所有的善人變惡人。

　　孔子說“君子坦蕩蕩、小人長戚戚”。一個習慣思量惡
事的人，是小人，是沒有辦法討好他的，因為他的心總是撐
著。如果不把這個思量惡事的心轉過來，很難思量善事。五
扇提羅在償罪的過程中，因習慣地思量惡事，就更造新業，
例如排斥佛陀、於皇后的善意起惡心，這些惡業都足以讓他
們再下地獄。

　　如是繼續思量惡事，到哪兒都可以布置成一個地獄，所

以在地獄裡待八千億劫是絕對可能的。

《經文》　皇后白佛：「弟子至意放扇提羅，不肯欲離，當如之何？」

　　　佛告之曰：「扇提羅等償債未畢，因緣繫縛，不令得去，非可如何，且順其意，復其事業，償因緣畢，自當得脫。」

<u>白話講解</u>　　皇后只有轉向佛陀求救了，跟佛陀說：「弟子是真心誠意地要放捨扇提羅等，但他們堅持不肯走，該怎麼辦呢？」

　　　佛陀告訴皇后說：「扇提羅們宿世欠債還沒有還清，只要不明了這債的因緣果報，心結還解不開，他們就不能體會你的善意，這誰也沒有辦法，你還是隨順他們的心意，以前的工作繼續讓他們做吧！等償清了宿債，拔除了惡因惡緣，自然就解脫了。」

經法研探：償債二法 ▶

　　　為什麼佛陀說扇提羅們不肯離去是「償債未畢，因緣繫縛」？這個債怎麼算？這個債的因緣又是什麼？

　　　當我們的心繼續思量惡事，就繼續攀惡緣，繼續累積委屈感，如是必定造諸惡業，必定苦，佛陀把這苦解釋為「債」。所以只要我們的心不停止思量惡事，就不能不作惡，就不能不苦，這就是「償債未畢，因緣繫縛」。

　　　當苦受夠了，就自然願意放棄招苦的因，就是不再起那習慣思量惡事的心；自然願意放棄去攀惡的緣，也就是不再習慣地去累積委屈感，如是放棄了「債」的「因緣」，就是「償因緣畢，自當得脫」。

若論究竟，佛陀對諸天菩薩不如是說，而說"一切眾生什麼時候願意放捨惡，就能出離苦"，因為不是惡來攀緣繫縛我們，是我們去攀緣繫縛惡。

但因為我們不信世間皆苦，更不信"自造自受"，認為"因為他惡，我才苦"、"我怎麼會去攀緣惡？"所以佛陀為了隨順眾生，就用"償債"的方式，將這一法"倒著"說。

好比欠了人家的錢不還，就是作惡，想逃債，就被逼迫，很苦。但什麼時候受不了躲債逼迫的苦，把錢儘快償還了，就輕鬆了。

所以，什麼時候願意停止思量惡事？願意停止累積委屈感？願意慚愧懺悔？"償因緣畢"，是我們自心的選擇。

《經文》　佛告王①曰："夫②人修福，謙虛敬重③，直心清淨，行於道業，功德無量，火不能燒，水不能漂，偷劫盜賊，不能得便，國王強力，不能動轉。如今皇后，受天④福也。

人行惡心，貪現前利，如扇提羅歷世受殃，於今不息。雖遇聖化，如風過耳，罪業力故，反生怨嫉。窈窈冥冥，何時當免？"

① 王：波斯匿王是在場聽眾身份最高者，所以向"王"說，便是向"所有在座的人"說的意思。
② 夫："夫"是語首助詞，"夫人"，有"唉，人哪"的意思。
③ 謙虛敬重：修習大法時，先抖空己意，叫謙虛；把大法當作千秋萬世的大業來護持，叫敬重。
④ 天：此處的"天"，意指無量無邊，猶如虛空，天福就是至大的福，不是只指天人而已。

<u>白話講解</u>　　佛陀轉向波斯匿王[及所有在座的人]說：“人哪!要誠心修福，就要謙下虛懷，深心慎重恭敬，以純淨誠直的心，修行道業，則能成就無量功德。這功德力，火燒不壞、水漂不走、小偷盜賊劫不去，[沒有任何人能損壞它，]甚至國王的強權命令也不能傾動它。就像現在皇后能受到至大無量的福報。

如果人心造惡，必貪眼前蠅頭小利，像扇提羅，因為受到[當年貪圖名聞利養]所造惡業的禍害，經歷了多生多世，到現在還沒停止。雖然遇到佛陀的教化，卻當作耳邊風，[一句也不能入心，]因罪業力的緣故，反而生起怨恨瞋嫉心[，以為佛陀在調侃他們。思量惡事的罪業力，真是頑強啊]！如果心住於這無邊無盡的黑暗中，生不出一絲善念，這苦、這惡，要到什麼時候才能免離啊？”

經法研探：大法小法 ▶

從提達女人要燒身，到辯才的開解；從提達女人供養五比丘，到五比丘的惡行；從佛陀揭示皇后與五扇提羅的宿世因緣，到五扇提羅不肯離去的意義；到皇后終於向佛陀求救……佛陀在這段經文裡，繞了一個大圈，向一切眾生總結並揭示出：欲樂大法的功德和欲樂小法的過患。

修福業、行道業，是大法，大法是無有變易、不生不滅、不垢不淨、不增不減之法。若把福業、道業修行具足圓滿，必定成佛，所謂福慧兩足尊，就是世尊。佛陀以皇后末利夫人宿世修習福業為例，最後連波斯匿王也不再把他當女人看待，而把他當上師看待，這段因緣很重要，闡明了修習大法的功德：“火不能燒、水不能漂……國王強力，不能動轉。”

佛陀以五扇提羅為例，向我們開示：小法是無常之法。欲樂小法者，以無常中橫計有常，必須時時計較眼前的利益，則看不到、也不願去弄清楚這眼前利益將帶來的果報，不怕傷毀，以致"罪業力故，反生怨嫉，窈窈冥冥，何時當免。"

所以欲樂大法，則得一切善；又以能思量善事故，更欲樂大法，進入良性循環。而欲樂小法，則得一切傷毀，因為一切小法愈小愈無常，無常之法皆是不傷自傷、不毀自毀之法，就是一切惡；又以止不住思量惡事故，只能欲樂小法，進入惡性循環。

這是兩套必然的因緣果報。

教敕比丘品第十

《經文》　爾時，世尊慈悲心故，告諸比丘：“如我前說，人身難得，值佛時難。法難得聞，終壽亦難[1]。

汝等諸子，前身微善，得生人道，遇佛在世，聞法信受，割斷恩愛，離別父母兄弟妻子六親眷屬，出家為道，如囚免獄。

應捨惡從善，中表相應，言行無異，少欲知足，不貪世榮，忍飢耐渴，志在無為，研精學問[2]，棄捐眾惡[3]，莊嚴智慧[4]，修無漏業[5]，出生死海。

復以智慧，順化天下，使行十善，是則名為自度度人，應菩薩業。”

[1] 終壽亦難：終，始終；壽，活；終壽亦難，就是得不死也難。為什麼呢？因為如果不得人身，值佛世也沒用；如果得人身，不值佛世也沒用，必須兩者具備，才能“親近善知識”。但就算能親近善知識，卻不聞正法，也沒用。必須“能聽法”、“思惟義”，才能“如說修行”。也只有這四者都具備，才能證得不死的大法。不死即不生，不死不生，終究不生不滅。所以佛陀在此揭示的是修行“四丈夫行”（《大般涅槃經·梵行品》）的次第。

[2] 研精學問：研，探討、開解；精，最精細微妙處；學，學佛、修學一佛乘；問，善於問難。

[3] 棄捐眾惡：棄，丟棄；捐，放捨；眾惡，一切惡。

[4] 莊嚴智慧：莊嚴，動詞，使其端正、嚴密、堅固，就是修集的意思；智，佛之知見；慧，佛的慈悲。

[5] 修無漏業：“漏”，人身有眼耳鼻口等九處，能出入的，故名漏。有出入，則內識、外塵必然互動，皆是生煩惱、造苦的因緣，故“漏”是繫縛生死的法。只有修“無漏”業，才能出離生死苦海，如小乘修“閉六門鎖六識，不與外塵互動”，不出不入；大乘修“六識出六門於六塵中無染無雜”，都是無漏業。

<u>白話講解</u>　　那時，世尊以無比的大慈大悲心懷，向在場所有的比丘眾說：“就好像我以前告訴各位的，能受生人道是極難得的；如果能受生於有佛出世時，更難；如果還能聽聞正法，真是難上加難；發願修得終究不死、不生不滅的果位，更是太難太難了。

你們各位，因為過去世中，稍稍累積了一些善業，所以才得生在人道，而且見到佛；又因今世的善業，能聽聞正法並信受奉持，樹立信根，受法受化；發願割捨對三不堅法 —— 身命財的貪愛，離別了父母兄弟妻子六親眷屬，出家來修道。能得這些善果，就像是囚犯被免除牢獄之災一樣的難得[，應好好答報]。

[怎麼答報？]應捨棄一切惡行，修習十善法行；心口一如，口念心行；減少對五欲之樂的追求，對五欲之樂要知足；也不貪著世間的榮華富貴；在齋戒中忍飢耐渴，也斷除對眾生緣、餓鬼愛的饑渴；出離如夢幻無常的有為、有漏之法，發大願修無為法；深心探討研究這最精細微妙的一佛乘，並於正法，善於問難，不斷地精進；丟棄放捨一切眾生知見，摒除十惡；嚴謹勤修佛之知見、佛之慈悲；修習六識出六門於六塵中無染無雜的無漏業。如此才能出離生死苦海。

然後，再回頭以佛之知見、慈悲，來調順教化天下一切眾生，令一切眾生受持十善法戒，這樣修持才叫自度度人，才能和菩薩的功業福德相應。”

經法研探：無為忍飢 ▶

佛陀在《大般涅槃經》中，特別呵斥以饑餓、斷食為主要修行內容的修行人，卻在本段經文裡要比丘們“忍饑耐渴”，豈不自相矛盾？而且在佛陀的門下，供養充分，為什麼要“忍饑耐渴”？

原來佛陀在這兒揭示了一個奧秘：

從廣義、深義來說，一切眾生於餓鬼愛中有如"犬嚙枯骨"，永不滿足，時時饑渴。因此佛陀要我們忍耐對餓鬼愛的饑渴，不為餓鬼愛所傾動，這層意思最深廣，也最難做到。

從狹義、現實義來說，"忍饑耐渴"有兩個意思。一是我們都將饑渴，因為到老病死時，"有所不能"，不能吃喝，佛陀要我們不與老病死惡性互動，要能隨順，並領受啟示相。二是泛指平日吃了拉、喝了撒，當沒得吃喝時，往往鬧情緒，甚至忘失正法，持不上戒，所以要"忍饑耐渴"。

但如果沒有大志願作導引，"忍饑耐渴"是很難做到的。佛陀慈悲，在經文裡，接著就提升我們，指出忍饑耐渴的歸依處，就是"志在無為"。

《金剛經》的"一切有為法，如夢幻泡影，如露亦如電，應作如是觀"，揭示攀緣一切世間法，就是攀緣有為法，就是攀緣無常，"無常故苦"，所以世間一切打拚所得，唯是八苦。無為法是不變易，是常樂我淨，修行人志在無為，則但有所作，都能轉化為覺悟的資糧。

小乘的無為法，"無為是無為"，入滅盡定，不度眾。

大乘的無為法，是"於有為中得無為"，是"非有為、非無為、亦是無為"，而終究無為、畢竟無為。因為大乘度眾，度眾是有為，《金剛經》說："所有一切眾生之類，若卵生、若胎生、若濕生、若化生、若有色、若無色、若有想、若無想、若非有想、非無想，我皆令入無餘涅槃而滅度之"，但"如是滅度無量無邊眾生，實無眾生得滅度者。"是"於有為中得無為"。

三乘四賢果位，修的無為法都有次第差別，乃至十地菩薩，每一地的無為法都不一樣。《金剛經》中說：“一切賢聖，皆以無為法而有差別。”

所以發多大的願，就修習什麼層次的無為法，就能做到多大、多深的“忍饑耐渴”。

《經文》　爾時，會中有諸比丘聞佛說已，自忖所行，身口意業，不稱道法[1]，五百餘人即起修敬，叩頭懺悔，叉手合掌，而白佛言：“如世尊教，三不善業，我等悉有，今於佛前，發露懺悔，惟願天尊[2]，表察[3]其誠，從今以往，誓不為非。當如法行，願佛證知[4]。”

佛言：“諸子。三界聖尊，眾生之父，子今悔惡修善，甚是所欣，當隨喜爾[5]。”

[1] 不稱道法：稱音（秤），是破音字，讀第四聲，是相同、相當、相符、相等之意。不稱道法是指身口意三業的所念所行，與道法相去太遠，不能相應對等。

[2] 天尊：即天中天，是佛的尊稱之一，意即遍及三世十法界，承載一切宇宙萬有的法身，不只是眼見頭頂上的那片天。

[3] 表察：表，弄明白，公布；察，察覺。

[4] 願佛證知：證知也是表察的意思。願佛證知也有祈求能得到佛陀祝福的意思。

[5] 爾：這裡作語尾助詞的“啦”解。

<u>白話講解</u>　那時，在法會中，有一些比丘聽了佛陀的告誡，思量自己所行所為的身口意三業，不合十善法戒，與佛陀的教誨不相符合，就有已發願修行的五百比丘，當場一起恭敬頂禮佛足，叩頭懺悔，叉手合掌，向世尊坦白發露道：“正是像您所教誨的，我們都曾犯過身口意三惡業，現在向您至心慚愧發露，呵責懺

悔，只求您這位天中天，能明察我們表白的誠意，從今以後，發
誓不再作身口意三業的十惡行，一定如教行十善法，懇求佛陀知
道我們的誠意，並為我們作證。”

　　佛陀說：“各位，佛是欲界、色界和無色界的至尊至聖，是一
切眾生的慈父，你們作兒子的，今天發露懺悔過去所造的惡業，
肯斷惡，永不再犯，而且願意修習善根，這真是令我非常欣慰的
事，我當然隨緣助喜啦。”

《經文》　復有五百粗行比丘[1]，聞說是已，即起修
敬，叩頭向佛白言：“世尊，我等不堪修出家道，所以
者何？從昔以來，為利養故，行於邪濁，有虛無實，受
人供養，負債滋多。為是等故，實懷憂懼。今欲捨道，
還歸俗緣，願佛垂聽[2]。”

　　佛告比丘：“善哉善哉，吾助爾喜。所以者何？
夫人入行，如把刃持毒，不能堪者[3]，不如不為。何以
故？執持不勤，反為害故。

　　汝等今者，信於業報，有慚愧心。慚愧因故，除滅
過罪，增長善根。彌勒菩薩後成佛時，初會說法，當得
上度。”

　　又告比丘：“寧割身肉，以用供口。不以邪心受人
施也，甚難甚難，慎之慎之。”

[1]　粗行比丘：指修行粗陋，即不慎行、不持戒的比丘，既不求出離
　　生死苦海，也不以自度度人為願，卻以不淨心要求保持生態和名
　　聞利養。雖披袈裟，卻虛有其表，叫粗行比丘。若實發菩提心，
　　能持戒，即所謂的“三千威儀、八萬細行”者，叫細行比丘。細行
　　是仔細檢視身口意三業，就是持戒的意思。

② 聽：破音字，讀第四聲，聽許、答應的意思。
③ 不能堪者：因為不知道道法的功德性能，不知道如何去相應，更
　　不去弄明白自己的所信所願是什麼，就是沒有資糧福報來承受、
　　答報這麼大力量的道法。

<u>白話講解</u>　　又有五百位不慎行比丘，聽了佛說五扇提羅今世和前生的因緣果報，即起身恭敬頂禮佛足，叩頭向佛陀坦白地說："世尊哪！我們實在沒有足夠的資糧福報，不配修持出家道業，為什麼呢？從當初進入這個修行團體到現在，就是為了求名聞利養，身口意三業都邪濁不堪。以這邪曲不淨的心入道，做的都是有名無實、沒有誠心的表面功夫，枉受眾生供養，[就像那五比丘一樣，]欠下不能計數的債務。想到五扇提羅的因緣果報，真是嚇壞了，非常害怕，現在寧願放捨出家道業，回到俗世中去，懇請佛陀垂愍，答應我們還俗。"

　　佛說："太好了，太好了！我一定成全你們的願望。為什麼我很高興你們有這樣的心願呢？人哪，出家修道，就好像拿著利刀及毒藥在手上玩一樣，如果沒有能力，承受不了修行，不如不為。為什麼呢？如果不是勇猛精進，勤快地修行，一定會被毒藥和利刀所害，傷到自己的慧命。

　　現在你們聽了正法，相信凡有所作皆有果報，對業報深起怖畏，願意承認發露入道是假，心有不淨。以這真誠的慚愧心，敢當眾發露，就能把以前欺誑如來、欺誑眾生、騙取供養的罪過滅除了。拔除了惡根，則善根就能增長。有這善根因緣，到下一正法時期，彌勒菩薩示現成佛的龍華會上，第一次說法時，你們將受法，為法所度，即刻發起無上菩提心，修菩薩道行，得到最上的解脫。"

　　佛陀又再叮囑教誡所有比丘："假使餓了，寧可割下自己的肉

來吃，也不要欺誑如來，用邪曲心、不淨心去接受眾生的供養。要拒絕名聞利養是很難很難的，但一定要小心，小心！切記，切記呀！"

經法研探：邪心受施 ▶

　　佛陀在開示皇后的前身作提違女人，與五比丘之間的因果關係時，曾說："今我法中，有諸比丘，言行不同，心口相違。或為利養，錢財飲食；或為名譽，要集眷屬；或有厭惡王法役使，出家為道，都無有心向三脫門，度三有苦。以不淨心，貪受信施，不知後世，彌劫受殃，償其宿債。為是等故，豈得不說？"這段話，正是為這五百粗行比丘退道還俗埋下了伏筆。

　　佛陀大慈大悲，早知當時及後世一切眾生心行，而"豈得不說"。揭示五比丘彌劫受殃的前因後果，就是為了要提醒當時及後世一切不淨心出家之粗行比丘，心生警惕，千萬不能靠出家求名聞利養，否則就是"把刃持毒"，就是自殺自毒，重蹈五扇提羅的覆轍，百劫千生受三惡趣苦，不得出離。

　　佛陀苦口婆心悲愍眾生，一再叮嚀，寧割身肉，絕不可以邪心受人信施。受人施財，不過濟一世之福，要償這份債務，卻得在三惡道受上萬億劫的罪苦呀！

羅睺求退品第十一

《經文》　　爾時，佛子羅睺羅等五十沙彌，聞佛說彼扇提羅等，禍所由起因緣本末，甚大憂懼，即各修敬，頭面禮佛，叉手合掌白言：“世尊，今聞說此扇提羅等，宿業因緣受苦果報，甚懷怖懼。

　　所以者何？和上舍利弗大智福德，為國中豪族，所見知識[①]，眾人競共雲集供養，餉致最上甘珍美味。小兒愚癡，無有福德，食人如是妙甘飲食，後世當復償其因緣，受苦果報，如扇提羅。是故我等實懷憂慮。

　　彼諸長德五百比丘尚不能堪，退道還俗，而況小兒無智慧者。願佛垂哀，賜聽我屬捨道還家，冀免罪酬[②]，不經苦厄。”

①　所見知識：所共同承認、有目共睹的。
②　冀免罪酬：希望免去罪報。羅睺羅等五十沙彌的這個心聲，也反應了我們的心態，竟然懷疑佛陀的安排不如我們自己的設想周到！

<u>白話講解</u>　　那時，羅睺羅等五十個小沙彌，好好地聽了佛陀的開示，明白那五個扇提羅為什麼會遭受到如是苦厄禍殃的整個因緣果報，產生了極大的憂慮恐懼，趕緊到佛陀面前，給佛陀恭敬頂禮，向佛陀叉手合掌示敬，然後說：“世尊哪！您剛剛講了這些扇提羅百劫千生以來受苦的因緣果報，我們聽了嚇得要命。

　　為什麼呢？在我們六和敬中，居最上位的舍利弗，他的智慧和福德，是國中最有權勢、最尊貴的人們所共同承認的，大家都爭著用最珍貴、最稀有、最好吃的東西來供養他。我們這些既愚笨又沒有福德的小孩，[卻跟在舍利弗後面]吃這麼珍貴稀有好吃的供

物，那麼後世豈不是要像五扇提羅那樣，以同樣的因緣，受同樣的苦報？想到這個果報，真是嚇壞了。

還有我們的長輩，五百位受具足戒的比丘，他們都擔當不起眾生供養的甘露美食，要求退道還俗，何況像我們這些沒有智慧的小孩？所以請您發發慈悲，哀愍我們，就讓我們還俗，不再修道，都回家去吧！以免遭受下地獄的罪報，也不受苦惱厄運的折磨！”

經法研探：扇提羅的盲點 ▶

到底什麼是這段經中所說，五個扇提羅災難的因緣果報呢？讓我們一起來復習：

五扇提羅的前世，是接受提違女人供養的五比丘，他們以欺誑如來、欺誑眾生、要求名聞利養的惡心，攀緣種種欺誤覆藏和謊言的惡緣。例如裝出修行人三千威儀、八萬細行的樣子，妄說自己即將得阿羅漢果位。如是得八千億劫地獄、八千劫餓鬼、八千世畜生、八千世無男女根的惡果，成為五扇提羅。

他們又怎麼答報這個惡果呢？繼續思量惡事。例如佛陀為他們說法，他們轉身不聽，還對佛的慈悲教化起瞋恨心；對皇后夫人的善意對待，賦予最壞的意義和解釋，不起一點兒感激心。

以如是的因緣果報，使五扇提羅的災難和罪業“於今不息”。

《經文》　爾時，世尊告羅睺羅：“汝今畏罪[1]，欲得還家，求離苦者，是事不然。

何以故？如有二人乏食飢餓，忽遇主人，為設種種肥濃美味。其人飢餓，貪食過飽。

然此二人，一者有智②，二者愚癡。有智之人，自知食過，身體沈重嚬呻欠呿③，恐致苦患，即詣明醫，謙虛下意，叩頭求救④，請除苦患。

良醫即賜摩檀提藥，令其服之，其人即吐⑤腹中宿食。吐宿食已，令近暖火⑥，禁節消息⑦。其人因是，得免禍患，終保年壽，安隱快樂。

其無智者，不知食過，謂是鬼魅，消費家財，橫殺生命，祠祭鬼神，欲求濟命，唐費功夫。腹中宿食，遂成生風，生氣轉筋，絞切心痛。因是死亡，生地獄中，累世受苦，由無智焉。”

① 如今畏罪：佛陀能體會羅睺羅這次是真的害怕了，不是因為道心不起，不想學道而找藉口要回家。

② 有智：能夠正確揭示因緣果報的才是真正有智慧的人。

③ 嚬呻欠呿：嚬，音（貧），通“顰”字，皺眉的意思。呻，音（伸），呻吟、哎喲哎喲地哼哼。欠，打呵欠。吃多了，血液都集中在胃部來消化食物，這時腦部貧血，就會想睡。呿，音（區），是張口的樣子，比喻打嗝的意思。

④ 謙虛下意，叩頭求救：謙虛下意是指內心，叩頭是外表，這裡描述求救時“表裡如一”的誠意。

⑤ 吐：指上吐下瀉。

⑥ 令近暖火：上吐下瀉後，身體虛弱，不能受寒著涼，不僅要穿蓋暖和，還要取暖。

⑦ 禁節消息：“禁”是禁止、限定。“節”是節制、控制；指生活起居定時、定量、定行，比如不許亂吃、亂喝、不許下床、不許看書、不許多說話等。“消”是消除病痛、病癥。“息”是休養生息。

<u>白話講解</u>　　那時世尊告訴羅睺羅說：“你今天對自己所做的罪業這麼害怕，想要用回家來逃離苦報，但你所想的和事實是不相符合的。

為什麼這麼說呢？譬如有兩個人，餓得不得了，但沒有東西吃，忽然遇到一位大方的主人，為他們準備了各種高脂肪、高蛋白性的鮮美食物。這兩個人因為太餓，貪心起，吃得過飽。

兩個人中，一個有智慧，一個既笨又頑固。這個有智慧的人，知道自己是因為吃多了，導致身體沉重得動都動不了，難受得皺著眉頭、哎喲哎喲地哼哼、打呵欠、打嗝。為了怕病情惡化，招致更大的苦，就立刻去找醫術高明的醫生，以非常謙卑的心，下心地叩頭求救，請醫生為他消除病患的痛苦。

這個好醫生就給他開了摩檀提藥，讓他吃下去，把肚子裡積滯不消的食物吐或瀉出來。吐、瀉乾淨了，叫他靠近暖火，節制飲食和行動，消除病癥並休養生息。這個人因此得以免掉大禍，終於保住性命，健康長壽，身心有了安全保障，享受快樂。

那個沒有智慧的人，不知道自己是吃多了，以為是妖魔鬼怪附身作亂，就把家財變賣了，殺雞宰羊來祭祀鬼神，求鬼神饒他一命，結果白費功夫。肚子裡過多的食物不能消化，以致[胃腸胰脾肝膽都因過量負荷受損，]在身體裡因滯食產生了氣體，[又不能藉打嗝、放屁把氣體完全釋放出來，]導致腑臟梗阻，心臟也因此絞痛起來。最後死了，受生地獄，累世受苦，這都是因為沒有智慧的緣故。”

經法研探：對症下藥 ▶

佛陀說這段譬喻是要我們“對號入座”，告訴我們“怎麼正確求救”：

　　針對五百粗行比丘而言，譬喻中令他們不能消化而致病的"肥濃美味"，指的是以邪心受人施所造的惡業；消除此病的"摩檀提藥"，指的是慚愧懺悔，不再欺誑眾生，不再偽裝出家修行人。

　　針對羅睺羅和五十沙彌的情況，譬喻中不能消化而致病的"肥濃美味"，指的是以往攀緣世間、貪愛世間所造的惡業；而消除此病的"摩檀提藥"，指的是聽聞正法，並依法修行；譬喻中去求祭鬼神，指的是孩子們想回家找媽媽，以為回到媽媽身邊就一切都沒事了。

　　因此世尊對羅睺羅說："汝今畏罪，欲得還家，求離苦者，是事不然。"

　　只有修學如來正法，才能究竟離苦得樂。小沙彌們想退道還家，找回母子恩愛之樂以及平日遊嬉玩耍之樂，都是在造苦因，未來亦將受苦果。

　　這段譬喻主要講的就是，智者去找明師、明醫，對症下藥，藥到病除；愚者求助鬼神，找錯了對象，得不到解藥，把自己給耽誤死。

《經文》　佛言："汝羅睺羅，畏罪還家，如彼無智愚癡人也。

　　夫人求福，欲離罪者，當謙虛精勤，親近明師，修習智慧，悔惡罪業，改往修來。從是漸漸，智慧成就。慧成就故，消滅眾罪[①]。

　　如我前說，日光威力，能除眾冥[②]。人修智慧，亦復如是。

　　緣汝先有善根因緣遭值我時，舍利弗等，如彼明醫

能濟苦患，而得不死，子今何為捨明入暗？"

① 眾罪："眾"在這兒指一切眾生，就是一切眾生的罪業。
② 眾冥："眾"在這兒也是一切眾生的意思，指一切眾生心中的黑暗。

<u>白話講解</u>　　佛陀又說："羅睺羅呀，如果你是因為害怕罪業受苦而要回家，就好比是那個[不認識正確因緣果報的、]沒有智慧的笨人一樣。

人啊!如果想求福德，想出離罪業，就應當謙虛下心地精進，找尋並親近高明的大善知識，修學以智慧持戒來進行身口意三業，慚愧懺悔心中的惡和所造的罪業，停止過去的惡和修習未來的善。這樣慢慢地成就智慧。智慧成就了，就能滅度自己和眾生的罪業。

就好像我之前說的，太陽光的威力，能消除一切眾生心中的黑暗。人們修習智慧，也是這樣。

你因為前世造有善業，種下善根，所以今世能生逢佛世，又能遇到像舍利弗這些尊者，好比是那個明醫，能濟拔痛苦病患，救人性命，那麼你為什麼要捨棄光明而奔向黑暗呢？"

經法研探：譬喻開解 ▶

佛陀為了進一步開解羅睺羅及大眾，在這段經文裡，又舉了一個"怎麼修習智慧"的例子。讓我們再來"對號入座"，與上一段的"怎麼正確求救"的譬喻做一個聯系：

親近明師：是找明醫求救，指的是舍利弗等尊者。

服用慚愧法藥，悔惡罪業：就是服用摩檀提藥，達到上吐下瀉的效果。

在善知識、善友的導引和持戒下，改往修來：是令近暖火，禁節消息。

修習智慧，智慧成就：是得免禍患，終保年壽，安隱快樂。

如果羅睺羅回家找耶輸陀羅：好比是愚者去找鬼神。

這段經文還表達了一個訊息，就是智慧成就之後，不僅能滅度自心的罪業，還能滅度一切眾生的罪業；不僅能除滅自心的黑暗，還能除滅一切眾生心的黑暗。與本經第五之五品中，野干開示天帝“財施法施功德因緣差別之相”的一段法相呼應：“其法施者，猶若日光照四天下，隨所行處，能除眾冥。所以者何？日性自明，故能照物。和上今者，亦復如是，本修習故，智慧明了，復以慧明，除眾生冥。”也說明了野干是代佛陀說法，對佛陀所開示的正法必定是“一相一味，終無二說”更生信心，深信不疑。

經法研探：三種邪行出家 ▸

讓我們再回頭來看看，對於三種犯了邪行的出家人，佛陀是如何作出不同的處置。

第一種邪行出家人（五百比丘）：他們在聽了佛陀的告誡後，率先主動在佛陀面前發露自己持不上十善法戒的行為，並當場一起頂禮佛足，叩頭懺悔，重新發願要好好持戒修行。

佛陀接受了他們的慚愧懺悔，而且肯定他們曾經發過的正願，以及再度發起的正願，所以讓他們留下來繼續修行。

第二種邪行出家人（五百粗行比丘）：他們在聽完告誡

後，叩頭向佛陀慚愧發露：他們是以邪心邪願入道，參加修行團體的目的是為了求得名聞利養。並當下表示要放捨出家業，回到俗世中去，請求佛陀讓他們還俗。

佛陀成全了他們的請求，並接受了他們的慚愧懺悔。同時還告訴他們：由於他們誠心發露了過去欺誑如來的罪業，因此拔除了惡根，善根方得生長，以此善根因緣，到下一個正法時期，他們將在彌勒菩薩示現成佛時的第一次法會上，即發無上菩提心。

這五百粗行比丘和前一種出家人最大的不同，是他們在慚愧懺悔後，還是無法發起正願，所以佛陀才允許他們退道還俗。

第三種邪行出家人（羅睺羅等五十沙彌）：他們聽了佛陀的告誡後，認為自己無有智慧，不該枉受眾生的供養，因此要求退道還俗，免得遭受下地獄的罪報。

但佛陀不接受他們的請求。為什麼呢？佛陀認為他們年紀尚小，並且初聞正法，還沒有足夠的資糧來判斷自己能不能修道。所以他們應該給自己一個多聽正法的機會，以便樹立正信之根，有了正信之根方能發起大願。

當然有可能他們終究發不起大願，也可能連正信之根也樹立不了，到那時，佛陀自然會讓他們退道還俗的。

佛陀還要他們珍惜過去累積的福業，以及今世得以生在舍利弗等大德尊者們身邊的善緣，好好跟隨他們，學習他們的言教、身教，如此才能於正法深生信心。有了正信，才能發正願，就不會犯下“邪行出家”的罪業了。

《經文》 沙彌羅睺白言：“世尊，諸佛智慧猶如大海，羅睺等心，猶如毫末，豈能受持如來智慧？”

佛告羅睺：“如天雨滴，後不及前，雖不相及，能滿大器。修學智慧，亦復如是。從小微起，終盛[I]大器。

盛大器已，轉盛餘器。如是展轉，滿無量器，是則名為自利利人。自利利人，名為大士，如我今也。”

羅睺羅等聞佛說已，心開意解，無復憂慮，如世尊教，當具奉行，不敢疑也。

Ⓘ 盛：破音字，讀（成），是“裝”、“容納”的意思。本段經文裡有三個“盛”字，都讀同音，也都同解。

<u>白話講解</u>　沙彌羅睺羅回答說：“世尊哪，諸佛的智慧好比大海，我們的心，好比茅草的芒尖，以微細的芒尖，怎麼承受得住如來大海般的智慧呢？”

佛陀對羅睺羅說：“好比雨滴，是一滴一滴地下來，前滴和後滴彼此不相連，雖然不相連，卻能把大的器皿裝滿。修學智慧，也是這樣。從一點一滴開始，終究能把大器裝滿。

大器裝滿之後，還可以分裝在其他的杯碗盆罐裡。這樣越裝越多，盛滿無量的器皿，取之不盡，用之不竭，叫做自利利人。能自利利人的，叫做大有情、大丈夫，就像我今天這樣。”

羅睺羅和他的同伴，聽了佛陀的智慧方便開解，不再害怕憂慮，就照著世尊的教誨，全面的、恭敬的信受奉行，不再起疑惑了。

經法研探：引喻 ▶

“智者要因譬喻，方得開解”，佛陀在這兒指出羅睺羅把自心比作“毫末”的錯誤，應該把自心比作“大器皿”，盛的是智慧甘露雨。

開始盛時，看起來很慢，但只要把大器的蓋子打開，一直放在受甘露雨處，這樣一定越盛越多，終究盛滿。也就是只要把心打開，諸佛菩薩是無時無刻不在護念我們的。

能把自己的大器盛滿，也必定能盛滿其他的大器和小器。自利利人，好比當智慧功德具足時，光芒照遍三世十法界無量無邊的眾生。又好比《佛說四十二章經》中的"佛言：譬如一炬之火，數千百人，各以炬來分取，熟食除冥，此炬如故，福亦如之。"這又是一個佛陀說法必定"一相一味，終無二說"的明證。

佛陀藉著指出羅睺羅譬喻的錯誤，來告訴一切眾生，我們的心是如何的顛倒，也提醒羅睺羅和我們，雖有善根因緣，但大器裡是乾的，沒有智慧甘露。最不智的是，老想把大器搬進屋裡，就是想退道還家。

讀了這段經文並"對號入座"後，更能體會佛陀平等惠利的心，相信不僅羅睺羅及當時的大眾，就是我們，也都"心開意解，無復憂慮"了。

太子問戒品第十二

《經文》　爾時，會中國王太子，名曰祇陀[I]，聞佛所說十善道法，因緣果報，無有窮盡，長跪叉手，白天尊曰：「佛昔令我受持五戒，今欲還捨受十善法。所以者何？五戒法中，酒戒難持，畏得罪故。」

世尊告曰：「汝飲酒時，為何惡耶？」

祇陀白佛：「國中豪強，時時相率，齎持酒食，共相娛樂，以致歡樂，自無惡也。何以故？得酒念戒，無放逸故。是故飲酒，不行惡也。」

I　祇陀：從經中的羅睺羅才九歲看來，此經是佛陀成道後不久的開示，所以「竹林精舍」也剛蓋好不久，因此當時祇陀太子和佛陀的關係是非常親近的。

白話講解　　那時，也是會眾之一的皇太子祇陀，聽了佛陀所開示的十善道法以及因緣果報的無量義，就跪下叉手示敬，向天上天下最尊貴的佛陀說：「您過去讓我受持五戒，現在想把五戒退還給您，改為直接受持十善法戒。為什麼要這樣呢？因為五戒中，酒戒難持，害怕犯戒造業致罪。」

世尊問祇陀太子：「你在喝酒時，會造些什麼惡啊？」

祇陀太子回答佛陀說：「我和國中最豪貴強盛的家族和各方領袖，[為了團結和融洽，]時常相互率領，帶著好酒美食，招呼作樂，相聚一堂，彼此歡樂，[因為大家沒有傷害心，]也就沒造什麼惡呀！為什麼呢？因為每次在喝酒時，心裡都念著要持戒，心不放逸。用不放逸心喝酒，是不會作惡的。」

《經文》　佛言："善哉善哉，祇陀，汝今已得智慧方便①。若世間人，能如汝者，終身飲酒，有何惡哉？

如是行者，乃應生福，無有罪也。

夫人行善，凡有二種：一者有漏，二者無漏。有漏善②者，常受人天快樂果報；無漏善③者，度生死苦，涅槃果報。

若人飲酒，不起惡業，歡喜心故，不起煩惱。善心因緣，受善果報。汝持五戒，何有失乎？

飲酒念戒，益增其福。先持五戒，今受十善，功德倍勝十善報也。"

① 智慧方便：智慧和方便是兩回事。智慧是第六波羅蜜的功德；方便是第七波羅蜜的功德。祇陀太子雖不是大菩薩，但以其世間主的福報善根，多少具有一些菩薩的德性，所謂"餘非不修，隨力隨分"。祇陀太子要是飲酒作惡，則無智慧；要是為持五戒，而不能與國中豪強以酒食共相娛樂，則無方便。

② 有漏善：漏者，指人身的九孔——兩耳、兩眼、兩鼻孔、口及大小便二孔，這九孔就像被矛刺穿了身體而成的九個永遠不能癒合的洞，故是有漏，經中亦稱"九矛瘡"。用九矛瘡跟六塵——色、聲、香、味、觸、法的互動來行善，這種善有副作用，並會自我抵銷。例如醫生必須要把病人的腿割掉，才能救病人的命，故稱有漏善，是世間善。

③ 無漏善：是出離世間善，是純善、淨善。

白話講解　　佛說："太好了！太好了！祇陀，你現在既有智慧，又有方便。假如天下的人，都能像你這樣飲酒念戒，即使一輩子喝酒，又會作什麼惡呢？

像你這樣，不僅沒有造罪，還有福德。

　　人們修行善業，有兩種方式，一種是有漏善，一種是無漏善。行有漏善的人，常受人天五欲之樂的果報；行無漏善的人，得滅度生死苦和真常、真樂、真我、真淨的涅槃果報。

　　若人們喝酒，不造惡業，又因心生歡喜，所以不起煩惱。以這樣的善心因緣，必得善的果報。所以像你這樣受持五戒，還會有什麼過失呢？

　　喝酒時能想著不放逸戒，只有更增上福德的。因此，你過去先受持了五戒，現在再受持十善法戒，這樣持戒的功德，加倍勝於只受持十善法戒的功德啊！」

經法研探：酒戒 ▶

　　太子要把五戒退還給佛陀，改持十善法戒，實際上只是想把“酒戒”還給佛陀，因為十善法戒包括了殺盜淫妄，即四重禁戒，而五戒就是四重禁戒加上酒戒。三者的差別在一個“酒”字。

　　佛陀為什麼要訂酒戒呢？

　　酒本身沒有自性，但酒精好像是一個擴大器，會擴大渲染已有的心念。福薄善淺的我們，既沒有大使命感，又習慣性地思量惡事，心行放逸。喝了酒，酒精的力量使心裡的惡念，如罪惡感、委屈感等，擴大增長，加倍地思量惡事，加倍地心行放逸。

　　雖然經常思量善事的人喝酒，像祇陀太子，酒精也會使他加倍地思量善事，但我們並沒有祇陀太子的善根福報。

　　所以佛陀訂酒戒，是為了提醒我們，不許用喝酒來放逸其心。我們絕不能因為佛陀讚美祇陀太子，而誤以為佛陀是在鼓勵我們喝酒。

　　佛陀和祇陀太子的這一段對話，是要帶我們見到思量惡事和思量善事、放逸其心和不放逸其心、飲酒念戒和飲酒不念戒的功德因緣差別之相，因此對喝酒要更加謹慎，而不是更加放逸。

夫人破戒品第十三

《經文》　時，波斯匿王白言：“世尊，如佛所說，心歡喜時，不起惡業，名有漏善者，是事不然。何以故？人①飲酒時，心則歡喜。歡喜心故，不起煩惱。無煩惱故，不行惱害，不害物故，三業清淨。清淨之道，即無漏業。

世尊，憶念我昔遊行獵戲忘將廚宰②，於深山中，覺飢欲食，左右答言：‘王朝去時，不被命敕令將廚宰，即時無食。’

我聞是語已，走馬還宮，教令索食。王家廚監，名修迦羅。修迦羅言：‘即無現食，今方當作。’

我時飢逼，忿不思惟，瞋怒迷荒③，教敕傍臣，斬殺廚監。

臣被王教，即共議言：‘簡括④國中，唯此一人，忠良值⑤事。今若殺者，更無有能為王監廚稱⑥王意者。’

時，末利夫人聞王教敕殺修迦羅，情甚愛惜，知王飢乏，即令辦好肉美酒，沐浴名香，莊嚴⑦身體，將諸伎女⑧，往至我所。

我見夫人，莊束嚴麗，將從妓女⑨，好酒肉來，瞋心即歇。

何以故？末利夫人持佛五戒，斷酒不飲，我心常恨。今日忽然，將酒肉來，共相娛樂，展釋情故。即與夫人，飲酒食肉，作眾伎樂，歡喜娛樂，恚心即滅。

夫人知我忘失怒意，即遣黃門，輒傳我命，令語外臣，莫殺廚監，即奉教旨。

我至明旦，深自悔責，愁憂不樂，顏色憔悴⑩。夫人問我：'何故憂愁，為何患耶？'

我言：'吾因昨日為飢火所逼，瞋恚心故，殺修迦羅。自計國中，更無有人堪監我廚如修迦羅者，為是之故悔恨愁耳。'

夫人笑曰：'其人猶在，願王莫愁。'

我重問曰：'為實如是，為戲言耶？'

答言：'實在，非虛言也。'

我令左右喚廚監來。使者往召，須臾將來，我大歡喜，憂恨即除。"

① 人：在這兒特別指的是波斯匿王和祇陀太子。

② 忘將廚宰："將"是統領、率領，"廚宰"是主管廚房事務的人。

③ 荒：放逸、散亂。

④ 簡括：把全部都算上，總結到一句話上來。

⑤ 值：堪當、堪任。

⑥ 稱：破音字，音(秤)，稱對、滿意的意思。

⑦ 莊嚴：莊，是裝飾；嚴，是連細節都不放過。在身體上下功夫，就是莊嚴身體。在和敵人打仗時下功夫，就是莊嚴兵甲。在庭園裡下功夫，就是莊嚴園林。在持戒、自淨其意上下功夫，就是莊嚴佛土。

⑧ 伎女：玩樂器的，會唱歌跳舞的女人。

⑨ 妓女：會取悅男人的女人。

⑩ 顏色憔悴：波斯匿王最難受的，不是因為全國再也找不到一個能讓他滿意的好主廚，而是因為殺了一個這麼好、又沒犯任何過錯的人，所以經文才會用"顏色憔悴"來形容他內心的愧咎。

白話講解　　這時波斯匿王說："世尊，如果照您所說，心歡喜時，不造惡業，叫做有漏善，但事實不是這樣的，為什麼呢？人們喝酒時，心裡就高興；心裡一高興，就不起煩惱；不起煩惱，就不會去做惱怒傷害的事；不做惱怒傷害的事，不傷害人事物，身口意三業就清淨。既然是清淨之道，當然是無漏善業了。

世尊，記得有一次我去打獵，忘記帶廚子，結果在深山野地裡，覺得很餓想吃東西，兩邊的隨臣回答我說：『大王早上離開王宮時，沒有下令帶廚子來，所以現在沒有東西吃。』

我一聽這麼說，馬上騎著快馬回宮，命令立刻端出吃的東西來。當時王家廚房的總監叫修迦羅。修迦羅說：『現在沒有東西可吃，但我馬上就為您做。』

當時我被饑餓所逼，氣得不做任何考慮，在瞋怒心的迷惑下，任由心更放逸散亂，竟然命令旁邊的臣子，殺掉修迦羅。

臣子們一聽大王的命令，馬上開會商議說：『即使把全國人都算上，也只有修迦羅一個人，是既忠實善良又有能力擔當這個任務的，如果把他殺了，就更沒有能讓大王滿意的主廚了。』

這時末利夫人聽到大王命令殺修迦羅的事，一方面很疼愛珍惜修迦羅，一方面也知道事情的起因是大王既餓又累。就趕快命令準備美酒好肉，自己也用名貴香水洗了澡，並在梳妝打扮上下了功夫，帶著能歌善舞的漂亮宮女們，到我住的地方來。

看到夫人特地為我打扮修飾，還帶著甚可欲樂的宮女和好酒好肉來，我的瞋恨心馬上息止了。

為什麼呢？因為末利夫人自從受持了佛的五戒後，就不喝酒了，這讓我經常懷恨在心。今天突然帶著酒肉來陪我，還跟我無拘無束彼此歡喜地續起舊情，於是我立刻就和夫人喝酒吃肉，又唱又跳，好高興，瞋恨心就熄滅了。

這時夫人知道我不再生氣，就立刻派宦官，代傳王命，告訴在外負責的臣子，不要殺修迦羅，臣子馬上遵照辦理。

第二天早上醒來，酒也醒了，我深深地懺悔自責，憂愁不樂，

以致精神面貌很差。夫人問我：‘為什麼憂愁？被什麼事所困擾苦惱呢？’

我說：‘昨天因為被饑餓的火氣所逼迫，起了瞋恨心，殺了修迦羅。自己現在想想，全國再沒有第二個人有修迦羅那樣的能力，能夠擔任令我滿意的主廚，為了這件事，既悔恨又憂愁。’

夫人笑著說：‘修迦羅還在啊！請大王不要憂愁。’

我不信，再問：‘這是真的嗎？還是為了逗我而說的？’

夫人回答：‘是真的，不是亂說的。’

我立刻命令身邊的臣子把修迦羅叫來，不一會兒，修迦羅就來了，我好高興，心裡的憂愁悔恨馬上就解除了。”

《經文》　王白佛言：“末利夫人，持佛五戒，月行六齋①，一日之中，終身五戒，以犯飲酒妄語②二戒，八齋戒中，頓犯六戒③，此事云何，所犯戒罪輕耶重耶？”

世尊答曰：“如此犯戒，得大功德，無有罪也。何以故？為利益故。如我前說，夫人修善凡有二種：一有漏善，二無漏善。末利夫人所犯戒者，入有漏善，不犯戒者，名無漏善。依語義者，破戒修善，名有漏善。依義語者，凡心所起善，皆無漏業。”

① 月行六齋：在家的男女二眾，即優婆塞、優婆夷，於一日一夜中，為學習出家所守之戒律，每個月有六天，除了五戒外，另有不坐高座、不臥好床；身不塗香、不帶裝飾、不觀戲聽歌；過午不食，稱作“八齋戒”或“八關齋戒”。這六天是農曆每個月的八日、十四日、十五日、二十三日及月末二日。

② 妄語：指末利夫人代傳王命，不要殺修迦羅。

③ 六戒：指除了殺和盜兩戒沒犯。

<u>白話講解</u>　　波斯匿王接著問佛陀：「像末利夫人這樣受持佛陀的五戒，每個月有六天還要持八關齋戒。但那一天，對終身所持的五戒來說，犯了飲酒和妄語兩戒，對八關齋戒來說，一下子就犯了六戒，我們要怎麼來看待這件事呢？她所犯戒的罪，是輕？還是重？」

世尊回答說：「像這樣子的犯戒，不僅沒有罪，還有大功德呢！為什麼呢？因為她是為了達到更高更大的惠利。像我先前說的，人們修行善業有兩種方式，一種是有漏善，一種是無漏善。就末利夫人的情況來說，如果認為她犯戒，那麼她所修的善，屬於有漏善；如果認為她沒犯戒，那麼她所修的善，屬於無漏善。也就是說，根據我訂戒法的‘文字義’來講，她的確是一面破戒，一面修善，是有漏善。如果根據我訂戒法的‘真實義’來講，心裡面起的善，只要沒有惡，都叫做無漏善業。」

經法研探：因善破戒 ▶

這段經文說明了大乘戒和小乘戒的不同。大乘戒可“開”可“遮”。但大乘戒“開”時要注意，不可欺誑如來，就是絕不許犯“心道三戒”。所以在心中沒有嫉妒、瞋恚、憍慢邪見的基礎上，完全是為了一個更高更大的利益，那麼即使在戒法的“文字義”上，犯了身口業，但就戒法的“真實義”來說，還是沒有犯戒。末利夫人為我們做了一個最好的示現。

因酒止惡品第十四

《經文》　王白佛言：“如世尊說，末利夫人飲酒破戒，不起惡心，而有功德，無罪報者，一切人民亦復皆然。何以故？

我念近昔，舍衛城中，有諸豪族，剎利王公因小諍競，乃致大怨，各各結謀，興兵相罰。兩家並是國中豪種，復是親戚，非可執錄①，紛紜鬥戰，不從理諫，深為憂之。

復自念言：昔太子時，先王大臣，名提違羅，恃其門宗，富貴豪強，而見②輕慢，形調戲弄，劇於畜生。當時忿恚，情實不分，意欲誅滅，力所不堪，訴向父王，復不聽省，懷毒抱恨，非可如何。以是因緣，飲食損③常，懊惱愁悴。

爾時，太后見我愁苦，種種諫曉，愁故不息。於時太后愛子情重，便遣使人求覓好酒，勸我令飲。

即白母言：‘先祖相承，事那羅延天④，奉婆羅門。今若飲酒，懼恐天怒，為婆羅門之所噴罰。’

太后當時懼子致命，於夜靜時，關閉宮門，不令異人黃門婢使而得知者。

太后語言：‘夫天神者，有慈悲心，救一切苦。婆羅門者，皆應如是。子今愁毒，唐自失命，天神豈能救子命耶？寧當服藥⑤，消散憂患，得全身命。諸婆羅門未得天眼，安能知子隱密事也？’

逼迫再三，俛仰⑥從之。既飲酒已，忘失愁恨。

太后見子還復顏色，心即歡喜，召集宮女，作唱伎樂[7]，三七日中受五欲樂，所追[8]忿恨，從是得息。

思惟是已，即敕忠臣，令辦好酒，及諸甘膳。又使宣令國中豪族群臣士民，悉皆令集，欲有所論，國中大事，諸臣諍競，兩徒眷屬各有五百應召來集。於王殿上，莊嚴太樂。

王敕忠臣，辦琉璃[9]碗，受三升許。諸寶碗中，盛滿好酒。

我於眾前，先喫一碗，王曰：‘今論國中大事，想無異心，坐此會也，今當人人辦此一碗甘露良藥[10]，然後論事。’

咸言：‘唯諾，奉大王命。’

並敕伎官作唱太樂。諸人得酒，並聞音樂，心中歡樂，忘失仇恨，沛然[11]無憂。

王復持碗白諸君曰：‘士夫修德，歷世相承，遵奉聖教，不應差違，諸君何為，因於小事，忿諍如之。若不忍者，恐亡國嗣。是故重諫，幸息諍事。’

諸臣白曰：‘敬奉重命，不敢違也。’因是和平。”

① 執錄：“執”是抓起來，“錄”是記錄、記功、記過。執錄就是抓起來繩之以法。

② 見：破音字，與“現”同音、同解。

③ 損：損失，破壞的意思。

④ 那羅延天：那羅延譯自梵文“narayana”，是大力強健的印度古神。那羅延天是指天界中的一名天王。如果精誠祈禱、供養此天，則多獲此強健大力天神的庇佑。那羅延在這兒可作“強健身、不壞身”解。

⑤ 藥：在這兒指的是“好酒”。

⑥ 俛仰：俛，與“俯”字同音、同解，低頭的意思；仰，是抬頭。

⑦ 樂：在這兒與“快樂”的“樂”同音、同解。

⑧ 追：回想、追憶。

⑨　琉璃：一種有色透明的名貴玻璃。

⑩　甘露良藥：在這兒指的是“好酒”。

⑪　沛然：充滿的樣子。

<u>白話講解</u>　　波斯匿王又問佛道：“像您所說的，末利夫人飲酒破戒，因為不起惡心，不但沒有罪報，反而有功德，那麼一切人民都可以這麼做了。為什麼呢？

　　我想到不久以前，舍衛城裡，有一些豪貴強勢的大家族，都是刹帝利封了王、封了公的，開始為了小事，言語欺諍觸刺，後來變成冤家，積怨甚深，竟各個拉幫結伙，訂下陰謀詭計，準備武力，互相討伐。這兩個家族，都是國中豪貴種姓，又都是國王的親戚，不能把他們抓起來繩之以法，結果爭鬥得越來越厲害，不聽從說理和勸告，我深深地為這件事擔憂。

　　但又想起，以前自己當太子時，有一位父王的大臣，名叫提違羅，仗恃他家門宗族的富貴豪強，對我現輕佻傲慢的樣子，把我當小孩樣的耍弄，比對待小貓、小狗還過分。我當時氣忿瞋恨到不願分辨事實，想把他殺掉，但能力不夠，就向父王告狀，父王也不肯接納我的控訴，不當回事。於是我滿肚子的毒害和忿恨，不知道怎麼辦才好。因此，破壞了正常的飲食軌律，變得懊喪、惱怒、憂愁、憔悴。

　　那時，太后看到我那麼憂愁苦惱，就換著種種辦法來勸告、開導我，但我的愁苦依舊不能平息。這個時候，太后愛子心重，就派人到處找好酒，勸我喝酒。

　　我對母親說：‘從我們元祖開始一直承續到今天，侍奉的是那羅延天王，供養並聽命於婆羅門。今天如果破戒喝酒，恐怕會惹那羅延天王生氣，被婆羅門所唾棄和責罰。’

　　太后當時怕我真的會死，就在夜深人靜時，把宮門關上，不讓外人、宦官甚至宮女知道。

　　太后說：‘天神哪，是有慈悲心的，是救拔一切苦難的。婆羅門呢，也都應該是這樣的。你今天這麼憂愁苦惱，如果死了，天神哪里能夠救你命呢？寧可破戒喝酒當是吃藥來幫你消除憂愁苦惱，保全性命。何況婆羅門還沒開天眼，他們怎麼能知道你偷偷喝酒的秘密呢？』

經不住逼迫，我考慮再三，就聽從太后的勸告，把酒喝了。喝了酒，忘掉了憂愁和忿恨。

太后看我恢復了顏色，心裡很高興，就召集宮女，玩樂器、唱歌、跳舞，好快樂，如是在二十一天內，不斷地享受五欲之樂，回想過去的那些忿恨就因此平息了。

想到這兒，就命令忠心的大臣，準備好酒和最上好可口的美食。並宣達命令，要國內豪貴家族裡有職掌、有知識的代表，都來集會，想跟他們談談國家大事和諸臣之間不同的意見。受邀的代表很快就到了，兩邊家族各有五百人應邀參加。在宮殿上，奏起了特別挑選的音樂。

我又命令忠臣準備好華麗的琉璃大碗，盛三升酒。再把每個人的琉璃碗裡，盛滿好酒。

我在大家面前，先喝一碗，說：『今天請大家來討論國中大事，我猜想大家不會有反對的吧！請在座的每一個人，都先喝掉這一碗如甘露良藥的美酒，然後我們再開始討論事情。』

大家都說：『唯大王命是從。』

這時皇家交響樂團也奏起音樂來了。每個人喝了酒，又聽了音樂，心裡一高興，彼此忘掉仇恨，完全沒有憂愁、防範的心思。

我就又端著酒向大家說：『剎帝利種姓修德性，是歷代相傳的，我們都是遵奉那羅延天王的教訓，不應該有所違背，但是各位今天，為什麼為了一點小事，互相瞋恨爭鬥成這個樣子！如果不能彼此忍讓，恐怕要亡國滅種了。所以鄭重勸告各位，如果能夠平息這相持不下的爭鬥，就是國家人民的萬幸了。』

各位臣子都說：『我們恭敬地遵奉大王鄭重的命令，不敢有所違背。』兩方因此取得了和平共處。"

皇后戒德品第十五

《經文》　王白佛言：“諸人起諍，不因於酒。然因得酒，息忿諍心，而得太平，此豈非是酒之功也？

復次，世尊，察見世間，窮貧小人[1]，奴客婢使[2]，夷蠻[3]之人，或因節日，或於酒店，聚會飲酒，歡樂心故，不須人教，各各起舞。未得酒時，都無是事。

是故當知，人因飲酒，則致歡樂。心歡樂時，不起惡念。不起惡念，則是善心。善心因緣，應受善報。復次，世尊，獼猴得酒，尚能起舞，況於世人！

如世尊說，施善善報，施惡惡報。如世間人緣前布施福德因緣，今致大富，貧者從乞慳惜不與，慳貪因緣，受餓鬼報。

或有世人，若男若女，受形端正[4]。男人好者，為女所愛。女人好者，男情所樂。若有強力，制斷男女，不令會合。不得合故，則致憂苦。此之殃罪[5]，當歸何處？

末利夫人皆由前身以好施人故，今得好報。世尊云何令持五戒，月行六齋，六齋之日，不得莊嚴香華服飾，又復不聽作倡伎樂，又復不聽附近夫婿[6]愛好之姿，竟何所施，徒亡其功，豈非苦也？”

① 窮貧小人：窮是物質匱乏、資源枯竭；貧是拿不出錢或其他資源來使用；小人是指心量小、能量小、權位小的人。因為又窮又貧，故是個小人。

② 奴客婢使：奴是指奴隸；客泛指自己喪失了生存資料及工具，而必須到他鄉討生活，例如佃農、盲流；婢是指婢女、丫鬟；使是指僕人。

③ 夷蠻：夷泛指依附在一國統治下的外邦民族；蠻是沒文化、未開
　　化的民族。
④ 若男若女，受形端正：這是指長得端莊美麗的男子、女人。受形
　　端正者，皆因前世身戒持得好，即不殺、不盜、不邪淫。
⑤ 殃罪：此處是指拆散男歡女愛、棒打鴛鴦者，必受到的惡果報。
⑥ 附近夫婿：去親近取悅自己的先生。

白話講解　　波斯匿王對佛陀說："這些人的爭鬥，雖不是因為酒
而引起的，卻是因為有了酒而化解平息、得到吉祥和平，這難道
不是酒的功勞嗎？

　　還有，世尊！我們再來看看世間，那些窮困潦倒的小人，給人
做奴隸、佃農、丫鬟、僕人的人，那些沒開化、在邊遠地區的人
民。他們一碰上了喜慶節日，或在酒舖裡與大夥兒聚在一塊兒喝
酒，酒一喝就高興起來了，也不用人教，一個個都跳起舞來。沒
喝酒的時候，根本沒這些歡樂。

　　所以，要知道人就是因為喝了酒，才會有歡樂。心裡一樂，
[原來的憂悲苦惱就沒了，]惡念也不起了，想思量惡事也思量不起
來，這就有了善心。只要心中有善，[就能做出有惠利的事，]有了
這些善因、善緣，就該得善果、受善報。還有，世尊，連猴子這
種畜牲，牠喝了酒一樂，也會跳起舞來，更不用說世人能做出更
樂、更好的事來！

　　世尊您不也曾說過，作善獲福，為惡受殃。打比方說，有人前
世或是過去樂善好施，如是累積的福德，讓他現在發了大財，[雖
然是個大富翁，卻小氣起來，]有窮人跟他乞討，竟然不給了，以
造下這個慳貪心的罪業因緣，讓他將去餓鬼道報到。

　　又好比，世間有的男人女人，他們長得端莊美麗。男人長得
好，女人就會愛他。女人長得好的，男人就會喜歡她。如果用強
制的力量把他們倆硬生生地分開，不許男女在一起，因為這樣就

會讓他們憂悲苦惱。那您說，[拆散他們的]這殃罪，該算在誰的頭上呢？

我的皇后 —— 末利夫人，[她今世這麼善良、智慧、美麗、端莊，]都是因為她前世樂於惠施，而今得到善果報。可是，世尊您為什麼讓她去持五戒[，這樣一來，她就不能陪我喝酒]；每個月有六天要持齋戒，那幾天裡她不可以化妝、擦香水、穿美麗的衣服，又不可以聽音樂、看戲、唱歌、跳舞，更不可以對我表示親暱，擺出我最喜愛的姿態。[要她持這些戒，算是個什麼道理！]這不正是禁止人把歡樂能止惡行善的功德給毀掉了，豈不是在讓人種苦因、得苦果嗎？"

經法研探：餓鬼因緣 ▶

波斯匿王提到一個道理：富者以"慳貪因緣，受餓鬼報"。為什麼呢？

富者明明富裕，大可以布施錢財、食物給窮人。但以一念匱乏感起，妄見自己所擁有的一切財富與權力都不夠用，一定要善加保護。因此，慳貪心大起，認定自己"布施不起"。這正是"妄見匱乏"。

由於這一念"妄見匱乏"，正把自己推向餓鬼道。餓鬼正是把明明可以解渴的恆河水，看成是流火，把美食當成燒炭，把明明有惠利的東西，看成是會傷毀自己的。

在舊中國鬧飢荒時，地主的糧倉裡多的是穀米，大可以開倉放糧，救濟饑民。但一念"妄見匱乏"：這糧倉裡的能撐到什麼時候呀！這下子，饑民都成了要來搶他的洪水猛獸，成天都得擔心那"所剩無幾"的糧倉被掏空，恐怖感大作。

但另有開倉放糧、救濟饑民的地主，他見到的都是可以布施及受到惠利的機會，因此不用匱乏感搞自己。在鬧飢荒時的救濟，所迎來的大批饑民，都成了他農忙時的好幫手，這樣的地主，不只不匱乏，還大有安全感。

大詞人辛棄疾說：“千年田換八百主，一人口插幾張匙”。這也在提醒我們，世間沒有千年王國，更不要在無常之中恆計有常，去累積、保護那明明即將消逝的一切。更不要為此慳貪心大作而妄見匱乏，因為墮入餓鬼道時，雖然有口，卻連一張匙也插不進去了。故當樂善好施，廣開福田。

《經文》　佛告王曰：“大王所難，非不如是①。末利夫人，在年少時，若我不教令受戒法修智慧者，云何當有今日之德也，以能得度，復度王身。如斯之功，復歸誰也？②末利夫人受我教故，如說而行，故使今日成就智慧方便解脫。

復次大王，譬如世人家有一子，欲令成故，及其幼年，將詣學堂，與師令教文藝書疏人望③禮儀。學堂之法，皆有制令，呵責杖罰，禁節飲食，不得睡眠。出入行來，不失節度，有違犯者，隨罪輕重，計而行罰。兒畏杖故，專心就學。至年大時，高才博聞，靡所不知。復以所知，轉教餘人。末利夫人奉齋持戒，亦復如是。

① 大王所難，非不如是：波斯匿王的道理是，世人喝酒、男歡女愛乃歡樂之事，心一歡樂，則能止惡行善。但他真正想說的是，末利夫人奉持齋戒，剝奪了他的歡樂。

② 如斯之功，復歸誰也：功是指功能、功勞。佛陀這樣反問波斯匿王並不是在邀功，而是要引出下一段法，末利夫人之所以能有智慧、方便去度己度人的功德，真正的因緣何在。

③ 人望：符合眾人的要求和希望，也就是奉行倫理與道德。

<u>白話講解</u>　　佛告波斯匿王說：“大王！您剛才對我提出的質疑並不是沒有道理。但是假如末利夫人從小不聽從我的教誨去奉持齋戒、習學佛法、開啟智慧，怎麼會有今日的德行呢？以她智慧方便的功德，能度化自己，還能度化您！今天您得到這個好處的功勞，應該歸給誰呢？末利夫人正是受我的教化，依法如說修行，才成就了她今天的智慧、方便及解脫。

還有，大王！又好比有人家裡有個孩子，希望這個孩子長大以後能有成就，所以趁他年紀還小就帶去學校，請老師教他語文、藝術、工藝，經書及註解，倫理與道德，禮數和威儀。學校都是有制度有戒律的，一旦犯規，就會受到師長呵斥、挨打、記過等懲罰。上課時規定不准吃東西、打瞌睡。在學校過往行來，要站有站相，坐有坐相，走有走相，並不可大聲喧嘩，對師長要有禮貌。凡是犯了這些規矩，依著犯規輕重，按校規來處罰。小孩子怕挨打，不敢犯規，不敢打野外，就收攝心神好好地學習。就這樣學到他長大，已是才識很高、廣學多聞了，什麼樣的學問都學過，沒有他不知道的。他還把所知道的輾轉教給其他人。末利夫人[跟那個遵守校規、勤苦學習的小孩一樣，]她今天的成就正是奉齋持戒的結果！

《經文》　　復次大王，如富樓那，嫉妒心故，割斷恩愛，辭別父母，捨離妻子，入山習學，被服草衣，忍寒耐苦，自立誓言：‘要當諷誦九十六種經書記論[①]，悉令通達，不爾不還與父母相見。’

足二十年，一切通達，還王舍城，頭戴炬火，以銅鍱腹，陌上而行，而自唱言：‘我一切智。’來至我所，而謂我言：‘爾瞿曇沙門，竟何所知。’

我言：‘癡人！’而說頌曰：

> ‘若有人智慧，　　　不說人自知。
> 如是多聞者，　　　如日照世間。
> 若多少有聞，　　　自大以憍②人。
> 是如盲執燭，　　　照彼不自明。’

① 九十六種經書記論：悉達多太子在成道之前，通五明之學——聲明、因明、內明、工巧明、醫方明的共有六大師，他們之下還可細分九十六個門派，各有各的理論學說。此處是指九十六派的經書及其注釋、理論。

② 憍：憍揉造作，也就是把自我形象搞得很大。

<u>白話講解</u>　　還有，大王！富樓那因為嫉妒別人出家學道，自己也割斷跟家人的餓鬼愛，辭別父母，捨離妻子，也到深山裡去修道。身上穿著草做的衣服，忍寒耐苦，發下毒誓：‘一定要隨口背出九十六派的經書記論，還要把義理弄到通曉暢達。如果做不到的話，就不再回家跟父母相見！’

富樓那足足苦修二十年，一切經書記論沒有不通達的，就這樣回到他的家鄉王舍城，頭上戴支火把，肚子上綁塊銅板，走在田埂上，一面敲銅板、一面大聲叫喚著：‘我得到了一切智慧！’富樓那到了我這兒跟我說：‘你！沙門瞿曇！到底能知道多少！’

我回答他說：‘愚癡的人呀！’接著就說了一首頌：

‘要是真有智慧的人，不用自我宣傳，遲早人家都會知道的。
像這樣廣學多聞的人，他的智慧就像太陽當空照於世間[，
　　　也不必在頭上綁支火把，讓人老遠就見著他]。
假如有人只懂得一點兒道理，就自我膨脹，拿所知的去
　　　藐視別人。
這種人就好比是個瞎子拿支蠟燭，雖然也稍微照亮了別人，
　　　但自己還是見不著一點光！’

《經文》　時，富樓那聞是語已，霍然心悟，捨炬解腹，五體投地，慚愧悔過，皆由多聞智慧，諸根利故[1]。未起之頃，斷三界漏，得羅漢道[2]。智慧之力，譬如調象隨鈎而轉。

大王當知，夫習學[3]者，皆由禁制攝五情根[4]，然後通達，無所罣礙，名無礙智。

無礙智者，具四辯[5]也。今富樓那具四辯才，皆由謙苦勤學所得。

是故我說：‘夫慧解者，有七德才[6]。何謂為七？第一信才，二精進才，第三戒才，四慚愧才，第五聞才，六為捨才，七定慧才，是為七才。’末利夫人具此七才。

大王當知，末利夫人雖為女身，高才智博，非同凡人，皆由少來，慎身口意，一心專念，修習智慧。智慧力故，名為解脫。復以智慧解悟天下。”

[1] 諸根利故：諸根是指依正法修行而成就的五根，所謂信根、精進根、念根、定根、慧根。此處是指五根明利，故能產生五力，所謂信力、精進力、念力、定力、智慧力。

[2] 斷三界漏，得羅漢道：三界是指欲界、色界、無色界；漏指的是煩惱。能斷除掉受生三有界的種種煩惱，故能了生死，故得阿羅漢道。

[3] 習學：習是把學到的東西融會貫通後，勤加練習，養成好習慣。若能養成學習的好習慣，就能大大提昇自心的學習能力。

[4] 禁制攝五情根：五情根是指眼、耳、鼻、舌、身，而此五根專門去沾染色、聲、香、味、觸等五塵。此處是指，好好管住五情根，不去沾染色、聲、香、味、觸，收攝心神，勿令放逸，準備習學。

[5] 四辯：即四無礙辯，此乃具有四無礙智的修行人做法布施，外現出來的四種無礙辯才。四無礙智開啟的先後順序是樂說無礙智、辭無礙智、義無礙智、法無礙智；而四無礙辯示現的先後順序是

法無礙、義無礙、辭無礙、樂說無礙。

⑥ 七德才：因修習三十七助道品中的七菩提分法，而得到的七種法
財，謂之七德財。由於有這七德財，故能發揮七種功德才能，是
故又稱七德才。其中，修習“念菩提分法”得信才；修習“精進菩
提分法”得精進才；修習“擇法菩提分法”得戒才；修習“喜菩提
分法”得聞才；修習“輕安菩提分法”得慚愧才；修習“捨菩提分
法”得捨才；修習“定菩提分法”得定慧才。

<u>白話講解</u>　　這時候，富樓那一聽完這首頌，突然就把心門打開，
馬上從自心障礙中覺醒過來[，自己終於明白遇上了真理]。就解下
火把、銅板，向我五體投地，行大禮拜，慚愧發露自己的憍誑自
大，並懺其前愆、悔其後過。這都是由於以前博學多聞，凡所學
習皆不忘失，令五種善根變得更加明利的緣故。他跪在地上行五
體投地的大禮，在還沒爬起來的時候，就當場斷盡三界煩惱，了
脫生死，證得阿羅漢果。所以，要得智慧之力，[先當持戒，]就好
比用鈎子去導引馴伏野象，把牠馴成有建設力的家象。

　　大王！您應當要知道，凡是要想好好修行習學的人，都要[靠持
戒的辦法，]先制伏住這五情根，把心神安定下來，才能好好習學，
然後就能開啟通達一切的智慧，心中無所罣礙，這就叫做無礙智。

　　得無礙智的人，具有四種無礙辯才。今天富樓那就有四無礙辯
才，這都是因為[從持戒開始，]謙苦勤學所得到的。

　　所以我才說：‘那些依智慧而得解脫的人，具有七種功德和
才能。哪七種呢？第一是信才，第二是精進才，第三是戒才，第
四是慚愧才，第五是聞才，第六是捨才，第七是定慧才，是為七
才。’末利夫人正具備這七種德才。

　　大王！您應當要知道，您這位末利夫人雖然現女身相，但是她
才能高大、智慧廣博，絕不是一般凡夫能比的。這都是因為她從
小以來，受我正法所教，謹慎於自己的身口意三業，[勤苦持十善

法戒，止十惡行十善，如是能入正定，]一心專念如來正教，則能修習智慧。開啟了智慧力，就能解脫自心一切愚癡、黑暗。同時還用這個智慧來開解覺悟一切眾生。"

經法研探：降伏其心 ▶

此段宗趣乃在"持戒"。

無論是如來座下、說法第一的十大尊者富樓那，還是高才德博的末利夫人，能有這樣的智慧成就，都是因為持戒所致。

我們這顆未經降伏的心如野象一般，力大無窮，為非作歹，身口意十惡行不斷，常常自傷傷人、自毀毀他，乃至一不小心就打開了活地獄的門，自己跳進去。

等我們的心被降伏後，就像家象一般地聰明又勤勞，既大力又善巧，原來的傷毀力轉成建設力，能做出貢獻和惠利。這好比是我們自心最大的實力 —— 智慧力的體現，這不只能解脫自己，還能"解悟天下"。

要降伏這顆如野象般的心，第一步讓牠適宜圍欄，第二步就是教牠隨著鉤子轉，也就是持戒，如經文所示："禁制攝五情根"、"慎身口意"，如是收攝心神，令心不放逸。

這樣持戒持好，才能接著習學，也就是行四丈夫行 —— 親近善知識、能聽法、思惟義、如說修行，如是一路行到無所障礙之處，則能通達一切，得四無礙智。這整個持戒、習學的過程即是富樓那的"謙苦勤學"。

又如末利夫人，從小就"慎身口意，一心專念，修習智慧"，此乃戒定慧三學，依此修行，必能成就七種德才。

是故，要想依智慧得解脫的人，都得要如富樓那及末利夫人，一開始就好好持戒，謙苦勤學，終必成就。

　　這段經文還有一個要點，就是波斯匿王向佛陀發牢騷。他抱怨因末利夫人持戒，而破壞了他們倆口子原先的“幸福甜蜜”。美麗溫柔的末利夫人因持戒學佛，神聖到讓他不能親近，他不再能從她身上得到“快樂”，而如佛所說，人快樂則不起惡，就會變得善良；如不快樂，則易起惡。因此萬一他善良不起來，非要起惡不可的話，這筆帳要算到佛法上，乃至要怪到佛陀頭上來。

　　面對這個抗議和挑戰，佛陀用什麼方法來引導並開解波斯匿王？

　　佛陀一不譴責他不恭敬善知識；二不罵他不尊重女性；三不怪他只顧追求男女之間的五欲之樂。

　　世尊只是正面地提醒他：人行樂故，不易起惡，有時還能止惡。但是這個法門層次太低，因為人為了行五欲之樂，常顧不到別人的痛苦，也顧不到此時之樂，正是他日之苦根源。

　　因此一定不要忘記，還有更真實的快樂，還有更高明、更善良的辦法，那就是持戒營福，修學佛法！

　　像末利夫人這樣勤於持戒學佛的人，一來可使自己和他人解脫於過去、現在、未來的痛苦，更能得到那只作樂因，不作苦因的快樂。國王自身就是最大的受惠者，怎麼會一時忘記了感激呢？

　　如此，原先沉湎在庸俗低下境界的波斯匿王，一下子就被提昇起來，讓他能看到更深更遠，讓他頓起光明殊勝之想。這麼一來，他就不再囉嗦嘮叨了。

多聞修智品第十六

《經文》　　爾時，世尊因羅睺沙彌，為諸大眾說頌曰：

“聞[1]為金翼鳥[2]，　　威勢武力強。
　聞為行寶藏，　　所在相利益。
　聞為大橋樑，　　濟度眾苦厄。
　聞為大船師，　　濟渡生死海。
　多聞令志明[3]，　　以明智慧增；
　智則博解義[4]，　　見聞行[5]法安。
　多聞能除憂[6]，　　能以定為歡；
　善解甘露法，　　從是得泥洹[7]。
　聞為知律法[8]，　　解疑亦見正[9]；
　從聞捨非法，　　行到不死處[10]。
　仙人敬事聞，　　諸天亦復然[11]；
　斂心不放逸，　　積聞成聖智；
　慧[12]能散憂患，　　亦除非邪衰[13]。
　欲求安隱吉[14]，　　當奉事[15]明者；
　盲從是得眼，　　如暗中得燭；
　開導世間人，　　如明將無目。
　是故應捨癡，　　離慢豪富[16]樂；
　務學事明者，　　是名積聚德。”

① 聞：此處是多聞正法。若欲多聞，必須要親近善知識，能聽法。在佛陀的聲聞眾中，阿難乃是多聞第一。多聞不只是指正法聽得多，而是有所聞法均不忘失。

② 金翼鳥：梵名garula，譯名迦樓羅，即金翅大鵬鳥，乃天龍八部之一，威力強大，它的食物是龍。佛經中把金翅大鵬鳥譬喻做菩

薩，鼓起慈悲與智慧的雙翼，撇開生死大海，叼起根機成熟的老
龍、病龍，滅度救拔之，令其離苦得樂。

③ 志明：一切佛子當發“唯求做佛，不求餘物”的大願。但此願甚
大，雖能口說，心卻不明。唯依多聞，聽從大善知識開示，才令
此成佛大願有字有義，接著思惟義、如說修行，故謂志明。這正
是佛陀在《大般涅槃經》中所開示的“四丈夫行”：“一切男女若
具四法，則名丈夫。何等為四？一近善知識，二能聽法，三思惟
義，四如說修行。”

④ 博解義：把聽聞的正法，思惟其真實義，並做最廣大的迴向，作
最殊勝的開解和領悟。

⑤ 見聞行：見聞是指親近善知識、能聽法；行是指如說修行。

⑥ 多聞能除憂：不聞佛法的人，喜歡鑽牛角尖、死胡同；一聽聞精
深廣大的佛法，能開解自心，故能除憂。

⑦ 泥洹：即涅槃，由梵文 nirvana 音譯過來。此乃佛境界，即真常、
真樂、真我、真淨。

⑧ 知律法：首先當明了戒的內容，以及持不上戒的過惡、持上戒的
惠利；當毀犯禁戒時，如何慚愧懺悔、更重受之。如是明了戒律
的真實義，才能信受奉持。若是只知道十善法戒的十個名詞，而
不知十善戒法，說是要持戒，那只能是有字無義、口念心不行。

⑨ 解疑亦見正：見正是指對戒律的正知正見正覺，即菩薩清淨戒。
所謂“戒非戒故，非為有故，定畢竟故，廣為一切眾生故。”而
持不上菩薩清淨戒，是有十五惡法障隔。五疑乃是前五惡法，所
謂疑佛、疑法、疑僧、疑戒、疑不放逸。先解五疑，才能正見菩
薩清淨戒，這才算知律法。另有十惡法：五惡見，所謂身見、邊
見、邪見、見取見、戒禁取見；五蓋，所謂貪、瞋、癡、睡眠、
掉舉。請參考《大般涅槃經》卷十七 —— 梵行品。

⑩ 從聞捨非法，行到不死處：非法即是世間不清淨戒及各種外道邪
說，所謂“為於有故，性不定故，非畢竟故，不能廣為一切眾
生。”既捨世間不清淨戒，故能持上菩薩清淨戒，則能成就如下功
德：“菩薩見所持戒，牢固不動，心無悔恨；無悔恨故，心得歡
喜；得歡喜故，心得悅樂；得悅樂故，心則安隱；心安隱故，得
難勝定；得難勝定故，得實知見；得實知見故，厭離生死；厭離
生死故，則得解脫；得解脫故，明見佛性。”請參考《大般涅槃

經》卷十七——梵行品。若能如是"明見佛性"，終得大般涅槃，必能行到"不死處"。

⑪ 仙人敬事聞，諸天亦復然：以此經為例，有世尊的前世、著鹿皮衣的五通仙人，有入山修道的阿逸多、富樓那，還有帝釋天王所統領的八萬天眾，都非常恭敬供養多聞者。

⑫ 慧：智慧乃是以智為體，以慧為用，換句話說，智的功能作用就是慧。

⑬ 非邪衰：非，違反真理。邪，背離正法。衰，墮入愈惡愈苦、愈苦愈惡的惡性循環。

⑭ 安隱吉：安，不再依他而立、繫屬眾緣，而得自由自在。隱，隱蔽處，也就是自心不再暴露於四惡獵人（四種魔——天魔、死魔、煩惱魔、五蘊魔）的三毒之箭（憍慢邪見、嫉妒、瞋恚）的射程之內。吉，吉祥而無凶惡。

⑮ 事：四攝法中的同事，即爭取同見同行之意。

⑯ 豪富：豪，名聞。富，利養。

<u>白話講解</u>　　那時，世尊為了開示沙彌羅睺羅[不願聽法的問題]，向與會大眾說了首頌：

"多聞好比是金翅大鵬鳥，[能依正法的智慧力，去營度救拔
　　根機成熟的眾生，令其離苦得樂，故云]威勢武力強。
　多聞好比是個活動金庫，不管走到哪裡，都能把法財拿出來
　　相互利益，救濟苦困的眾生。
　多聞好比是座大橋樑，它能救助度化八苦不斷的眾生[，從煩
　　惱的此岸，跨越生死苦海，走向覺悟解脫的涅槃彼岸]。
　多聞好比是位大船師，[駕著艘大法船，]航行在這個驚濤駭浪
　　的生死苦海裡，救拔那些墮在海中受溺的罪苦眾生[，隨
　　時依正法矯正航向，確保不會迷失，終能抵達安隱地]。
　多聞能令己所發的志願明確起來，有字有義，依此明確的志願
　　正精進，必能增長智慧。

以[親近善知識、能聽法，自成多聞之功，而今]智慧一增，
　　更能深思惟義、如說修行，依此四丈夫法而行，必能穩
　　健地行入涅槃安隱之地。
多聞不只能除掉原先的恐怖憂慮，還能在禪定中[，依法正觀
　　察、深思惟義，故]得法喜。
如是，就能善依甘露法藥開解自心，令有所聞法，即自開解，
　　不由他教，依此菩薩功德能行入涅槃境界。
多聞能夠明了戒律的真實義，就能解除五疑，樹立對戒律的
　　正知正見正覺。
由於多聞而知律法，故能捨掉世間“非戒”和外道邪說，
　　[持上菩薩清淨戒，]終得大般涅槃，此乃行入不生不滅
　　的不死之處。
不管是五通仙人，還是諸天的天人，都很恭敬地去侍奉多聞
　　明師。
這都是因為先能好好持戒，收攝心神，勿令放逸，然後才能去
　　親近供奉明師，才能聽法，以如是多聞功德，開啟佛智。
由佛智所起的慧用，能打散憂慮罣礙、恐怖和困苦，也可以
　　除掉違反真理的惡見、邪見以及背離如來正法的衰惱。
一切想要求得安隱、趨吉避凶的人，應該要恭敬侍奉那位能
　　釋放智慧光明的大善知識[，並爭取和他同見同行]。
從此以後，讓我們這些睜著眼的瞎子，開了心眼，就好像在
　　黑暗中點起根蠟燭一樣的難得。
有了明師來開導我們這些世間凡夫，就好比把瞎子變成明眼
　　人一樣的可貴。
所以，應當要捨棄執迷，要遠離憍慢邪見和名聞利養所帶來
　　的快樂。
而且，一定要跟大善知識學習，[還要爭取與他同見同行，]如
　　是就把多聞的所有功德善根累積起來[，這樣就有資糧福

報來開啟智慧了]。"

經法研探：持戒聞法 ▶

此段宗趣是"多聞"。

羅睺羅雖耐下性子一路參加本次法會，但不願聽法的問題還沒解決，如前經文所述 "羅雲白佛：佛法精妙，小兒意粗，安能聽受世尊法也？前已數聞，尋復忘失，徒勞精神，無所一獲。"波斯匿王也頂上同樣的問題，如前經文："世尊先說四真諦法，十二因緣，出世間道，情根鈍故，慌慌不解。以不解故，身體疲懈。"

佛陀慈眼等觀會眾，故有此段的開示。

若欲多聞，必須先過"親近善知識"、"能聽法"這兩關，因此這首頌就包含了這兩個部分：親近善知識的惠利；能聽法的功德。

要想親近善知識、能聽法、思維義、如說修行，必先持戒。如前段經文所述"譬如調象隨鉤而轉"，如是收攝心神，勿令放逸，則能開始習學，成就多聞功德，開啟智慧，以此智慧，解悟天下。

此段經文，不只與上段經文相連，互成次第因果，還與本經一開頭，首尾呼應，融成一體。真正展現佛陀智慧的廣大深遠、精細微妙。

《經文》 爾時，世尊說是偈①已，復告王曰："王今福德，聰朗博義②，皆由前世親觀③明師，謙苦奉侍，習學④所致，因緣果報，今為人王，智慧明達⑤，隨宜撫接⑥，世間難有。

　　是故我說，般若智慧有四種義⑦，是故當知，求三乘人，當學般若，若欲離三惡八難苦患，欲受人天快樂果報。以要言之，求一切福德，皆應修學智慧方便。

　　如我前說，阿逸多王勤苦習學，智慧力故，雖復失行生惡趣中，常識宿命。識宿命故，改惡修善，速得解脫，感致諸天，濟接供養，以智慧力為諸天師。以是因緣，我說般若有四種義。"

① 偈：偈、頌是屬於詩歌的一種，通常是四句為一偈，多於四句的就算是頌，但在漢文翻譯時為了要保持偈的原義，又要不失於韻味，往往偈翻出來後變成了頌，所以很難劃分。在印度古代經典裡，偈、頌扮演一個很重要的角色，因為當時沒有紙，更沒有像現代這麼發達的文具用品。如果真需要記載下來時，就寫在羊皮上或用墨刻在貝葉上，或寫在樹皮上。因此當佛陀說完一段法後，通常會把已說的法簡略濃縮總持一下，變成能唱的歌，在不斷的唱後，就能幫助人們把剛聽過的法給記憶下來了。

② 聰朗博義：聰，耳聰目敏，六根明利；朗，心胸開朗無有罣礙和阻障；博，廣大；義，深奧廣大的真實義。

③ 親覲：親近、敬仰。

④ 習學：習，溫習、練習；學，領受、認領。

⑤ 智慧明達：智，正知；慧，正受用；明，無有愚痴昏闇；達，無罣礙阻難。

⑥ 隨宜撫接：隨，隨順；宜，善巧方便、便宜；撫，平息安撫；接，接應導引。

⑦ 般若智慧有四種義：一、是能開啟一切人智慧的甘露法水。二、是救度八苦的良藥。三、是橋樑，可以通今生、來世和過去三世。四、是大船能普度一切眾生，使眾生從生死此岸過渡到涅槃彼岸。由此四種義，我們可以看到般若智慧力是可以通三世，得識宿命；通二邊，斷生死。

<u>白話講解</u>　　那時，世尊帶大家唱完了偈，又告訴波斯匿王

說：「大王，你今天所受到的福德是因為你諸根明利，心胸開朗無有阻障，能與諸法的廣大義相應。這些都是你累世以來，願意親近善知識，並謙虛勤苦奉行他所傳授教導的一切，還侍奉供養他，同時自己還養成不斷的領受、練習的好習慣。因為這些因緣果報導致你今世當上了世間主，對事情的判斷力非常有智慧，心常開朗通達，對常有爭鬥的臣下子民們能夠隨順並能善巧方便平息安撫他們，還接應導引開解他們。像這樣的福德法力在世間是難有的。

所以我說，般若智慧有甘露、良藥、橋樑、大船等四種要義。因此要知道，不管是修大乘、中乘或小乘的人，都應當修學般若智慧。如果想離苦得樂、想不要墮三惡道、想不要再受八難的苦難、想得人天的快樂果報，總而言之，只要是想求一切福德，都應當修學般若智慧以及方便。

就像我前面所說阿逸多王的事一樣，[阿逸多是轉輪王，]他聽上師的話勤苦修學。有了般若智慧力後，雖然造了大惡，出了大禍掉到惡趣中，也能常識得宿世死此生彼的因緣果報。因為有般若智慧力，得識宿命，[能通去來今。他有橋樑、大船，他能服用可以治他重病的良藥，有甘露法水接濟他，]於是他能改惡修善，速得解脫，連諸天都受到他的感動，來救濟、接引他，並供養他，還要聽他說法。他就以他修出來的智慧力，當下以野干身當了諸天的上師。以上種種因緣，所以我說般若有四種義 —— 它是甘露，能除一切眾生的熱惱飢渴；它是良藥，能救一切眾生的八苦病害；它是橋樑，能溝通六道生死；它是大船，能度一切眾生永離生死苦海，到達究竟的解脫彼岸。」

經法研探：般若智慧力 ▶

世尊為波斯匿王揭示他的宿世因緣，因為波斯匿王雖是世間主，可算是初地菩薩，但還沒有很好地開啟般若智慧力，所以沒辦法得識宿命。不像野干雖現野干相，但他曾是二地菩薩兼轉輪王，已經開啟般若智慧力，所以即使死了，還能得識宿命。

為什麼佛要說："求三乘人，當學般若，若欲離三惡八難苦患，欲受人天快樂果報。以要言之，求一切福德，皆應修學智慧方便。"

因為佛知道眾生根器低下，娛樂小法，心量很小。譬如只希望來世或能得智慧、或長得端正、或生為豪貴、或活得舒適就行了，就像小乘人只求能永離生死，不想要學般若智慧。其實要想求得以上種種的福報，只要修十善法就行。

眾生卻沒有想到既已修十善法就可以發無上菩提心，發無上菩提心就可以動手開啟般若智慧力。如果沒有開啟般若智慧力的話，就算求得心中所要的，終會得而復失，所得一切皆是苦因，還是行在險惡道上，地獄、三惡趣等等的苦還會再來的。只有開啟般若智慧才可以踏上法王夷坦道，得究竟安隱快樂。

在《妙法蓮華經》上佛要說大乘般若經典時，有五千比丘集體作禮而退。他們不要聽大乘佛法，他們只要修行解脫生死之法，只求入滅盡定得阿羅漢果，不要修般若智慧。因此佛呵責而說："增上慢人將墜大坑"。持十善法戒的目不是只要求福報、要求不墮三惡趣，應該還希望以後如果遇到大法時，有資糧發無上菩提心。發了無上菩提心後，才能去修習智慧方便，得了般若智慧力後，方能真正出離生死，踏上法王夷坦道，得究竟安隱快樂。

讓我們來舉一個例子。有一位山東大娘，烙得一手好的發麵大餅，她在街邊擺個攤子混生計。有一天有一位客人對她說：“大娘，妳有沒有辦公司登記？有沒有辦營業執照？”
大娘回答說：“我現在好得很，每天有人來買餅，每天有現
鈔進來，我很安隱呀！辦公司登記、辦營業執照還要納稅
吶！這太囉嗦，我才不幹。”

這個有智慧的客人又說：“你不要每天只顧著數小錢，
即使目前你數得很快樂，但警察來了你得跑，陰天刮風下雨
你又得找地方避，還有流氓要來勒索你也沒轍。如果你的秘
方被人偷了，別的地方也開了幾家，你的生意就會被搶走一
大半……等等的問題。以你目前的情況不是長治久安的辦
法，又加上一旦執政的人換班改組了，全面肅清攤販，那你
的生計不就沒著落，再搞不好就斷糧了。如果你現在去辦了
公司登記，取得營業執照，第一不怕警察，不怕陰天下雨；
第二生意再好的話就可以搞融資、開分店，變成連鎖店，最
後還可以股票上市，前途無量，這才是真正安隱快樂，這才
會變成真正豪貴。所以說，你要趕快的辦公司登記，趕快的
取得營業執照，趕快搞融資，趕快成立連鎖店，趕快股票上
市，踏上夷坦道安隱快樂。”

這位世間嫻熟的智者和山東大娘就是不一樣。這山東大
娘每天只顧著數鈔票，賣得很過癮，心想：“我每天的餅都
不夠賣，還要管什麼公司登記的事，還開什麼連鎖店呢。”他
這愚夫愚婦的想法只是貪圖眼下的快樂，因此才需要這位世
間智者來點醒他，告訴他滿足於現況並不是究竟安隱快樂。

同理就像佛陀告訴我們說，持五戒，修十善法戒，而不
肯發無上菩提心，不肯修行般若智慧、方便，就像山東大娘
賣發麵餅一樣，並非長治久安的辦法。一定要先發無上菩提
心，先保住已修的福和立定未來的使命，這樣就能再進一步
的談到求般若智慧和方便。只有般若智慧力才能使我們得到

究竟安隱快樂。

《經文》 爾時，波斯匿王，聞佛所說，智慧方便，功德因緣，甚大歡喜。太子祇陀，夫人太后，群臣士民，一切大眾，莫不解悟，各各修敬[1]，為佛作禮，復座如故。

[1] 修敬：修，站起來整肅衣冠儀容；敬，恭敬向佛行禮。

<u>白話講解</u>　那時，波斯匿王聽到佛道出了這段因緣[，即得識宿命。自忖：“我今生有這麼大的福德，原來都是有因緣的。”]也聽懂了智慧方便功德因緣原來有這麼厲害後，非常高興歡喜。其中祇陀太子、末利夫人和隨著一齊來的群臣士民，以及一切會眾聽了佛所說後都開解、覺悟了。於是各各都站起來整肅衣冠恭敬地向佛作禮，感謝佛陀以如是妙法開解他們，然後又坐回原座。

經法研探：宿命開解 ▶

由這段經文我們可以看到：

原先羅睺羅想回家不想修道，波斯匿王願意供養不想聽法。但當他們聽完佛陀說到此刻的法後，各各都願意依法修行。這主要的原因是：一、佛陀先布施自己的苦行苦受，從野干說起。二、再迴向到一切眾生的苦行苦受，其中包括五扇提羅與五比丘；野干與阿逸多王；提違女人與末利夫人……等等的苦行苦受，全部拿來為真理作證。佛陀以此善巧方便發露了這些因緣果報，讓大家不只看到宿世因緣，並能深信因緣果報，還看到了能持戒、修福、親觀明師，修習智慧與不能如是的功德因緣差別之相，闡明這兩套因緣果報，使在座的個個心服口服。

修善戒妄品第十七

《經文》　王叉手曰：“如佛所言，世人修善，凡有二種：一有漏善，二無漏善。有漏無漏，二義歸一。世尊，云何說差別耶？”

　　佛告王曰：“人有二品：一者利根[1]，二者鈍根[2]。為鈍根人說二種善，利根之人不說二也。所以者何？眾源泉流，終歸一海。鈍根之人，諸根暗塞。是故為說分別法耳。”

[1]　利根：有信根、進根、念根、定根、慧根等五種善根，並產生信力、進力、念力、定力、慧力等五力。

[2]　鈍根：無五根五力。

白話講解　　波斯匿王叉手向佛作禮說：“如佛您所說的，我們都應當修習十善法，但這十善法戒又分有漏善、無漏善。有漏善、無漏善如依不二法門的話應該是一，為什麼非要說有分別呢？”

　　佛為波斯匿王開解說：“[我把它分開說的原因是，]因為人有二種，一種是根器明利，另一種是諸根闇鈍。為諸根闇鈍的人，我才把有漏善和無漏善分開來說，為根器明利的人就不用說二種了。為什麼這麼說呢？因為智慧明達的人，[諸根明利，心量廣大，能發起無上菩提心，立場站得高、看得大、想得正，]眼光深遠，就像站在高處，能一眼望盡眾源泉流終歸大海一樣，一看就明白有漏善和無漏善是一條路，是一道清淨無二的路[，是互相銜接，互相接引，不是兩個對立面的]。可是對鈍根的人一定要講得清清楚楚，因為鈍根之人心智昏闇，看東西都是片斷的。[若不明有漏善與無漏善的因果關係，混淆這兩個次第，就看不到全程的接引和整個次第的差別之相。]所以一定要把這兩個分別說清楚。”

由字面上的解釋，有漏善是世間善，是財施、身施和食施；無漏善是出世間善，是法施。

若要更詳細的來說，有漏善是即使行善事都仍會引起罪報的副作用。因為財施只濟一日或一世之窮，而身施和食施只濟一時之需。這樣的布施只能使眾生更加貪生怕死，離不開三不堅法，離不開傷毀法、欺誑法、生滅法。這主要的原因是心道三戒沒持好，以不淨心去行善所導致的罪報。

無漏善是以善心行善事，即使犯戒，但不違佛遠法，不會引起罪報，是無罪之法，因不為名聞利養，不為私求，廣為一切眾生。

所以我們可以先總結在一點上，行善時有沒有用純善心來行善，後果會不會引起罪報，決定此善是有漏善或無漏善。

讓我們來看一些實際的例子，於《法寶壇經‧疑問第三》中梁武帝問達磨大師說：“朕一生造寺度僧，布施設齋，有何功德？”達磨大師言：“實無功德。”武帝所行的善是有漏善，有漏善只有福德沒有功德可言。

而末利夫人破八關齋戒，又飲酒又打扮……等等，由字面上看是犯了戒，但由法的真實義是沒犯戒。因為訂戒的目的是為了護持善法、善心。若行善時心無放逸，以純善心來行善，即使由外表上看似犯戒，但實際行的是無漏善。

又如《大般涅槃經‧聖行品》中有一段提到，有一個國王名叫僊豫，愛念敬重大乘經典。他為了維護正法，集體屠殺了毀謗大乘的婆羅門比丘。由字面上看來，他犯了殺戒，殺的又是出家人，這種行為應算是犯了五逆重罪，非下阿鼻地獄不可。可是他在做此事時，心中無有憍慢、瞋恨、嫉妒，殺他們時無有不善之心，沒有犯心道三戒。殺他們是為了救拔他們，使他們不要變成毀謗大乘的一闡提，因此即使犯了這麼重的戒也不會下地獄，反而是在行無漏善。

像提違女人供養婆羅門、發願用燒身來滅罪……等等修的是有漏善，直到遇上懂得佛法的明師辯才出現，才正式對提違開示有關有漏善和無漏善的因緣差別之相，並告訴她修無漏善就不作苦因的因緣果報，使提違女人得以救拔。

一切外道都修善，但全是有漏善，沒有無漏善，無漏善只有在佛法中才有。

在什麼樣的情況才可以說"二義歸一"呢？

對已修十善法戒，已發無上菩提心，跟隨善知識修習智慧方便力的人，有漏善、無漏善已是不用分別的，善就只有一個純善。

只有持五戒的人還是屬於有漏善，因為心道三戒還不能持。如果看到五戒是十戒的基礎，十戒是菩提心的基礎，菩提心是修學如來正教和方便的基礎，正教和方便又是成佛的基礎，是自覺覺人、自度度他的基礎時，即可見到一道清淨無二，那時就不須再論有漏善、無漏善了。

若只持十善法戒，而拒發菩提心，則仍屬有漏善。何以故？因為他心中所求的仍然是人、天兩道五欲之樂，也就是有漏之福報故。

在末法時期因為眾生根器闇鈍愚癡，沒有辦法看到一道清淨無二全程的因緣果報，常常把有漏善和無漏善混淆不清，所以佛陀才要分別開示。試想一個人慳貪嫉妒連財施、身施和食施的世間善都不為的話，怎麼談到做出世間善的法施呢？有漏善是無漏善的前提，由此點來說二者也是算銜接在一起，沒有衝突。

雖說有漏善和無漏善是沒有衝突，但一定要依次第而行，一定要出離對有漏善的執著，才能修無漏善，不可以把有漏善和無漏善混為一談。如果把二者混為一談的話，自心常起憍誑，將造業無數。

《經文》　爾時，國王太子祇陀[1]白佛言："世尊，十善戒法，有差別耶[2]？同一義耶？妄語戒義，一耶多耶？若一義者，終不可持；若差別者，願佛說之。"

佛告之曰："妄語有二，一重二輕。何謂為重？若受戒人不修智慧，愚癡無智，不能教化興隆佛法。為是之故，人所輕慢，不得供養，貧窮困苦。為供養故，外現精進，內行邪濁，展轉相教，宣向諸人，比丘苦行精進，得禪境界，或言見佛見龍見鬼，如是之人名大妄語，犯是罪者墮阿鼻獄。

又復妄語，能令殺人破壞人家。復有妄語，違失期契，令他瞋恨。如是名為下妄語也，行如是者，名為犯戒，墮小地獄。

其餘調戲，及諸私理[3]，匿禁之事，或有言無，或無言有，不犯戒也。"

① 國王太子祇陀：這是對祇陀太子一人的稱呼，並未指波斯匿王。
② 有差別耶：是問持十善法戒的人，若犯了戒，有無大小輕重之分別講究。換句話說，就是問：若犯了戒，會不會依所犯情節之大小輕重，而受到不同的果報。
③ 私理：個人的成見偏見不涉及真理。譬如某某人說吃飯前不要運動，否則飯後就會胃疼。另一人說飯前運動沒有問題，但飯後絕不能運動，飯後運動就會胃疼肚子疼。如是的各持己見與真理無關的就叫私理。

<u>白話講解</u>　　那時祇陀太子問佛：“世尊，您說這十善戒法，有沒有大小輕重的差別？或者不管輕重，只要犯戒，都是一樣報應呢？妄語戒[在十善法戒、四重禁戒和五無間戒中都有，這中間]的意義是一樣呢？還是有差別？如果沒有差別的話，妄語戒就不可能奉持得上。若有差別，差別在哪兒？請佛為我們開示。”

佛開示說：“妄語戒分兩品，一種是重犯，一種是輕犯。什麼是重犯呢？若受了佛戒的人卻不修智慧，則必愚痴無智，不能教化眾生，也不能紹隆佛法。在這種情形之下就沒有人看得起他，也沒人供養，而致貧窮困苦。到了這個地步時，為了衣食溫飽而希求供養就會外表詐現精進，但心中三惡不除，邪佞混濁，反而到處與人宣傳自己出家苦行精進，已得入什麼什麼禪的境界，或說在禪定中見到佛、見到龍、見到鬼……等等。這樣的人是大妄語，犯了這樣罪的人，必定下阿鼻地獄。

另有妄語罪，能令他人喪命或造謠破壞人家[使父子反目，使夫妻成仇]。還有一種是違背承諾，調發出他人的瞋恨心。這些都叫下妄語，犯了這類明知故犯的妄語戒則要下小地獄。

還有其他的妄語，譬如說調戲開玩笑，喜歡嚷嚷個人的邪見、成見、偏見，或為了覆藏個人的隱私，心中明知有而口頭上卻說沒有，口頭上說有但自知是沒有，在這樣的開玩笑時雖有一些虛誇浮張的事，或為覆藏一些不關緊要的情節而說謊，不算是犯妄語戒。

經法研探：三品持戒 ▶

持十善法戒以不同根器、不同願力、不同福報的人來持是否有差別？持的時候持得深，持得淺，持得究竟或不究竟，持得廣大，持得狹劣，持得清淨與不清淨，這當中又有什麼程度的差別？另外妄語戒在十善法戒、五戒和四重禁中都有，這中間有何差別？

　　持十善法戒可以分三品，下品持戒是世間持戒，雖有憍慢但還不是那麼憍誑；雖有瞋恚但不會用瞋恚去罵人、打人、殺人；雖有嫉妒但不去毀壞別人。身口二業持得很好，意業不表現在身口上，有一定的控制不去放逸其心。

　　中品持戒是小乘人持戒，以止十惡即名十善，不犯心道三戒，身口意三業也不犯。

　　上品持戒是大乘人，以救來對治殺；以施來對治盜；以度來對治淫；以真語來對治妄語；以實語來對治綺語；以愛語來對治惡口；以如語來對治兩舌；以戒定慧來對治貪瞋痴。要如是持才算真正的持上最上品的十善法戒。

經法研探：妄語輕重 ▶

　　至於妄語戒也是如此，要看什麼樣的人持什麼戒，為了什麼原因犯了什麼戒，其果報都是不一樣的。就以修行人來說，一個受過佛戒的修行人如果犯了欺誑三寶、欺誑眾生的大妄語戒，將墮阿鼻地獄。但如果以一般人來說以沒有惡心，只有隨便嬉戲調笑雖有造其他的業，但不是犯妄語戒，不下阿鼻地獄。妄語戒是非常嚴重，所以佛陀為我們開示得清清楚楚，我們只要依法而行，不要糾纏在一些小是小非上。

　　就拿“違失期契”來說，違失期契可以由兩方面來看，一是事先承諾，但半途因失敗而造成沒有能力去履行。二是承諾後故意不履行。這兩個都屬於下妄語，但其果報是完全不一樣的。就像一個本來就發無上菩提心的人，因業力習性和種種糾纏而悔退的，和另一種自稱比丘但不修智慧，卻以“不欺誑如來”為藉口而不發菩提心，還宣稱自己已修成的境界和神通，在佛門中招搖撞騙，為名聞利養找生態，兩者的果報是不一樣的。

　　末法時期凡夫心量狹劣，常常以"不欺誑如來"為藉口而不發菩提心，這是非常不對的。如果我們認為發菩提心是這麼好的事情，發菩提心是我要的，可是心還被三不堅法所牽絆，這沒有關係，佛非常諒解五濁惡世中的凡夫心態，所以他才說"發菩提心如人畫像，難成易壞。"其目的是為了助長發菩提心的人。所以我們有事故悔退了可以再來，不要氣餒。就像我們說，我發心持十善法戒，但業力習性故犯了戒，佛說沒有關係，重新來過，只要在大善知識面前慚愧懺悔，重新受戒，不再犯就行了。

　　佛從來不計我們的一毛、一渧、一沙、一塵的過，只計我們一毛、一渧、一沙、一塵的善。他承認我們曾發心要作佛、要作菩薩，雖說還不能捨三不堅法，但發心時的確認為阿耨多羅三藐三菩提是最好的、是最光明的、是我們要的，而三不堅法的確是自傷自毀之惡法，只是目前降魔無力而已，但要堅持不懈地與放逸心、攀緣心鬥爭，打敗了，發起慚愧心，重振旗鼓再奮爭，一定要降魔伏怨，一定要調伏其心，不達目的誓不甘休，像這種情形不算犯妄語戒。

《經文》　太子祇陀聞說是已，即於佛前受十善道法，白佛言："世尊，弟子今日疑悔已除，發三菩提心，願佛證知[1]。"

　　佛言："善哉，甚大隨喜，宜知是時。"

[1]　願佛證知：修行人發願發心、修行次第與證悟，一定要經過佛陀或善知識作證，這是非常重要的。惠能大師不遠千里來到湖北黃

梅，就是為了"請師為我作證"。值佛在世時，請佛作證；若不值佛世，則請明師作證，不能自說自話地為自己作證，譬如此經中之五比丘及富樓那。為自己作證者，謂"增上慢人"，佛說：增上慢人將墮大坑。（《妙法蓮華經》）

<u>白話講解</u>　　祇陀太子聽聞佛陀開示[五戒和十善法戒中的妄語戒之後，心中明白，知道所有持戒，都有諸品的差別。於是以大福報故]，立刻要求願[以最上品]受持十善法戒，對佛陀說："世尊，弟子今天心中再無疑惑悔恨，並於佛前發阿耨多羅三藐三菩提心，請佛為我作證。"

　　佛陀回答說："太好了，這是大好事，我必隨緣助喜，這正是因緣具足的時候！"

經法研探：大願持戒 ▶

　　太子以大福報故，要求以最上品持十善法戒，如是引出兩個善果：

　　一、能發無上菩提心。因下品持戒者，可能只求人天福報。

　　二、因能清淨持十善法戒，能進一步持上菩薩清淨戒，又因能持菩薩清淨戒，疑悔已除。正如《大般涅槃經·梵行品》中曰：菩薩見所持戒，牢固不動，心無悔恨；無悔恨故，心得歡喜；得歡喜故，心得悅樂；得悅樂故，心則安隱；心安隱故，得難勝定；得難勝定故，得實知見；得實知見故，厭離生死；厭離生死故，便得解脫；得解脫故，明見佛性。

　　這就是在經文中，祇陀太子於佛前受十善法戒後說："弟子今日疑悔已除，發三菩提心……"的心路歷程。

供奉外道品第十八

《經文》　王白佛言：“如佛所說，十方賢聖，明達眾生因緣果報者，我父先王奉事外道，隨持禁戒，絕於酒肉五辛蔥蒜，供養梵天，日月水火，常行布施，求梵天福，年年常用千頭乳牛施婆羅門，計四十年，四萬頭牛，諸婆羅門食其乳、酪、生酥、熟酥、醍醐等味。如斯功德，生何天也？願佛垂哀，分別教示，令諸行者普得聞知。”

<u>白話講解</u>　波斯匿王對佛陀說：“像佛陀您所講的，在任何時間、任何處所，假若有賢人聖者出現，他一定能夠明達一切眾生業力的因緣果報[，是以何心、攀何緣、造何業、得何果、受何報。能如是明達並教誨眾生者，方名賢聖，否則不名賢聖]。我的父親先王在位時，曾供養過各方的外道‘賢聖’，聽從他們的教誨，遵從他們的戒律，不喝酒、不吃肉、也不吃葷辛。除了供養婆羅門教士、大梵天王外，還供養日神、月神、水神、火神，也經常布施給窮苦的人，希望來世生到大梵天中享受天人的福報。

　　他光是供養婆羅門教士，每年就布施一千頭乳牛，前後共四十年，加起來也有四萬頭牛之多。這些婆羅門教士，[他們不是聖者也屬賢人，]吃了我先父供養的乳、酪、生酥、熟酥、醍醐等美味，長達四十年之久[，對父王應有很好的導引]。以這麼大供養的功德，我父現在應生到哪一重天去了？希望佛陀慈悲哀愍開示，不只是對我，也讓所有的修行人知道，做什麼樣的布施供養，修什麼樣的功德，能得什麼樣的福報。”

《經文》　佛告王曰：“前王果報，今在地獄。所以者何？不值善時，不遇善友，無善方便，雖修功德，不得免罪。布施之功不亡失也，罪後畢時，方當受福。

大王當知：夫人修福，不與罪合，不共合故，要須方便，令得滅罪。

<u>白話講解</u>　　佛陀對波斯匿王說：“依你父先王所造諸業的果報，現在生於地獄之中。為什麼呢？原因有三：一、不值正法出世；二、不遇善友；三、沒有善方便。所以雖修了功德，卻不能免罪。但是他曾布施的功也不會消失殆盡，[只是功不抵過，]必須在地獄之苦受完之後，才可得生為人，或生天去享受天人的福報。

大王啊！你應當知道，人所修的世間福報，不能跟他所造之罪業一起算的。因為不能合在一起算，所以[再大的功也抵不了過；再大的福也抵不了罪，]一定得有方便，才能把罪滅掉。

《經文》　何謂方便？謂善知識。

何謂善友？謂正見人[①]，是為善友，常以正教，調伏其心。

何謂正教？謂觀無常苦空無我，十二因緣，纏著生死，修四真諦，見苦斷集證滅修道。

① 正見人：是能夠依正法起正見的人，也就是能離五種惡見者。惡見者，不正確之邪惡見解也。五種惡見是指身見、邊見、邪見、見取見、戒禁取見。

<u>白話講解</u>　　什麼叫方便呢？方便就是善知識。[不逢善知識，罪就免不了。免不了罪，就得受足了才行。必須要有善知識，以十波羅蜜多的菩薩道法來對我們正確導引，才有方便能免罪，才可

純粹享用我們善業所得的善果和福報，乃至引導我們登上佛地，入於真常、真樂、真我、真淨之究竟涅槃。]

什麼叫善友呢？就是能夠依正法起正見的人，這就是善友。他能依如來的正法教化，來幫助調伏我們的心。

什麼是如來正法的教化？[包括四法印和十二因緣法，還有四聖諦法和三十七道品法。]就是觀察四法印所揭示一切世間無常、苦、空、無我的真理；十二因緣法，讓我們見到一切眾生，以心行於十二因緣法上，所以纏著生死苦海，不得出離。另外修習四聖諦法門，就是見苦、斷集、證滅、修道[：正確見苦果，斷除召集苦之因緣，決定應取何證為苦滅，應修何道滅苦。這整個修行的次第，就叫做如來正教]。

經法研探：正法和邪法 ▶

這段經文裡，提到的無常、苦、空、無我，就是四聖諦中之苦聖諦；提到的十二因緣法，就是四聖諦中之集聖諦。既然已經提了無常、苦、空、無我，也提了十二因緣法，為什麼還要提四真諦？換句話說，在講如來正教時，直接講修四聖諦法就行了，為什麼還要講四法印、十二因緣法呢？不是重覆了嗎？

佛陀於此有很深的旨意，顧及到初修學者，初遇善知識時，不能分辨說法者所說的是不是如來正教，所以給了這個正確又方便的檢視方法：

一、所說的法，合不合乎四法印的無常、苦、空、無我？這一條比較容易檢查，假如不合，則已出局，絕對不可能是正教。

二、說法時，說不說一切眾生不能出離生死苦海的唯一原因是因為心行在十二因緣法上？若不說此法，雖說四法印，還是出局，說的仍不是如來正教。

　　三、除此之外，檢查說不說知苦、斷集、證滅、修道？在講證滅時，還必須講三乘涅槃（滅聖諦）；講修道時，必須講八正聖道（道聖諦）。若不論及此二點，雖講苦、集聖諦，不講滅、道聖諦，還是不算是如來正教。

　　設此三道關卡，令修學者方便檢視，不必心生疑慮。譬如在一堆雜土中欲得細沙，先用大篩子篩去其中的大石頭，剩下小石子和沙粒。再拿一個較細的篩子篩掉小石子，剩下粗沙和細沙。最後拿更細的篩子，篩掉粗沙，便得細沙。

　　如來慈悲，方便善巧地給修學正法者三個篩子。

　　為什麼用三道篩子，而不用一道？為了便利篩沙者——已經篩掉的，不須再費時細看。也就是說，如果已被第一道篩子篩掉了，就不必費事回頭看它還有什麼剩餘價值，愚者才會再在大石頭裡去找細沙。接著篩第二道，被第二道篩掉的，也不必回頭看它。再接著篩第三道。

　　經過三道篩子篩過，保證無有遺漏，必定做到勿冤勿縱，不會把傳如來正教者，誤認為傳邪法者，也不致把“貌似”的傳邪法者，視做傳如來正法的人，如是心無疑惑。

　　所以用不著再問是屬哪一宗？哪一派？或是第幾代的傳人？幾世之祖？這些問來都無意義。惠能大師的第一代親傳弟子，就已經背叛了惠能大師，在他死後的臭皮囊上大造欺誑眾生之惡業。所以即使是嫡傳弟子也不代表什麼。

　　佛陀告訴我們，用這三道篩子一篩，絕不冤枉一個真正的傳法者，也不會放走一個使壞的騙子。只要能通過這三道篩子，絕對放心，決定更無疑。

　　那麼，前面經文中曾講到四法印、十二因緣法、四聖諦和三十七道品，都是屬於如來正教，均屬四乘共法，為何不把三十七道品也當做另一個篩子，就是第四道篩子來做檢視呢？其因緣如下：

　　修學大乘菩薩位者，前三地菩薩的修學，直接從如來方便入手，就是從修習六波羅蜜多、四無量心入手，所以前三地菩薩不修三十七道品，而於修四地菩薩位時，才開始修三十七道品。如果出現以三十七道品作為第四道篩子，認為不講三十七道品者，不為正教，則會誤篩掉了前三地的菩薩。而前三地的菩薩，正是我們最常遇見的大善知識啊！而且會因此導致毀謗大乘。毀大乘者，則是一闡提人。一闡提人的果報，比墮阿鼻地獄還糟。

　　以是因緣故，不把三十七道品列為第四道篩子。

　　經中把善知識叫做方便，把方便叫做善知識，就是因為發願修學大乘菩薩道者，是以六波羅蜜多和四無量心入手來調伏諸根。若無善知識的示導，六波羅蜜多和四無量心，只是有字無義，口說但心行不上。同時若沒有善知識的正確揭示因緣果報，也披不上慚愧鎧甲，不能免罪，不能消業除障。

　　而聲聞乘的修學，是以三十七道品來調伏其根，則必須依靠善友之助，不能靠自己單獨修行。善友是在六和敬的修行共同體內產生的，在僧伽中才有善友。常在經文中見到佛陀的信眾拜十大弟子為師者甚多，正因為如來正教，特別是三十七道品，多由佛陀的十大弟子傳授，並在修行共同體中成就，所以經中說“善友，常以正教，調伏其心。”

　　但大乘菩薩道的修學，亦不可背離四法印、十二因緣及四聖諦，此為大小乘的共法。

《經文》 行六波羅蜜，四無量心，是為方便調伏諸根。根調伏故，定慧成就。

慧成就故，其心正直。心正直故，能起精進。精進心故，能起戒慎。戒慎究竟，定慧明了。

慧明了故，遊諸萬行，通達無礙。行無礙故，名為解脫。解脫心者，即涅槃也。

是則名為善知識也。

白話講解　　大乘菩薩道以修學六波羅蜜多、四無量心來調伏諸根，這就叫做方便。[所謂諸根調伏，就是眼耳鼻舌身意六根，不再攀緣糾纏色聲香味觸法六塵，也不再被六塵所污染，即善根不被六大賊所劫奪，如是得五種善根。在五種善根上發展五種實力，所謂信進念定慧]。調伏諸根[即是持戒、忍辱，能持善戒、能忍辱者，]即是能時時不失正念者，即是能"戒慎者"。如是便得五種善果，定慧是收成。

初步的戒定慧三學成就後，因其心正直，可建立第一個道場 —— 直心道場；在直心道場的基礎上可建立第二個道場 —— 發行道場，名為精進。再繼續因精進心，能發起'戒慎'[，也就是有資糧能持得上菩薩清淨戒]，如是則得第三個道場 —— 深心道場；得深心道場故，戒慎究竟，則定慧明了，出現第四個道場 —— 菩提心道場。

因為慧明了故，菩薩能以六度而萬行，[即披六波羅蜜鎧甲，已能關閉一切諸惡趣門，受生五道，有力行到千萬個不同的地方去，包括阿鼻地獄在內，]通達無有障礙。如是行無障礙時，[四無量心成就，]便是解脫。解脫心即是清淨無餘究竟大涅槃的境界。

能這樣方便地引導的人，才名為善知識。

經法研探：五根五力四道場 ▸

　　這一段經法既精簡又深奧地道出了修行五種"善根"及"善根力"以及四個"道場"的次第因緣。我們必須先能"對號入座"，才有希望探其宗趣。正確掌握宗趣之後，才可能開解其中真實義，正解真實義，才談得上如說如法依次第修行。

　　一、"行六波羅蜜，四無量心，是為方便調伏諸根。"

　　"諸根"指二種根：眼、耳、鼻、舌、身、意六根，還有信、進、念、定、慧五種修道善根。若六根不調，則不能依次第修行五種善根。大乘修行人必先信受奉持十善法戒，依此初步調伏六根，再依十波羅蜜進一步調伏六根，並依次第深植五種善根，再從五善根次第開啟調發五種善根力。

　　二、"根調伏故，定慧成就。"

　　自身、自心六根調伏，得依次第深植信、進、念、定、慧五種修道善根，只有當定根及慧根深植時，才算是收成，因為此前所修"調伏諸根"，只是為了達到這個目的，就是種下定根和慧根，所以說"定慧成就"。

　　三、"慧成就故，其心正直。心正直故，能起精進。精進心故，能起戒慎。戒慎究竟，定慧明了。"

　　這裡講的是在"成就定慧"——深種定、慧兩善根後，如何再去開啟五種善根力。

　　再從頭走一遍，從慧根回到信根。信根的樹立，如本經一再提到的，就是因親近供養明師善知識，得聞正法。聞法功德就是能正確分辨真假、是非、善惡、好歹、美醜、苦樂。如是，才知道什麼可信，什麼不可信。在這個基礎上樹立正信之根。在正信之根上，所開啟調發的信力，使我們有一顆正直的心，也就是《維摩詰所說經》中所謂"直心是道場"。故曰："慧成就故，其心正直"。

以正直心發起的精進，才是正精進。換句話說，正精進必須從"直心道場"出發方算，這也就是《維摩詰所說經》中所說的第二個道場——"發行道場"。故曰："心正直故，能起精進"。

從"直心道場"建立"發行道場"，從"發行道場"建立第三種道場——"深心道場"。這深心道場即是從精進力再進一層發起的念力——正念之力，也就是所謂的"戒慎"。故曰："精進心故，能起戒慎"。因戒慎——念力故，才能發起第四種力——定力。又因定力故，才能發起第五種力——慧力。有了定力、慧力，就是從深心道場出發，再建立第四種道場——"菩提心道場"。故曰："戒慎究竟，定慧明了"。

經法研探：如何精進 ▶

大小乘法都講"精進"，尤其大乘中的精進是第四波羅蜜多，能直達彼岸。到底精進的真實義是什麼？在這兒不要開眾生知見。

一般人所謂的精進，就是努力勤學進步，如果在這兒粗略地如是解，則不解佛義。讓我們深心地看一下，佛教中常說到的"精進"是什麼意思。

精，是精簡、精華、精粹；進，是前進、進入、進步、進級。把第一個循環中所修學的內容和成就，提鍊昇華，進入第二個循環，謂精進。

譬如這段經文中，第一個循環修學的是六波羅蜜多和四無量心。以此取代戒學，得初步的戒定慧三學。在這個基礎上精鍊昇華，進入第二個戒定慧的循環，謂之精進。

又如依次第修行第一個循環的"知苦、怖畏、厭離、慚愧、懺悔、發願、持戒、返照、認領、感激、迴向、總持"後，必須再進入下一個循環，一個循環、一個循環地提昇，修學一切法都如此。若每次修學的內容只能在平面上行，沒有提鍊昇華，不謂"精進"，如此學法無益。

又如《華嚴經·十地品第二十六之三》中說到十地菩薩修十波羅蜜多時，初地菩薩主修檀波羅蜜多（布施波羅蜜多），餘非不修，但隨力隨分；二地菩薩主修尸羅波羅蜜多（持戒波羅蜜多），餘非不修，但隨力隨分；三地菩薩主修羼提波羅蜜多（忍辱波羅蜜多），餘非不修，但隨力隨分……。每次都是一個精進，每重修一次，都作再次的提鍊昇華，不是修學一次就算了。

經法研探：解脫之路 ▶

至於經文中說的"解脫心"，我們的心是怎麼解脫的？這兒是有具體法門的。就是將第一遍的六波羅蜜多、四無量心，作為方便調伏諸根的辦法，也就是持戒。由戒學進入定學和慧學，於此戒定慧三學的基礎上，建立四個道場（直心道場、發行道場、深心道場、菩提心道場）。以自心四個道場莊嚴故，進入第二輪的戒定慧三學，這時可持上菩薩清淨戒。以持菩薩清淨戒，"定畢竟故"，"得實知見"，從此入於慧見，定慧二學明了，於諸萬行，通達無礙，叫做解脫心。

那麼在佛陀的教導中，還有沒有由其他的角度可以修心解脫的？有！

一、由信受奉持"菩薩清淨戒"來看，如《大般涅槃經·梵行品》中，"菩薩見所持戒，牢固不動，心無悔恨；

無悔恨故，心得歡喜；得歡喜故，心得悅樂；得悅樂故，心則安隱；心安隱故，得難勝定；得難勝定故，得實知見；得實知見故，厭離生死；厭離生死故，便得解脫；得解脫故，明見佛性。"這是整個的心解脫的心路歷程。

　　二、也可以依《大般涅槃經·梵行品》中的"丈夫行"修，就是依"親近善知識、能聽法、思惟義、如說修行"的次第，先丟掉四大毒蛇篋，背著五持刀旃陀羅跑，不要被怨詐親者所騙，不被內奸陷害，不要入於六大聚落，最後能直接跨過生死煩惱大河，心則解脫。

　　三、也可以從《大般涅槃經·師子吼菩薩品》中的"恒河邊七種人"來看，以"得善友故"，並依三乘不同的修行次第，得過生死煩惱大河，心得解脫。

　　四、於大乘法中，修十地菩薩位，以"行十波羅蜜多"，直達彼岸，則得解脫。於聲聞乘中，發小乘菩提心，修行十善法戒，修四法印、十二因緣法、四諦、三十七道品，入滅盡定，入小乘涅槃，亦為心解脫的辦法。

　　五、還可由"順逆觀十二因緣法"令心解脫：以無"無明"，則無有"行"；沒有無明的造作，則不出現"識"種子；心意識種子不出現，則無有"名色"共生不離，則五蘊魔不造作；五蘊魔不造作，不入"六處"聚落；無六處聚落的互動，則十八界不"觸"；十八界不觸，則無有"受、愛、取、有"，則不入"生死"苦海，也不得八苦，則心解脫。

　　逆觀亦然，若"生"滅，則"老病死苦"滅；"有"滅，則生滅；"取"滅，則有滅；"愛"滅，則取滅；"受"滅，則愛滅；"觸"滅，則受滅；"六處"聚落滅，則十八界滅；"名色"滅，則六入滅；"識"種子滅，則名色滅；"行"（造作）滅，則識種子滅；"無明"滅，則無有造作，則出離無明。出離無明者，出離"無明覆翳，愛水滋潤，業為良田"，即是解脫心。

六、也可以修行"四真諦"，從知苦、斷集、證滅、修道來修行，成就解脫心。

上面提到六種解脫之路，只是"方便說六"。若離文字語言相而觀察其真實義，則無有不同，故言"合理歸一"。

如來智慧慈悲，千說萬說，只是為了針對根器、福報、資糧不同的眾生，以不同的次第為起跑點，加以引導，故用種種因緣譬喻、善巧方便，然而終無二說，仍是一相一味，所說的都是一回事。

而只有能導引我們走上這條心解脫路的人，才是真正善知識。

《經文》 大王當知：明師善導是大因緣，不可輕也。大王今者遭賢遇聖，皆由前世因緣果報，聞法信解，復能解人，是故我說，明人難值，如不比有[①]。其所生處，族親蒙慶，是故當修般若智慧。"

① 不比有：有，是存在的意思。不比，是無比之法。"不比有"就是指佛。因為佛"不在因、不屬緣、不是果"，以是因緣故，不生不滅；又佛"不依他而立、不繫屬眾緣"而得自在，所以佛就是不比有。

<u>白話講解</u> 大王啊！你要知道，明師善導，是以一大事因緣出現於世，不可以輕忽對待。大王，你今世之所以能遇末利夫人及我的十大弟子等賢人，還有能夠親近佛陀，都是因為你前世善業種下的因緣果報，[你於前世已修‘丈夫行’，就是已‘近善知識、能聽法、思惟義、如說修行’，]所以今世聽聞大法後，即能信解，並能以正法開解他人，自覺覺人、自度度他。所以我說，大

善知識甚難值遇，就好像值遇佛陀那麼樣的難能可貴[，故說'視善知識如佛']。凡有善知識出生的地方，[因為他能以正法教化、以方便感動他周圍的人，使他們都能受到大惠利，所以]他的族人和親友都值得大大歡慶。[又因他具有般若智慧力，故也能開啟一切人的般若智慧，]所以一定要修學般若智慧啊！"

《經文》　王白佛言："聞世尊說，智慧方便，皆已貫心。如世尊說，禍福不同。我先帝大王，有何惡業，受苦報耶？"

佛告王曰："先帝大王，有六種罪。何謂六種？

一者傲慢妒弊，事無粗細，便起鞭罰，不忍辱故。

二者貪愛寶貨，斷事不平，致令天下懷怨恨故。

三者遊獵嬉戲，苦困人民，傷害眾生所愛命故。

四者禁閉宮女，不得從意，受大苦故。

五者耽著女色，得新厭舊，撫接不平，致怨恨故。

六者畏婆羅門，偷食酒肉五辛蔥蒜，恐被呵責，行諂偽故。

是為六事，罪業因緣，生地獄中。"

<u>白話講解</u>　　波斯匿王[聽完佛陀開示後，從另外一個角度問法，]又對佛陀說："剛才聽世尊開示，令我們心中的智慧方便力開啟。但世尊您說，禍與福是不能合併在一起計算的，禍歸禍，福歸福。[我們雖開啟了一些智慧力，但還沒有識宿命的能力。請世尊再為我開示，]我父先王，究竟造了什麼惡業，會受到這地獄的苦報呢？"

佛陀回答說："先帝大王，犯了六種罪。哪六種呢？

第一條罪是：有憍慢、嫉妒、瞋恨的壞毛病，心道三戒全犯。

手下的臣民不管是犯了大錯還是小錯，統統挨鞭打。[為什麼會心道三戒全犯，而如此易怒呢？]是因為不能忍辱的緣故。

第二條罪是：心中因貪愛奇珍異寶，[容易接受他人的餽贈而心起偏頗，誰給他珍寶錢財，他便對之寬大，不給的，則遭他刻薄對待。]這樣必會造成斷事不公，影響了他的判斷力，容易製造冤假錯案，因此常令臣民受到委屈，讓天下人對他心懷怨恨。

第三條罪是：先帝大王喜歡打獵，不僅常征調人民賴以生計的馬匹，而且馳騁的結果，破壞了田野、莊稼和樹林，使老百姓困苦。有時[為了追逐野獸，火燒森林，]傷害了眾生寶愛的生命。

第四條罪是：貪愛女色，不許適齡婚嫁的宮女嫁人，把她們關禁在宮中視為禁臠。宮女們因不能如意而受大苦。

第五條罪是：耽湎於女色之中，偏愛年青貌美的宮女。有了新來的，就冷落了老的，不能隨宜安撫，令她們心中憤恨不平，導致怨恨。

第六條罪是：對婆羅門心生畏懼，雖奉為師，並願遵守其所定的戒律，卻偷偷地喝酒、吃肉、食葷辛之味，為了怕受到責罰，諂媚作假地欺騙婆羅門僧。

先王造作了這樣的六種罪業為因緣，所以非生於地獄不可。"

經法研探：忍辱是寬容 ▶

為什麼佛陀說波斯匿王的父親心道三戒全犯的原因是不忍辱，而不是不持戒呢？

忍辱波羅蜜多是菩薩修習的第三波羅蜜多，梵文為ksanti paramita ——羼提波羅蜜多，玄奘大師為了保留音譯的意思，而不翻為漢文的忍辱波羅蜜多。這是有道理的。就拿這段經文來說，先王之惡行，並不是因為有誰污辱了他，而是只要犯錯，事無粗細，都受到鞭罰。

經法研探：忍辱重要 ▶

那麼忍辱波羅蜜多到底是什麼意思呢？

先看第一波羅蜜多，梵文是 dana paramita ——檀波羅蜜多，漢文把它譯為布施波羅蜜多，意義也不全。因為檀波羅蜜多的主要義雖然是在“捨”上，但捨什麼？捨離惡。捨離惡，才能成就善。

捨惡就善是為了成就第二波羅蜜多，梵文是 sila paramita ——尸羅波羅蜜多，漢文譯為持戒波羅蜜多。戒什麼？戒是護持的意思，有二個作用：第一，護持已經捨惡就善的成果；第二，不去犯尚未犯的罪業。

所以檀波羅蜜多是成就尸羅波羅蜜多的資糧，尸羅波羅蜜多是增上檀波羅蜜多的功德。

看懂了前兩個波羅蜜多的因果關係，再來看忍辱波羅蜜多的真實義：

一、忍辱波羅蜜多是成就第四波羅蜜多（梵文是virya paramita ——毗離耶波羅蜜多，漢文翻成精進波羅蜜多）的資糧，也就是說，是為了在修習第四波羅蜜多時，能更提鍊昇華前三個波羅蜜多的功德。

二、為了能護念並增上前兩個波羅蜜多的功德善根。為什麼修忍辱波羅蜜多能護念和增上前兩個波羅蜜多的功德，讓已持的戒不受到傷毀，讓已捨的不會施而復悔，只會施而歡喜呢？

因為助長“喜捨”，是需要很大的心量。而“忍”是“有容量、能包容"的意思，所謂不捨眾生大慈、同體大悲。也就是由"慈悲"來成就"喜捨"，則捨惡歡喜、行善歡喜、布施歡喜、持戒歡喜，這些都在修行第三波羅蜜多時體現，這才是忍辱波羅蜜多的真實義。

經法研探：雖罪小而善少 ▸

　　此經中，波斯匿王的父親做大王時，本有寶手可布施一切，回應給予一切子民惠利，但因為沒有修習忍辱波羅蜜多，不能護念已修習的第一和第二波羅蜜多。於是在布施、持戒時起了委屈感，例如認為：我把國家治理得國泰民安、風調雨順，為臣民做了這麼多，而臣民卻不感激，不好好地順從，還要犯錯！如是施而復悔，捨已不喜；因不喜故，更不能包容諒解子民犯過，不能以歡喜隨順的心惠利臣民，為善不喜，持戒不喜。結果心道三戒齊犯，動不動就鞭打犯錯的臣民。所以這段經中把重點放在忍辱波羅蜜多上。

　　以一個世間主兼轉輪聖王來說，相當於初地和二地菩薩位，本應兼修第三波羅蜜多，而波斯匿王的父親卻因沒有修習忍辱波羅蜜多，心道三戒齊犯而鞭罰臣民，這是不可原諒的過失。

　　至於經文中所列先帝大王的第六項罪狀，因偷食葷辛怕被呵責，而行詐偽，為什麼也是大罪？

　　不食酒肉、不食五辛，本不是佛陀原定的戒律，是承襲婆羅門教（印度教）。因為佛陀出世時，大家對他的看法是：印度教裡出現了一位大覺悟者，把他當作是印度教的大婆羅門，有很多人稱他為"大婆羅門"。

一般外道的戒律都訂的很死，不易遵守，容易讓人行偽作詐。像多數婆羅門派，任何人在任何時地，絕對不許喝酒、吃肉、食五辛。但剎帝利種灌頂大王（世間主或轉輪聖王），有時候必須用酒肉來辦事，不能堅守這麼嚴苛的戒律。先帝大王，一方面要守戒，一方面又難持上，所以作偽，犯了欺誑、妄語的地獄之罪。

而佛陀慈悲善巧，隨宜訂戒，目的是為保一切眾生的慧命；為一切眾生能方便精進；為令一切眾生免墮三惡趣；為令一切眾生免苦得樂；為令一切眾生得正法開智慧。而且佛陀的戒律，依根、依時而訂，可遮可開。

此段經文還有一個重要的提示：先帝大王是世間主或初地菩薩，犯了這樣六條罪行，看起來不可原諒，下地獄也不冤枉。但比起前文中的阿逸多王，是轉輪王、二地菩薩，所犯的罪行，豈不覺得有些冤了？

先帝大王的所做和阿逸多王因戰爭使無數人民死於非命，後來連國家都毀了的重罪比起來，實屬小罪。況且他也有功，把國家治理的很好，使兒子波斯匿王可紹承王位，還有祇陀太子這麼優秀的孫子，也是繼承王位的賢主。

為什麼阿逸多王即使因大罪下了地獄，卻能“蜻蜓點水”，一下就出得來；而先帝大王因小罪，現在還在受地獄之苦？

差別就在前述的三個條件上：不值佛世、不遇善友、無善方便。

阿逸多王雖也未值佛世，卻得遇善知識和善友，引導他開啟了般若智慧力，所以即使犯了這麼重的罪，一念“南無力我師！南無般若！”，立即有力地出離地獄。

《經文》　王白佛言：“若如是者，佛未出時，弟子亦有如斯之罪，當如之何？修十善行，令得成就，無滯礙也？”

佛告王曰：“如我先說，日光出時，眾冥悉滅，有餘暗不？”

王曰：“燈火之光，尚能滅暗，況日光明，威勢力也！”

佛告王曰：“今王福德，聞佛說法，成就智慧，喻若日光滅一切暗，無餘罪也。”

<u>白話講解</u>　　波斯匿王問佛陀說：“如果像您所說這樣的話，在您還沒成道弘法度眾之前，弟子我也犯過和我父王同樣的罪，那我該怎麼辦呢？現在開始修行十善法，能消滅除掉我過去犯的罪及造的業障嗎？”

佛對波斯匿王說：“正如我剛才說的，太陽出來的時候，所有的黑暗都消失而去，還會有餘留的黑暗嗎？”

波斯匿王說：“點燃一盞燈，都能使黑暗消失，更何況太陽那麼大的光度、能量及威勢呢？”

佛陀說：“大王，你今天受了大福德，因為親耳聽到了佛所親自開示的正法，[若依教而行則]開發智慧，此智慧力一出，即同那日光一出就能照破所有的黑暗一樣，一切罪業障礙的黑暗都會消除得乾乾淨淨，哪還會有什麼餘罪餘業餘報呀！”

苦行樂行品第十九

《經文》　王白佛言：“我父所事婆羅門師，精進智慧，修習苦行，為求福故，不惜身命。或有投巖，五熱炙身；或斷飲食，求生梵天；或大積薪，生自燒身；或有翹腳，張口向日；或於高樹，以繩繫腳，而自倒懸；或臥刺棘，抱石磓胸。

有如是等種種苦行，苦行之功，福德因緣，歸何所耶？”

<u>白話講解</u>　　波斯匿王又問佛說：“我那先父曾經承事供養過的婆羅門教師，他們也努力不懈地持戒修習，想要開啟智慧，以折磨自己做為修行的手段，為了消業積福，甚至連身命都在所不惜。有的跳崖；有的燃手、燃臂、燃頭等；有的為死後能受生大梵天，而斷食餓死；有的將木柴堆積起來，把自己活活燒死；有的長期綁起一隻腳，只用一隻腳著地，張著嘴面對著太陽；有的用繩子把腳繫住，頭沖下的倒吊在高樹上；有的光著身子睡在帶刺的荊棘堆中，把大石塊壓在胸上並大力捶打。

有這麼多種的苦行，以這樣苦行的福德為因緣，所換來的成果是什麼？這些成果又歸屬於誰呢？”

經法研探：毀身非法 ▶

漢傳佛教也承襲了一些印度教中，婆羅門僧侶，以受苦為修行的方式。在南北朝宋、梁、隋以及唐朝等高僧傳中，都有記載捨身投崖以及燃指、燃臂、燒身供佛之事。

近代高僧如黃敬安，同治七年（1868年）出家，受具足戒後，自割臂肉，復燃左手兩指，自稱八指頭陀。後於上海組織中國佛教總會，被推為會長。與他同時代的虛雲老和尚亦有燃指之行。

五十年代末期至六十年代，越南的出家人中，也有多次公開自焚的事件發生。

這種燃指燒身的行為，是佛陀所不認可，不是佛教的正統精神，而是印度教外道傳來的遺習，不知為何，竟被佛教徒，乃至他們的領袖認同。

《經文》　佛答之曰：＂如吾前說，行苦苦報，行樂樂報，汝不聞乎？＂

王言：＂世尊，制諸弟子，令持禁戒，非為苦耶？夫人飢時，不即得時，煩惱橫起，忿怒隆盛，不自覺識，起瞋懷害，殺修迦羅。如斯之事，累世受苦，豈非惡也？＂

佛告王曰：＂吾前所以制中前食者，為諸比丘，捨外道法，於我法中，出家為道，先習苦行，飢餓心故，得諸弟子，肥美飲食，貪食過飽，食不消故，則致眾病，是故制食，非為飢苦，求福德也。

又節食者，見諸比丘，縱橫乞食，無有晝夜，食無時節，為諸外道之所譏責，而作是言：‘瞿曇沙門，自言道精，何以不如外道法也？’是故節食，非於飢苦，而求福也。

以要言之，所制禁戒，正為癡人無方便慧，非為智人知時宜也。

　　如我前說，般若智慧即是解脫。智者所受，聖所行處。”

　　王聞是已，益加歡喜，更起恭敬，為佛作禮，一切大眾，皆亦如是。

<u>白話講解</u>　　佛回答說：“我剛才已經說過，自心造苦受苦，則得苦報；自心造樂受樂，則得樂報，你難道沒聽到嗎？”

　　波斯匿王說：“世尊，您給您的弟子們制訂了［‘一日一食，過午不食’的］禁戒，要他們遵守奉行，那不也是要他們受苦嗎？人饑餓時，如果不能馬上吃到食物，煩悶惱亂會突然生起，忿恨瞋怒隨即旺盛，到了那個時候，察覺不到也控制不住自己的瞋恨殺害之心，就像我下令要殺沒有準備食物的廚子修迦羅一樣。類似這樣的情況發生時，只能造惡業，累世受苦了。既然如此，那你為什麼還要訂此惡戒，讓弟子們挨餓受苦呢？”

　　佛對波斯匿王說：“我所以制訂‘過午不食’的禁戒，是因為我門下的出家人，有許多都是先跟外道師出家的，後來才被佛門正法感動，捨離外道後，成為我的弟子。他們過去在外道中，所遵受的都是苦行的惡戒，因饑餓而累積的委屈感很旺盛。入了我的門後，看到佛門弟子受人供養的食物，豐盛又鮮美，於是大吃特吃，貪得無厭地吃得過飽，因為滯食不消故，而生各種疾病。我是為了免得他們吃多了受苦才訂戒，而不是要他們以挨餓受苦來換取福德呀！

　　另外還有一個原因我要訂戒制食，那就是這些被餓久了的比丘們，沒晝沒夜的，不管是不是吃飯的時候，都托著缽到處去乞食，［不但加重百姓的負擔，］還招致外道們譏諷訶責說：‘沙門瞿曇自稱所傳之法是最殊勝的，［為什麼他的弟子們那麼差，］為什麼他的法還不如外道法呢？’所以我訂戒制食，並不是讓弟子們以挨餓受苦來換求福德呀！

　　總而言之，我訂戒的目的，是給那些沒有智慧的比丘們一個方便[，讓他們有機緣開啟智慧]。有智慧的人知時知宜有節制，他們不是我訂戒的對象。

　　正如我曾經對你們說的，修行的要害就是開啟般若智慧，有了般若智慧力即得解脫。智者如是領受，一切賢聖也如是口念心行。"

　　波斯匿王聽到了佛陀的釋解，心裏更是高興，又再度起身向佛陀恭敬地行禮。這時一切法會的會眾，也都一齊起身向佛恭敬行禮。

無量燈品第二十

《經文》 波斯匿王長跪合掌，白世尊曰：“今此大眾，聞佛所說，疑網結解[1]，猶如日光消除暗冥，得見大明。如此之功，其恩難報。諸弟子等，當以何方施設供養，報今世尊斯重恩耶？”

佛告王曰，及諸會眾：“甘露法教，其功難報。假令有人，於恒沙劫，盡心奉事佛法聖眾，衣食臥具，疾病醫藥，於意云何，其福多不？”

王曰：“甚多，不可稱量。”

佛告王曰：“甘露法者，精妙難量，濟無粗細，非天世人福德之力所能報[2]也。

唯有一事，能報佛恩。何謂為一？常以慈心，以其所解一切善法，展轉開化，乃至一人，令其信心成就智慧，展轉教化，無有窮盡。

譬如一燈燃無量燈，如是行者，乃名為報師徒重恩。

大王當知：欲報師徒解脫恩者，還以智慧，解脫眾生。如是行者，則為供養三世諸佛，非但供養報一師也。”

[1] 疑網結解：網靠結而織成。解是解脫、開脫、開解。疑是一種繫縛的力量，一切眾生都被圍困在五結十使所織成的疑網中，暗無天日，找不到解脫的辦法。唯有依大善知識，示導正確的因緣果報法，開啟了智慧，才能打開這些結縛。般若智慧就如同刀鋒的作用，所謂快刀斬亂麻，只有智慧力才能斬斷五結十使所織成的疑網。波斯匿王不是出家人，原本對是否應該遵守“過午不食”的禁戒有很多疑惑，如今聽佛說了持戒的精神，以及訂戒的對象是那些智慧未開的比丘，因此疑網結開，心生歡喜。

② 報：報乃相應相對之互作也。答報、相應對了，就是善報、福
　　報，就能將壞事變好；答報、相應錯了，就是惡報、業報，則將
　　壞事變得更壞，好事也變成壞事。以正法、覺性與智慧相應，是
　　最正確的答報、相應，方名智報。以究竟覺悟答報、相應一切因
　　緣果即是佛智，即是無上正等正覺。

<u>白話講解</u>　　波斯匿王又再度長跪合掌給佛陀行大禮，恭敬地對佛說：“今天我們全體會眾，聽了佛陀的開示，都從懷疑和迷惘的束縛中，開脫了出來。就好像太陽一出，就把四周的黑暗都趕走了一樣，眼下的一切都大大地明朗了起來。如此廣大的功德恩惠，真是難以回應答報。我們這些受法的弟子們，應當以什麼辦法來做最極致的布施供養，才能回報佛陀今天給予我們如此深厚的恩典呢？”

　　佛對波斯匿王以及其餘在會的大眾說：“傳授如甘露般的正法，令人開啟智慧的功德是無量、無邊、無有量已過量的，是不能用世間的價值來衡量的，也很難以世間的方式來答報的。假如有一個人，在所有恒河沙粒那麼多劫的時間裡，全心全力地用衣服、飲食、臥具、湯藥四種供養品，來承事奉養佛法僧三寶，你認為他累積的福業多不多？開的福田大不大？”

　　波斯匿王說：“太多了，多到數不清、量不準。”

　　佛陀對波斯匿王說：“有如甘露般的智慧大法，廣大深遠精細微妙，它的能量是不可說、不可量的。甘露大法，可以在一切時、一切處，不分大小地、不分貴賤地、平等地救濟一切眾生，福田再大的人甚至天人的福力，也無法正確相應地答報。

　　唯有一個能正確答報佛恩的方法，這唯一的答報是什麼呢？那就是恆久的以惠利一切眾生的慈悲心，將你對佛法所了解的一切善法，以及正法對你的開解，輾轉的再用來開解度化別人。就算只能讓一個人樹立對正法的信心都很好，因為在此信心上，就能建立信

根，成就信力，開啟智慧。開啟了智慧的那一個人，就能自然同樣地再去度化他人，以致使正法的宣揚無有窮盡，永無休止。

就如同有了第一盞點燃了的燈，就能去點第二盞、第三盞……如是能使無數的燈火不斷地點燃下去。就要像這樣地輾轉相傳正法，才是正確相應答報師徒重恩。

大王呀，你對此當有正確的了解：真正想要答報明師破執解縛的大恩大德，就要將自己因皈依佛法而解脫所開啟的智慧，來惠利開解度化一切眾生，使眾生脫離疑網繫縛。能這樣去做，不只供養答報了一位明師的恩德，也是供養回報了三世一切諸佛的恩德。"

經法研探：無量燈法 ▶

一燈燃無量燈：第一盞燈就是自心的智慧火，老實修行將第一盞燈確確實實地點燃，就能去點燃第二盞燈，有了兩盞燈就能點燃四盞燈，因此就能點燃無量無盡盞燈，就是真正為佛陀辦事。

這一法佛陀不只在本經有所開示，另外在《維摩詰所說經》以及《佛說四十二章經》中，都有類似的說法。

《維摩詰所說經》的菩薩品第四中，提到一萬二千天女經維摩詰啟發調教之後，將返回天魔波旬的自在天宮前，向維摩詰居士請示，她們回到天宮以後的使命和任務。維摩詰就開示了"無盡燈法"："譬如一燈燃百千燈，冥者皆明，明終不盡。"

《佛說四十二章經》中，佛言："譬如一炬之火，數千百人各以炬來分取，熟食除冥，此炬如故。"

可見這"無量燈法"是大乘佛教中極重要的法門。

人是一種喜歡答報的動物，無論受了好的或受了壞的，都習慣性地相應回報。

有的人受了小恩，但是要重報。像韓信，他受了人"點水之恩"，也要做"泉湧之報"。受了好處要報，受了壞處當然也要報。俗語說："有仇不報非君子"，據說慈禧太后當年也曾明白得表過態——誰讓我不痛快一次，我就讓誰不痛快一輩子。

人道不只喜歡答報，而且都是加利息的答報，將本求利，所以做生意這一行，是人道特有的行業。這種高利貸式的答報方法，雖令人常在苦中，卻又使人容易學習因緣果報法，是學習佛法的好條件。

人道對一切的成果都想答報。受了善果、樂果，以善相報，但因受無厭足，攀緣不斷，故貪心大起；受了惡果、苦果，也要以惡相報，也因此瞋心大作。但世間之樂無常，無論怎麼樣以善來答報，終究得到的還是苦果；當然以惡答報，惡上加惡，更是苦不堪言。總而言之，無論如何答報，都不能究竟離苦得樂，但卻因此累積了資糧，有意願要去找到能真正離苦得樂的因緣果報。

因為人道有喜歡答報的特性，而且是增上式的答報，受了樂要以貪來報，受了苦要以瞋來報，故貪瞋不斷，苦多樂少，煩惱心重，這是人道悲慘的一面，苦難的來源。但也正是因此習慣增上報的業力，得到了開啟智慧的機緣。因為人不只要答報果，還要更進一步答報因和緣，有欲望不只在果上，而是要在因緣果上一齊互動。這種業力不只使人類得以發展文明，還得以親近佛法，開啟善觀察因果報智。也就是因為人道不滿意於不能具足地答報因緣果，要求所答報能對得起所受，因此有緣正確揭露因緣果報，依世間法能發展科技，依正法能深入佛智，受諸佛的疼愛。

報乃相應對也。正報即是正確的相應對。正確相應的對象可以是果，也可擴及緣或因。如能正確答報整個的因緣果就能開啟自心的智慧，方名智報，也是最大的福報、善報。

要能做到智報，也就是真實正確地答報，就要依正法揭示因緣果，了見因緣後在因上答報。如不見因，只能在果相上答報，則不名智報。例如婆羅門師，要提達女人以燒身來修福滅罪，這種只在果相上作答報，而不真正去找罪因的做法，是除事不除心，故名外道。外道不能正確揭示因緣果報，故不能滅除殃罪。只有依正法，正確揭示因緣果報，滅除了邪因，找到了錯誤的根源，將錯誤的因緣果發露揭示，慚愧懺悔，方名“除邪行正即無罪”，如此消業才是正確答報三世罪業。

依正法修行，最重要的關鍵是在“報”上。因緣果依業力的必然性相似相續生滅不已，修行人的主觀能動性，就是在“報”上下功夫。對一切人事物自覺地以智報，則能扭轉以往相似相續不斷承傳的業力，將惡報轉成善報，業報轉成智報，惡果轉成善因，是名轉法輪。若不如此，則盡屬盲修瞎練，踏不上修行的正道。

對好事或壞事都無力答報的人，喜歡看相算命；依正法修行的人，不妄說凶吉禍福，因為凡事都能以智慧來正報，因此壞事能變好事，好事變成更好的事。

今世富貴健康的人，若以慳吝、刻薄答報前世所累積的福，則是以惡答報，則必得惡果。

　　但無論今世得到為人輕賤的惡果，或是尊貴的善果，若決定要做最殊勝的答報，唯有一途，那就是歸依明師，持十善法戒，發無上菩提心，如此則能將一切的果轉為善因，得成正果。

《經文》　王叉手白：“宣傳聖教，開悟群生，令行正見，修習聖道，其福云何？唯願垂哀，開導眾生。”

　　佛告王曰：“若善男子善女人，從師聞法，一句一義，展轉教化，乃至一人，未信令信，未解令解，如是功德，無量無邊，非是凡夫所能知也。

　　大王，假使有人於千歲中，飲食醫藥上妙衣服，供養恭敬佛法聖眾，其福多不？”

　　王言：“甚多，不可稱量。”

　　佛言：“大王，善男子善女人，從師聞說諸佛正教，展轉教化，乃至一人，令其信解，其所得福，復過於彼千萬億倍，不及其一。何以故？法化之功，應無量[1]故。”

[1] 應無量：若以譬喻來說“應無量”的話，可以用核子能的反應來看。在核子爐中，以高速度將一個核子打破後，此核子放射出來的能量，能打破另一個或另一堆的核子。而這些被第一個核子能打破的核子，又可以連鎖地反應，無止無休地繼續進行無量核子分裂的作用，因而釋放出無窮無盡的大能量。

<u>白話講解</u>　　波斯匿王恭敬地叉手作禮說：“宣傳大乘正教，使一切眾生得蒙開示佛之知見，而行於正見，又能如說修行八正聖道，這樣做的福報怎麼樣呢？請佛陀慈悲憐憫，眷顧開導我們這些愚昧的眾生。”

　　佛陀對波斯匿王說：“若有持十善法戒的善男子善女人，將

從明師處所聽聞到正法的一句和一句的真實義，再去開導度化他人，哪怕只有一個人，把從原來不信的而令他得正信，把從原來不解的而令他開解，這樣做的功德，廣大深遠，無有止境，不是凡夫的思惟所能測量估計的。

大王，假使有一個人，在一千年裡，用最好的衣服、飲食、湯藥，來恭敬供養佛陀及跟隨佛陀修行的僧伽們，他的福德多不多？"

波斯匿王說："很多很多，多得算不出來。"

佛陀說："大王呀！那持十善法戒的善男子善女人，把從明師處聽聞到的諸佛正教，再去教導度化他人，哪怕只讓一個人樹立正信之根，得以開解，此人所得的福報，超過那個財布施一千年的人千萬億倍。也就是說，那個行財布施的人的功德，還不及這個以正法輾轉教化者功德的千萬億分之一。為什麼呢？以正法輾轉教化眾生的功德，是無量無盡的。"

《經文》 佛告阿難："如此法教，精勤宣化，一切人民，其福無量。阿難，我今以此無上妙法付囑於汝，宣布教化，過度眾生，則為供養一切諸佛。"

阿難叉手白世尊曰："佛囑此經，當何名之？"

佛告阿難："此經教者，名《未曾有說因緣經》，當勤修行。"

爾時，波斯匿王、祇陀太子、夫人後宮、四部弟子、釋梵諸天、八部龍神，八十萬人，聞佛所說，皆大歡喜，各各發心，向三脫門，禮佛辭退，如法奉行。

<u>白話講解</u> 佛陀對他的近身侍者阿難尊者說："這樣的正法教化，如果能精確地、不懈怠地、勤勉地宣示傳授給一切眾生，[令

一切眾生得到度化，]所產生的福報是無邊無量的。阿難！我現在把這個無上妙法的未來命運交托給你，你要使它宣示流佈，教化一切眾生，令一切眾生度過生死大河，達到解脫的彼岸。能這樣做，[就是以最上味供養佛，]也是供養一切十方三世諸佛。"

阿難恭敬地叉手作禮問佛："佛陀交托給我的這部經典，應當取什麼名字呢？"

佛對阿難說："這本經所教化的主要內容是 —— 從來沒有以如此的深度以及方便來談過因緣果報，故名《未曾有說因緣經》，應當勤奮努力的學習[，令其廣為流佈]。"

那時，波斯匿王、祇陀太子、末利夫人及後宮婢女、歸依佛陀的四部弟子們 —— 比丘、比丘尼、優婆塞、優婆夷，來聽法的各天天人及天龍八部，總共八十萬會眾，聽到佛所說法，個個心開意解，歡喜踴躍，都發願奔向空、無相、無願（無作）的三解脫門，向佛陀頂禮後離去，遵照著佛陀在此經中所傳授之正法，如法修行。

經法研探：本經正確名稱 ▶

本經錄於《大正藏》，名為《佛說未曾有因緣經》；在《房山石經》中也有收錄，名為《未曾有因緣經》。但在本經結尾時，阿難問佛陀："佛囑此經，當何名之？"佛陀親口答道："名《未曾有說因緣經》"。我們當然應該依佛原意來稱呼本經，而不依過去前人的錯誤稱呼。

經法研探索引

黃老師簡介

黃老師本名黃勝常，又名黃三。祖籍湖南湘潭。生於1946年解放前的北平。1969年由台灣赴美定居，直至2009年往生。

黃老師是一個熱愛真理、關心眾生的人。他曾做過虔誠的天主教徒、激進的自由主義者、社會主義者、不可知論者、無神論者。

1989年在北京新華書店，買到趙樸老所著《佛教常識答問》一書，開啟了佛緣。對佛法中豐富的辯證法思想嘆為觀止，自此潛心研讀佛教經典，努力從各種大乘經典中，收集總結整理出大乘佛法修行次第，及佛法理論基礎。

1991年，黃老師開始在台灣和美國兩地講經，"東山講堂"就這樣開始了；1994年，在美國正式立案成立"東山講堂"；1995年，於華盛頓州西雅圖東南五十英哩外的市郊，購得現址，做為全天候修學佛法的中心。

由是二十多年中，一年三百六十五天，不論是寫作、自修、講經、說法或是開解前來問難的朋友們，所從事的不外是"自救救人、自利利他、自覺覺人、自度度他"的工作，不敢有一時中斷。

這期間，講堂同學們在黃老師的帶領下，曾把平日的開示和書信，整理編輯成書，陸續在台灣和中國大陸出版流通。其中三本經書的開示包括有白話講解及經法研探，嘉惠了想親近經典、皈依三寶的朋友們，或一探佛法之殿堂，或親身體會佛菩薩的慈悲。這三本經是《白話講解——地藏本願經及地藏法門》、《未曾有說因緣經——
白話講解及經法研探》、《新輯十善業道經——白話講解
及經法研探》。

　　黃老師往生後，同學們亦遵師囑，分別於香港(2009
年秋)、美國(2011年秋)正式立案成立地藏學會，以著重弘
揚地藏法門為主，運作迄今。

　　在修學佛法的過程中，黃老師更進一步確信，對治當
今錯亂、迷惘的人心，唯一有效的途徑，就是佛門正法。
因此，他曾發下了大願，並寫了一付對聯以明其志：

於一切眾生煩惱處　　得諸佛境界
見十方國土危脆時　　發大乘慈悲

您讀了這本書，如果有任何的疑問，歡迎您來信或電郵，
做進一步的討論。

聯絡地址是：

美國東山講堂 Dong Shan Institute of Buddhism
美國地藏學會 Society of Ksitigarbha Studies, USA
23811 122nd Ave. E.
Graham, WA 98338-7843
USA

電話：+1 (360) 893-8814
電郵：info@dongshaninstitute.org
　　　usa@ksitigarbha-studies.org

未曾有說因緣經 白話講解及經法研探
編著 / 黃勝常
編輯 / 東山講堂/美國地藏學會
出版日期 / 2020 年 6 月 第二版
ISBN / 978-1-0878-8753-1

可從 Amazon.com 和其他在線商店購買。